战略思想丛书①

战略研究入门(新版)

钮先钟 著

文汇出版社

PREFACE 总序

大时代,需要大战略

工业革命200年,人类创造了过去所有时代所创造的一切财富总和;今天,人类已经进入工业革命4.0时代,已经进入到互联网时代、物联网时代、天权时代……未来,不可思议,不可限量。

这是一个开放的时代,贸易全球化和世界经济一体化,互联网技术与资本市场快速发展,新技术发展和相互依存的经济,使得整个世界紧密相连,地球越来越像一个"村"。

地球是圆的,世界是平的。

时代变了——大时代,需要全球战略大格局。

中国,从来没有像今天这样,与世界紧密地联系在一起。

中国,更是面临着五千年未有之变局。

大时代,您,准备好了吗?

三千年未来有之变局。

自1840年以来,中国"自我为中心之国"发生动摇,晚清重臣李鸿章喊出了"三千年未有之大变局",洋务运动,师夷长技;然后,晚清政权相对和平转移到前中华民国,晚清皇族得以自保,这是在华夏三千年王朝更替史上极为罕见的,可谓奇迹!

军阀混战,到蒋介石先生北伐成功以后的中华民国,十四年抗战,再到1949年以后中华人民共和国成立。

"城头变幻大王旗"①,目不暇给。

一百年未有之变局。

1978年开始"改革开放"战略,"拨乱反正","以经济建设为中心",加入WTO,中国开始由封闭走向开放,由自然经济的农工劳作走向工业化,由自给自足自成一体大中国走向全球化并融入到全球经济之中,中国开始真正迈向现代化。

2008年以来,全球性"经济危机",中国从"物资短缺"到"产能过剩",中国人从饿肚子向"吃饱了撑的"、营养过剩、三高增加,新常态、顶层设计……中国面临五千年来未有之变局。

眼花缭乱,雾里看花,怎样借得一双慧眼呢。

"眼看他起朱楼,眼看他宴宾客,眼看他楼塌了。"②

"机关算尽太聪明,反算了卿卿性命。……忽喇喇似大厦倾,昏惨惨似灯将尽。"③

得势时,气吞万里如虎,何其雄哉!

失势时,业败身死,又何其悲哉!

多少大败局,败在时势不顺,败在战略无知,令人不胜唏嘘,不胜惋惜。

---

① 鲁迅·《七律·无题》。
② 清·孔尚任·《桃花扇》。
③ 清·曹雪芹·《红楼梦》第五回"十二曲——聪明累"。

早在 2500 年前,中国战略大师孙子就说过:必以全争于天下①。

如果那些曾经的大官大商显贵达人能够早点知道或理解这句话,或将少去很多人类人间悲剧。

"秦人无暇自哀而后人哀之,后人哀之而不鉴之,亦使后人复哀后人也。"②

大到国家民族生死存亡,小到个人家庭企业兴衰发展,其命运都与大时代紧密相关,一不小心就容易被大时代的洪流所裹挟,祸福相生,成王败寇,机会挑战并存,欲成大业者,欲自保(而求全胜)者,必谨察之。

李嘉诚先生少小逃离家园,香港创业成长发达,改革开放大举投资中国内地,成为一代华人首富,2012年后进行资产大腾挪,下出一步步让外人眼花缭乱的棋……创业六十余年,虽历经多次经济危机,但没有一年亏损。

"等到危机来的时候,他就已经做好了准备",是谓战略高手!

他每天 90%的时间,都在考虑未来的事情。他是一个危机感很强的人,他总是时刻在内心创造公司的逆境(如何首先立于不败之地),不停地给自己提问,然后想出解决问题的方式。

李嘉诚先生曾经对其对手一代贼王张子强说:"你拿了这么多钱,下辈子也够花了,趁现在远走高飞,洗心革面,做个好人;如果

---

① 春秋·孙武·《孙子兵法·谋攻篇》。
② 唐·杜牧·《阿房宫赋》。

3

再弄错的时候,就没有人可以再帮到你了。"

张子强没有听取,更遑论战略思考、战略布局,一代贼王,赌完玩完,下场可悲,可惜可叹。

既深谙中国发展趋势,又居香港得全球资源整合之利,更洞察人性命运,李嘉诚先生可谓战略眼光独到、战略境界高远,战略布局了得。

顺应时代潮流游刃有余地发展搏得"立德、立功、立言"站在历史的枝头微笑,还是退而求其次至少还能立于不败之地得以"福、禄、寿"保全有余,还是错估时代潮流为逆势所裹挟不进则退、功败垂成、身陷囹圄甚至被早早地扫进历史的垃圾堆?

无论大官大商显贵达人,还是市井百姓屌丝小民,必谨察之。

世界怎么样,我们怎么办?
怎么办,怎么办,事到如今好为难?
在大时代的洪流里,更要有清醒的认识。
快速反应,观察世界,定位自己。
顺天应时,因势利导,走一步看三步。
因地制宜,因时制宜,因势制宜,与时俱进。
领先半步是先进,领先一步是先烈。
如何把握其中的平衡,这是一种科学,也是一门艺术。
只有变是不变的,但——万变不离其宗。

仰望星空,脚踏实地。
大时代,需要大战略。

总　序

需要有战略思维。

需要提升战略修养。

中国是大国,有五千年历史,战略经验教训智慧丰富。

开放社会,放眼全球,师夷长技,融会贯通,战略智慧资源充沛。

有鉴于此,我们推出"战略思想丛书"系列,希望给读者诸君提供一些独到的、有益的参考和启发,"知其然","知其所以然"。

我们相信:在这些优秀人物的大智慧、大思想的启发和指引下,将会有助于您的战略修养的提升,有助于您的智慧与人生成长。

大时代,需要大战略。

大时代,运用大战略。

必以全争于天下!

是为总序。

王立中
2019年6月于战略家书苑

FOREWORD 前 言

1952年《军事译粹》杂志创立,我出任总编辑。我就是这样偶然地走入战略研究园地的。在此以前我对战略虽非一无所知,但最多也只能算是一知半解。从此时开始,我就一直没有离开过这个园地。从1952年到现在,我一直都在实行我的"三书主义",也就是"读书"、"写书"、"教书",而所读、所写、所教几乎完全是以战略为范围,或至少也是与战略有关。我常自我嘲笑着说,对于战略我应该可以算得上是"无师自通"了。

虽然读书千卷,著作等身,而桃李满天下也并非过誉,但我却又时常自问:我究竟是否已经通晓战略?尤其是我教了这么多的学生,是否已经能使他们了解何谓战略,何谓战略研究?

战略是一门博大精深的学问,其内涵和意义随着时代而演进,战略研究是一个现代名词,并且已在大学中成为一种正式学科。在今天的世界上,以战略研究为专业的人和组织已经日益众多,而对于其内容和功能也有多种不同的认定。战略研究究竟是什么,也就变得日益难于解释。

我个人在漫长的岁月中,经常都是在黑暗中摸索。往往只是摸到部分,而未能了解全体。又好像走进了"八阵图"①,走进去固然不难,但却会愈走愈模糊,不知道如何才能走出去。古人说"歧路亡羊"②,所形容的即为此种现象。所以,书读得愈多愈会感到无所适从,书写得愈多愈会感到一无是处。

我尚且如此,我的读者和我的学生可能更会如此。于是也就使我联想到,我实在应该写一本专著来指导我的读者和学生如何研究战略,引导他们走入战略研究学域的窄门。因此,我才决定放下其他的工作,来写这一本书。

这本书以我个人的经验和知识为基础。其中有若干资料过去曾经在其他著作(书或论文)中发表,不过现在都已整合。全书内容所包括的是三个问题及其答案:(1) 何事(what);(2) 如何(how);(3) 为何(why)。简言之,即为要想解释:(1) 什么是战略和战略研究;(2) 怎样从事战略研究;(3) 为什么要研究战略。

读了这本书,至少应能了解上述三个问题的正确答案,也就可以无忧无惧地进入战略天地,学习做一位战略家。简言之,路还是要你自己去走,但这本书可以充任向导;带着你顺利地达到理想的

---

① 八阵图,传说三国时诸葛亮创设的一种阵法。传诸葛亮御敌时以乱石堆成石阵,按遁甲分成生、伤、休、杜、景、死、惊、开八门,变化万端,可挡十万精兵。《三国志·蜀志·诸葛亮传》记载:"亮长于巧思,损益连弩,木牛流马,皆出其意;推演兵法,作八阵图,咸得其要云。"作为古代战争中一种战斗队形及兵力部署图,诸葛亮的原"图"今虽不见,然有传说为诸葛亮练兵遗址的所谓"八阵图垒"。《三国演义》第八十四回《陆逊营烧七百里 孔明巧布八阵图》曾讲述了陆逊误入诸葛亮布的八阵图的故事。——编者注

② 歧路亡羊 歧路:岔路;亡:丢失,失去。字面意义是因岔路太多无法追寻而丢失了羊,现比喻事物复杂多变,没有一个正确目标和方向就会误入歧途。语出《列子·说符》:"大道以多歧亡羊,学者以多方丧生。"指的是学习的人因为学说太多而无所适从,就难以所获。——编者注

目标。

全书共为十二章,在结构上又可分四段:

(1) 第一和第二两章分别说明战略的定义以及现代战略研究的内容。

(2) 第三、第四、第五、第六章以研究方法为主题。

(3) 第七、第八、第九、第十章分别讨论战略研究的实际问题。

(4) 第十一章阐述战略研究的四个境界,第十二章说明研究战略的理由。这两章也共同构成全书的总结。

就全书设计而言,重点是放在如何研究战略的问题上。诚如**博弗尔**[①]**的名言,战略就是思想方法。研究的意义即为深谋远虑。**

早在1974年,我曾写过一本名为《国家战略概论》的书,由正中书局出版,并曾获得1975年的"国军"军事著作金像奖,而那也是我在战略领域中所写的第一本专著。在那本书的"引言"中我曾这样写道:

> 我不是职业军人,但却曾花了二十年以上的时间来从事战略的研究。我的研究是无所师承,经过多次的尝试与错误之后,自问总算找到了一点门径。所以我现在愿意以

[①] 安德烈·博弗尔(Andre Beaufre,1902—1973年),战略家、军事理论家,法国陆军上将,是一位富于才干、经验丰富的军人,以在战略和核武器方面的著述而著称。1921年入圣西尔军校学习。第二次世界大战期间参加自由法国陆军。他在1956年在苏伊士战争中指挥法军对埃及作战。1958年任北约欧洲盟军最高司令部总参谋长。1960年晋升为上将。主张法国拥有独立的核力量。著有《战略导论》《1940年法国的沦陷》《北大西洋公约组织与欧洲》《历史的性质》等。——编者注

"识途老马"①的心情来引导青年人走向战略研究的道路。

光阴过得真快,一转眼又是二十余年了。我的书读得比过去更多,我的著作也增加了不少。照理说,这匹老马似乎应该要比二十余年前更能认清前往战略天地的道路。

所以,请年轻一辈的学子相信我,这本书应该是能够帮助你们学会如何研究战略,至少也能引导你们入门。

钮先钟
1998年6月2日

---

① 识途老马,比喻对某种事物十分熟悉的人。《韩非子》卷七〈说林上〉:管仲与隰朋从桓公伐孤竹,春往而冬反,迷惑失道。管仲曰:"老马之智可用也。"乃放老马而随之,遂得道焉。乃放老马而随之,遂得道。行山中无水,隰(xí)朋曰:"蚁冬居山之阳,夏居山之阴,蚁壤一寸而仞有水。"乃掘地,遂得水。以管仲之圣,而隰朋之智,至其所不知,不难师于老马与蚁,今人不知以其愚心而师圣人之智,不亦过乎。

【译文】管仲、隰朋随齐桓公去讨伐孤竹国,春季出征,冬季返回,迷失了道路。管仲说:"可以利用老马的才智。"于是放开老马前行,大家跟随在后,终于找到了路。走到山里没有水喝,隰朋说:"蚂蚁冬天住在山阳光充足的地方(南面),夏天住在山阴凉的地方(北面)。地上蚁峰有一寸高的话,地下八尺深的地方就会有水。"于是挖掘,终于得到了水。凭借管仲的精明和隰朋的智慧,碰到他们所不知道的事,不惜向老马和蚂蚁学习;现在的人带着愚蠢的心而不知道向圣人的智慧学习,不是很大的错误吗?——编者注

CONTENTS | 目 录 |

总　　序 …………………………………………… 1
前　　言 …………………………………………… 1

第 一 章　战略 …………………………………… 1
第 二 章　现代战略研究 ………………………… 37
第 三 章　战略研究的基本假定 ………………… 63
第 四 章　战略思想的取向 ……………………… 93
第 五 章　战略思想的背景因素 ………………… 123
第 六 章　战略研究的单元 ……………………… 151
第 七 章　战略与情报 …………………………… 193
第 八 章　战略计划作为 ………………………… 215
第 九 章　核战略 ………………………………… 247
第 十 章　行动战略 ……………………………… 275
第十一章　战略研究的四种境界 ………………… 295
第十二章　为何研究战略 ………………………… 317

后　　记 …………………………………………… 335

第一章
战　略

引言　　　　　国家战略
名词的定义　　总体战略
大战略　　　　结语

引　言

在现代社会中,战略似乎已经成为家喻户晓的名词。不但在军事方面,而且在许多其他方面,战略这个名词也都经常出现,有时甚至有滥用之嫌。反而言之,尽管这个名词是如此地流行,但其真正的意义和内容又似乎并非一般人所能完全了解、理解。或许此即所谓"习焉而不察"[①],但也显示出世人对战略无知的真相。

战略不仅是非常流行的名词,而且也是非常悠久的观念,甚至名词的本身也有其非常久远的来源。不仅在西方,在中国也一样可以发现战略的观念源远流长。

照理说,一定是先有观念而后有名词,等到名词出现时,观念应该早已相当成熟,并且也已开始形成一种共识,而不至于发生误解。一般的名词既已通用,也就很少有人去对它的意义作认真的考虑,所谓名词必须有明确的定义,那只是现代学术界的流行想法而已。

地球上究竟何时才有人类,固然还是一个谜,但据考古学家的

---

① 习焉不察,习:习惯;焉:语气词,有"于是"的意思;察:仔细看,觉察。指经常接触某种事物,反而觉察不到其中存在的问题。【出处】《孟子·尽心上》:"行之而不著焉,习矣而不察焉,终身由之而不知其道者,众也。"【译文】孟子说:"做了而不明白,习惯了而不觉察,一辈子走这条路,却不知道那是条什么路,这种人是一般的人。"【读解】知其然,知其所以然。——编者注

研究,所谓战争,就广义而言,是在史前时代即早已存在的现象,甚至可以说,有人类就有战争。最初,战争只是单纯的斗力,但不久,斗力之外又加上了斗智。等到斗智的思考和行为逐渐形成时,最早的战略观念也随之而产生。**简言之,最原始的战略观念即为斗智。**

此种观念的起源是在何时,当然已不可考,而其逐渐成熟更是一种非常长久而复杂的过程。等到人类已有文字记载的历史时,此种观念自然会留下其记录,于是为求表达的方便,专用名词也随之开始出现。

我们现在所通用的战略一词发源于西方。在现代西方语言中分别为:

英语　strategy

法语　stratégie

德语　strategie

意语　strategia

其词根则同出于希腊。

古代希腊语中有"stratos"这样一个词,其意义为军队,从这个词所衍生出来的"strategos",其意义为将军或领袖。再进一词又有"strategeia",其意义为将道(generalship)。此外还有"stratagama",其意义为战争中所用的诡计,译成英语即为"strategems"。在希腊文中还有"strategike episteme"和"strategon sophia"二词,前者意义为将军的知识,后者的意义为将军的智慧,这又都已把现代战略的广义解释包含在内。[①]

---

① 钮先钟:《西方战略思想史》(台北:麦田出版公司,1995),p.15。

第一章 战　略

希腊和罗马都无正统的战略著作传世，但是在若干哲学和史学著作中含有很多战略观念。直到东罗马（拜占庭）时代，才有莫里斯（Maurice）皇帝曾著一书以教育其将领。书名为 *Strategikon*，其意义即为"将军之学"。大致成书于580年，可以算是西方的第一部战略学著作。[1]

西方自从进入中世纪之后，所有发源于古希腊、罗马的名词和观念都已为人所遗忘。直到18世纪，才有法国人梅齐乐（Paul Gideon Joly de Maizeroy, 1719—1780）把这些思想遗产又从古书中发掘出来。梅齐乐在其所著的《战争理论》（*Theorie de la guere*）一书中首次正式使用战略（stratégie）这个名词，并将其界定为"作战指导"（the conduct of operations），而其灵感的来源则出自莫里斯皇帝的书名 Strategikon。[2]

梅齐乐的《战争理论》出版于1777年，在战略思想史上应该算是值得纪念的大事。他的书很畅销，曾一再重印，并被译为德文和英文。从此，战略一词遂逐渐变成法国的军事术语。在日耳曼（德国），梅齐乐的书有很多读者，所以这个名词也很快地被接受。到19世纪初期，战略在欧陆诸国中已成通用名词，但在一水之隔的英国，却并不那样流行。1802年在英国出版的一部军事术语词典，查理·詹姆士（Charles James）的 *New and Enlarged Military Dictionary*，尚不曾把"strategy"列入其中。[3]

拿破仑战争在历史上是划时代的大事，对于战略思想而言，可

---

[1] 钮先钟：《西方战略思想史》, p.57。
[2] 同上书, pp.168-169。
[3] Robert O'neill and D. M. Homer ed., *New Directions in Strategic Thinking* (London: George Allen & Unwin, 1981), p.2.

以算是古今之间的分水岭。自从若米尼(Antoine Henri Jomini)和克劳塞维茨(Carl von Clausewitz)两位大师的著作问世之后,战略才开始发展成为一门学问。虽然这两位大师都不曾以"战略"为其书名,但在其书中还是曾经对战略作了相当详尽的分析。从19世纪初叶到20世纪中期,传统意识的战略思想可以说已有充分的发展,甚至在某些方面,已经达到登峰造极的境界。

战略这个名词在西方世界中的正式使用到今天不过两百余年,但并非意味着战略的观念在过去不存在。事实上,战略观念是古已有之,只是不曾使用现有的名词而已。古希腊人另有一个比较常用的名词"taktike techne",是现有名词战术(tactics)的根源。但古代并无战略与战术的区分,所以这个名词的含义也把所有一切有关战争的知识都包括在内。在罗马时代,译成拉丁文,就变成"ars bellica",再译成英文,又变成"art of war",也就是"战争艺术"。这个名词的出现不仅较早于战略,而且也已把战略的观念包括在内。16世纪的马基雅弗利(Nicolò Machiavelli)[①],17世纪的蒙泰库科利(Raimondo Montecuccoli,

---

① 尼可罗·马基雅弗利(1469—1527年),意大利政治思想家和历史学家,1469年5月3日出生于佛罗伦萨一个没落贵族家庭,家中除了四壁图书外一无所有,所以他没有多少受教育机会,完全依靠自学。他是名副其实的近代政治思想的主要奠基人之一。

他抛弃了中世纪经院哲学和教条式的推理方法,不再从《圣经》和上帝出发,而是从人性出发,以历史事实和个人经验为依据来研究社会政治问题。他把政治学当作一门实践学科,将政治和伦理区分开,把国家看作纯粹的权力组织。他的国家学说以性恶论为基础,认为人是自私的,追求权力、名誉、财富是人的本性,因此人与人之间经常发生激烈斗争,为防止人类无休止的争斗,国家应运而生,颁布刑律,约束邪恶,建立秩序。国家是人性邪恶的产物。他赞美共和政体,认为共和政体有助于促进社会福利,发展个人才能,培养公民美德。

著有《论战争艺术》《佛罗伦萨史》《李维史论》等;代表作《君主论》主要论述为君之道、君主应具备哪些条件和本领、应该如何夺取和巩固政权等。——编者注

第一章 战　略

1609—1680)①都曾以"战争艺术"为其书名,甚至于 19 世纪初叶的若米尼也是如此。②

我国古代有西晋人司马彪(生年不详,死于晋惠帝末年,大约为 306 年),曾以战略二字为其书名,这可能是此一名词在我国文献中的最早出现。该书现已不存在,但从散见于其他书的佚文上看来,可以发现其内容似乎与我们现在所认为的战略思想并无太多关系。因此,无论就名词或观念而言,我们现在所用的战略并非以司马彪及其著作为源头,而是来自西方,其原文即为"strategy",而战略只是一个译名而已。③

我国古代虽有作为书名的战略,但并无作为军事术语的战略,不过这并不表示我国古代没有战略观念的存在。不仅《孙子》应该算是全世界最古老也最伟大的战略著作,而且古人所用的若干名词,例如兵、谋、计等,也都具有战略的含义。所以,此一名词虽发源于西方,但战略观念则并非西方所能独占,而应视之为人类的共

---

① 雷蒙多·蒙泰库科利,军事思想家,奥地利哈布斯堡帝国军队中将和陆军元帅,1664 年圣戈塔德战役的胜利者,1673 年打败了蒂雷纳的谋战大师,哈布斯堡常备军的缔造者之一,17 世纪"军事革命"的推动者,是战争领域一位杰出的实践家和富有想象力的理论家。

他是现代史上第一位试图从所有各个方面对战争进行全面分析的理论家。在他那些反映了"规律"和"体系"观念之流行的重要性的著作中,蒙泰库科利谋求找到一种普遍适用的范式,一种所有科学、军事和政治知识的集成,它们既源于经验,但又牢靠地处于他始终笃信的天主教会的框架之内。他希望,他的公理如果得到正确的应用,将使作战行动具有可预见性,同时减少伤亡和代价。

著有《战争论》《论匈牙利境内的反土耳其战争》(该书更为知名的题目是《战争艺术格言》)等,他的著作综合了军事革命的诸多不同内容,而且将其主要观念传至下一个世纪,从而构成现代战略发展史上具有重要意义的一环。

1609 年生于小贵族家庭,16 岁当兵,开始其军事生涯。——编者注

② 钮先钟:《西方战略思想史》,p.15。

③ 钮先钟:《中国战略思想史》(台北:黎明文化公司,1992),pp.357‐358。

同遗产。

最初把"strategy"译为"战略"的人可能是日本人,我国从日本引进这个名词是在清朝末年,正确的时间则很难考证。设在北京的陆军军官学堂成立于1906年,那也是当时军事教育的最高学府,以后改名为陆军大学。有了这样的军校之后,战略也必然会列入教学内容之中。1908年有任衣洲所译的《战略学》出版。但其原文是怎样一本书,译本又是由谁出版,则都不可考。稍后,保定军官学堂学生潘毅等曾编译《大战学理》一书,出版时间和出版者也不详。这本书即为克劳塞维茨的《战争论》(On War)。《大战学理》是日本人译该书时所用的书名,很显然,此书是由日文转译而成,应该是《战争论》的第一种中译本。在译书时当然一定会用战略这个名词。总而言之,我们所知道的资料又仅此而已。我们还是不知道最初用战略二字来译"strategy"的人是谁,以及我国是在何时才开始使用此一译名。不过,根据上述的考证,还是可以认定作为"strategy"译名的战略一词,至少在我国军事学术圈中是已经使用了九十年之久,而且也早已成为我国通用的军事术语和名词。①

战略是法定军事术语,也是通用名词,但还有两个其他的名词,也常被一般人使用,一个是谋略,另一个是策略,这两个名词都有一个"略"字,也就常与战略混淆,并引起误解。因此,有加以辨正之必要。

上文中已经说过希腊文中有"strategama"一词,译成英文即为"strategems"。其意义并非战略(将道),而是战争中所用的诡计

---

① 钮先钟:《中国战略思想史》,pp. 546 – 547。

(ruses de guerre),也就是孙子所谓的"诡道",那只是战略的应用,而非战略的本体。后来常有人用谋略来译"strategems",并创造了谋略战这样一个新名词。简言之,在战争中可以采取各种手段来造势或欺敌,那都可以总称之为谋略。但谋略并不等于战略,二者之间也不能混用。

目前工商界又常把"strategy"译为"策略",这也未尝不可,但他们却似乎不知道"strategy"本来是军事术语,而把"strategy"译为"战略"也已有将近百年的历史。"strategy"本来的意义是纯军事性的,将其推广及于非军事领域,只是最近的发展。西方人将战略观念应用到非军事领域时,仍保持原有名词不变,并未另创一新名,只是扩大其解释而已。所以,我们若用"策略"来代替"战略",则不仅会一名两译,徒增困扰,而且也显示出一般社会人士对于战略原义缺乏了解。

所以,诚如老夫子所云,必也正名乎?① 我们所说的"战略",其原义即为英语中的"strategy"。我们只使用这一个名词,也只有一种解释。其他的名词则最好不用,以免导致误解。此外,还

---

① 【原文】语出《论语·子路》,子路曰:"卫君待子而为政,子将奚先?"子曰:"必也正名乎!"子路曰:"有是哉,子之迂也! 奚其正?"子曰:"野哉,由也! 君子于其所不知,盖阙如也。名不正,则言不顺;言不顺,则事不成;事不成,则礼乐不兴;礼乐不兴,则刑罚不中;刑罚不中,则民无所措手足。故君子名之必可言也,言之必可行也。君子于其言,无所苟而已矣。"【译文】子路说:"假如卫国国君等着您去治理国家,您先作什么?"孔子说:"一定要先正名分!"子路说:"真是这样吗,您太迂腐了! 有什么可正的?!"孔子说:"子路呀,这就是你的粗俗浅薄了。君子对自己不懂的事情总是保持沉默。如果名分不正,讲起话来就不顺当合理;说话不顺当合理,事情本就办不成;事情办不成,礼乐制度就复兴不起来;礼乐制度复兴不起来,刑罚就不会得当;刑罚不得当,老百姓就会不知所措不知所从。所以君子有了名分一定可以说话,说出来的话才能可行。只是君子说出的话要格外谨慎而已。"【解读】名正才能言顺,言顺才易事成。比如,楚汉相争时期,刘邦、项羽对部下的授权不同,导致不同的结果,亦可见一斑。——编者注

有一点也应附带说明,过去有人在翻译外文著作时,常用"策略"来作为"战术"的译名。例如他们所说的"两手策略",实际上就是"两手战术"。

名词的定义

古人治学和著书时,其态度远不像现代学者那样严谨。我们必须知道,所谓**科学方法是 18 世纪后期才开始出现**,所以,万不可用今人的心态和眼光来评论古人的思想。事实上,在古人的思想遗产中,许多观念都相当模糊,尤其是所谓名词者,更是经常缺乏明确的定义。许多名词所含有的观念虽代表悠久的传统,但其定义则仅为近代的产品。

18 世纪后期的梅齐乐不仅在其著作中首先推出战略这个名词,而且也给它下了一个概括而简单的定义,他的定义,战略即为作战指导,就基本意义而言,到今天仍然有效,尽管后人曾加以各种不同的扩张或补充。

19 世纪初期,若米尼和克劳塞维茨都曾在其著作中分别说明其对于战略观念是如何作的界定。若米尼在其《战争艺术》中对于战略下了一个比较具体的定义:"地图上进行战争的艺术,并且包括整个战区在内。"[①]克劳塞维茨在其《战争论》中对战略所作的解释和分析则远较复杂,而且也的确较难了解,因此,值得加以较深入的讨论。

克劳塞维茨在《战争论》第二篇"论战争理论"的第一章"战争

---

① 若米尼:《战争艺术》,钮先钟译(台北:麦田出版公司,1996),p.72。

第一章 战　略

艺术的分类"中指出：

> 就根本而言，战争艺术就是在战斗中使用指定工具的艺术；
>
> 对于它没有比"战争指导"(the conduct of war)更好的名词。

接着他又说：

> 战争指导包括战斗的计划和指导……于是就产生两种不同的活动：一种是个别战斗本身的计划和执行；另一种是协调个别战斗之间的关系，以求达到战争的目的。前者称为战术，后者称为战略。①

根据上述的分类，克劳塞维茨遂提出他对于战略和战术所下的定义：

Die Taktik ist die Lehre von Gebrauche der Streitk? teim Gefecht, die Strategie die Lehre von Gebrauche der Gefechte zum Zwecke des Krieges.

此乃德语原文，在英语中又有各种不同的译法：

Tactics teaches the use of armed force in the engagement; strategy, the use of engagements for the object

---

① Carl von Clausewitz, *On War*, trans. by Michael Howard and Peter Parat (Princeton University Press, 1989), p.128.

of the war.

这是霍华德(Michael Howard)[1]和帕雷(Peter Paret)[2]的译文。[3]

Tactics is the theory of the use of military forces in combat. Strategy is the theory of the use of combats for the object of the war.

这是格雷厄姆(Col. J. J. Graham)[4]的译文,而为《战争论精华》(*A Short Guide to Clausewitz*)所采用。[5]

Tactics is the concept of the use of armed forces in battle, strategy is the concept of the use of battles to forward the aim of war.

---

[1] 迈克尔·霍华德,牛津大学现代历史荣休教授,著有《普法战争》(1961,曾获得达夫·库珀纪念奖)、《大战略》(1971,英国在二战中的历史,有4卷本,获得1972年度沃尔夫森基金会历史奖)、《历史教训》(1991)等。曾经在伦敦国王学院讲授战争研究、牛津大学讲授近代史和耶鲁大学讲授军事和海军历史。——编者注

[2] 彼得·帕雷(Peter Paret),普林斯顿高等研究院历史研究所现代欧洲历史荣休教授,历史学家,专长军事、文化和艺术史及其相互关系,专注于德国历史。1924年4月13日生于德国柏林。主要成就有:著有《1960年代的游击队》(与约翰W.夏伊合著,1961)、《从印度支那到阿尔及利亚的法国革命战争》(1964);军事创新研究:《约克和普鲁士改革的时代》(1966);一本传记:《克劳塞维茨及其国家:一个男人,他的理论,他的时代》(1976);拿破仑战争中的传统与创新的冲突研究:《战争的认知挑战》(2009);等等。——编者注

[3] Car von Clausewitz, *On War*, trans. by Michael Howard and Peter Parat (Princeton University Press, 1989), p.128.

[4] 格雷厄姆(Col.J.J.Graham,1808—1883年),《战争论》第一个英文译者,英文版1873年于伦敦出版(原德语版1932年出版于柏林)。——编者注

[5] *A Short Guide to Clausewitz*, edited by Roger Ashley Leonard (London: Weidenfeld and Nicolson, 1967), p.89.

第一章 战　略

这是法国已故大师阿龙①(Raymond Aron)的译文。②

若把上述三种英语译文作一比较，则可以发现它们之间有若干差异之存在。霍华德的译文最新，也最受推崇。但德文所用"die Lehre"本是名词，意为教训或学问，霍华德在英文中却用"teaches"，那是动词，于是使原文的结构也必须改变，所以，这种译法应该不算是太适当。

另外两种译文除用字上略有差异外，几乎没有其他的区别。格雷姆用"theory"，阿龙用"concept"。前者中译为"理论"，其意义比较确定；后者中译为"观念"，其意义则比较空泛。理论固然也是一种观念，但观念却不一定是理论。此处用"theory"来译"die Lehre"似乎比较适当。

因此，克劳塞维茨的定义可以译为：

> 战术为在战斗中使用军事力量的理论。战略为使用战斗以达战争目的的理论。③

接着在《战争论》一书第三篇"战略通论"的第一章"战略"中，

---

① 雷蒙·阿龙(Raymond Aron，1905—1983年)，法国哲学家、社会学家和政治学家，也是法国20世纪最清醒的政治评论家，对20世纪的法国和国际政治思想都产生了重大影响。阿龙博学多才，才华横溢，涉猎广泛，在社会学、政治学、历史学和国际关系学科等领域都卓有建树。他一生笔耕不辍，著有《历史哲学导论》《克劳塞维茨》《知识分子的鸦片》《找不到的革命》《工业社会十八讲》《和平与战争：国际关系理论》《回忆录》等。作为一个自由主义者，阿龙对一些政治家发生了较大的影响，美国前国务卿亨利·基辛格说："没有雷蒙·阿龙，世界将感到更孤独，而且更空虚。"基辛格称呼阿龙为——我的老师！——编者注

② Raymond Aron, "The Evolution of Modern Strategic Thought", *Problems of Modern Strategy* (Praeger, 1970), p.14.

③ 克劳塞维茨：《战争论精华》，钮先钟译(台北：麦田出版公司，1996)，p.110。

克劳塞维茨对其战略观念又作了较深入的解释。

> 战略为战争目的而使用会战(战斗)。所以战略家必须替战争的整个行动拟定目标,而那又是以战争目的为根据……战略理论处理计划事宜,又或企图解释战争的组成部分以及其间的相互关系。①

此处所谓"战争的组成部分"(the components of war)也就是会战。简言之,克劳塞维茨认为如何使用会战以达到战争目的的学问(理论)就是战略。

在先核时代的西方战略思想史中,克劳塞维茨不仅是一代大师,而且还真可谓前无古人,后无来者。在他之后,虽然战略论着已日益增多,但其后辈还是无人能与他比拟,连被誉为"20世纪的克劳塞维茨"的李德·哈特(B. H. Liddell-Hart)也不例外。

李德·哈特可以算是最后一位"古典战略家"(classical strategist)。他对于战略所下的定义可谓言简意赅:

> 战略为分配和使用军事工具以达到政策目标的艺术。(The art of distributing and applying military means to fulfill the ends of policy.)②

几乎所有比他晚一辈的战略思想家都认为他的定义下得很

---

① 克劳塞维茨:《战争论精华》,钮先钟译(台北:麦田出版公司,1996), p.110。
② B. H. Liddell-Hart, *Strategy: The Indirect Approach* (Faber and Faber, 1967), p.335.

第一章 战　略

好。霍华德则指出那至少是像任何其他定义一样好，而且要比其中大多数都较好。[①]

事实上，李德·哈特的定义还是脱胎于克劳塞维茨。"会战"只是"军事工具"中之一种，换言之，后者不过是前者的推广而已。所谓"政策目标"在战争的情况中，亦即为"战争目的"。因此，他们两人对于战略的认知，就本质而言，并无差异，只是在范围的广狭上略有不同。

加尼特(John Garnett)在《当代战略》一书中曾指出李德·哈特的定义有一优点，即不曾提到战争字样，那也就无异于暗示战略也一样可以用于平时，而不受传统观念的拘束。从表面上看来，这种说法似乎是正确的，但实际上却犯了以后人眼光来观察前人著作的老毛病。只要把李德·哈特的代表作《战略论》仔细读一遍，即可发现在其心目中，战略这个名词的意义还是采取传统的解释，并未超出战争的范围。[②]

不过，李德·哈特的定义，除简明扼要外，还另有一个最重要的特点，但并未受到多数评论家的注意。在其定义中包括了"分配"(distributing)的观念在内，这是任何其他定义中所未有者。其他的学者几乎都只注意到"使用"(applying)的观念，到现代也还有人注意到"发展"(developing)的观念，但除李德·哈特以外，似乎从未有第二个人曾把"分配"的观念纳入其战略定义之内。

李德·哈特的定义中缺乏"发展"的观念，那也许是受到时代

[①] Michael Howard, "The Classical Strategists", *Studies in War and Peace* (The Viking Press, 1970), p.154.

[②] 加尼特的意见参见 *Contemporary Strategy*, ed. by John Baylis (Holmes and Meier, 1987), p.4.《战略论》为 *Strategy: The Indirect Approach* 中译本书名(台北：麦田出版公司，1996)。

背景的影响,可谓美中不足;但他能注意到"分配"的观念,实乃独具慧眼,足以证明他确有过人的见识。**战略本来就是一个选择问题**(problem of choice)。任何国家的资源总是有限的,所以如何作最佳的分配也就自然成为一项优先的考虑。假使对于工具未作适当合理的分配,则即令能作最巧妙的使用,结果还是不一定能达到理想中的目标。

从梅齐乐到李德·哈特,相隔约两百年,虽然战略一词已有很多的定义,但概括言之,又可以归纳为下述三点:

(1) 战略的适用范围为战争。

(2) 战略所用者为军事工具(手段)。

(3) 战略所追求者为胜利。

简言之,就传统意识而言,战略的观念和解释都限制在战争领域之内。因此,用"战略"来翻译"strategy"非常合理。"战略"本来就是"战之略",也就是"战争艺术"(art of war)。李德·哈特称此种战略为纯战略或军事战略(pure, or military! strategy)。换言之,直到李德·哈特写他的《战略论》时,对于"战略"一词都还是采取传统的解释。

大 战 略

李德·哈特在其《战略论》中所讨论的主题大体还是这种传统战略观念,换言之,战略即为军事战略,与过去其他战略家(包括克劳塞维茨在内)所认知者并无区别。若从这种观点来看,则李德·哈特的战略定义除增加了一个"分配"观念之外,似乎并无其他的特色。不过,李德·哈特在战略思想领域中还另有一项非常伟大

第一章 战　略

的贡献，那就是他对于所谓大战略(grand strategy)观念的提倡和阐释。

大战略这个名词究竟是谁发明，或谁首先使用，似乎已不可考，但至少可以断言并非李德·哈特。不仅在他之前已经有人使用这个名词，而且更令人感到惊异的是，这其中的一个人竟然就是克劳塞维茨。克劳塞维茨在1830年曾经这样说："有人说政治不应干涉战争指导，而那也是如此常见的说法，但这种人根本不知大战略为何物。"①

因此，可以确定这个名词绝非李德·哈特所首创，至少在19世纪初叶即早已存在。李德·哈特虽非这个名词的创始者，但在20世纪初期，他是知道重视大战略的观念、并对其作相当深入探讨的学者则毫无疑问。不过，令人不解的是，他虽然对于战略的意义曾作明确的界定，但对于大战略又并未同样地给予一个认真的定义。尽管如此，在其书中还是有一专章(第二十二章)讨论大战略，并且在全书中也一再提到这个名词。此外，对于大战略与战略之间的差异和关系，也曾作相当周详的分析。

李德·哈特所谓的战略即为军事战略，而大战略则为较高级的战略(higher strategy)。他说：

> 正像战术是战略在较低层面的应用一样，战略也就是大战略在较低层面的应用。虽然实际上与指导战争的政策意义相同，但又与管制战争目的的基本政策有别。"大战略"这个

---

① Carl von Clausewitz, "Betrachtungen über einen küfti gen Ktiegsplan gege Frankreick" (written c. 1830), reprinted in *Carl von Clausewitz*, *Kerstreute kleine Schriften*, ed. Werner Hahlweg(Osnbrück: Biblio Verlag, 1979), p.547.

名词含有"政策在执行中"(policy in execution)的意识。因为大战略的任务为协调和指导所有一切国家资源(或若干国家的资源)以达到战争的政治目的,而这个目的则由基本政策来决定。①

李德·哈特指出,他的书是以战略为主题,而非以大战略为主题。大战略是一个内容远较宽广的领域,欲作适当的讨论,则不仅需要远较巨大的篇幅,而且还必须另外写一本书——因为虽然大战略应控制战略,但其原则又时常会与战略领域中的原则相抵触。不过,又正因为这个原因,所以在研究战略时,对于大战略研究所导致的若干较深入的结论也必须有相当了解。这也就是其书中对大战略辟有专章的理由。②

李德·哈特在此章中说:

> 战争中的目的即为获致较好的和平(a better peace)——即令那只是你自己的观点认为是如此。所以,在进行战争时,必须经常记着你所想要获致的和平……国家若把其实力用到耗竭之点,则将使其本身的政策和前途归于破产。③

他又说:

---

① B. H. Liddell-Hart, *Strategy: Indirect Approach* (Faber and Faber, 1967), pp. 335-336.
② 同上书,p.336。
③ 同上书,p.336.

第一章 战　略

　　假使你把注意力完全集中在胜利之上,而不考虑其他任何后果,则你可能将国力耗尽,而再也不能获致和平。几乎可以断言这样的和平是不好(bad)的和平,其中可能含有另一次战争的种子。此一教训有许多经验可供佐证。①

基于以上的分析,李德·哈特又得出两项概括的结论,其一是对于"胜利"的意义必须予以拓宽:

　　胜利的真意暗示和平的状况和本国人民的状况,在战后要比战前较好。欲获致这样的胜利,只有两种可能的途径:其一是能够迅速获得结果,其次为虽作长期努力,但在经济上能与国家资源成比例。换言之,必须调节目的以适应手段(The end must be adjusted to the means)。②

由于相信国家决策者(national decision makers)的主要任务即为使目的与手段互相配合,于是又直接引至第二项结论,即大战略所包括的范围远比战略所包括者较为宽广,而非仅为会战的指导。于是李德·哈特又说:

　　大战略应计算和发展国家经济资源和人力,以支持战斗兵力。同时还有精神资源,因为培养人民的战斗精神与保有其他具体力量同样重要。大战略也应管制不同军种之间,以

---

① B. H. Liddell-Hart, *Strategy: The Indirect Approach* (Faber and Faber 1967), p.335.
② 同上书,p.370。

及军事与工业之间的权力分配。此外,军事仅为大战略工具中之一种,大战略又必须考虑和使用财政压力、外交压力、商业压力以及道义压力,以削弱对方的意志。①

最后,李德·哈特总结指出:

> 战略的眼界是以战争为限,大战略的视线必须超越战争而看到战后的和平……与战略不一样,大战略的领域大部分还是未知境界(terra incognita),仍然有待于探索和了解。②

我们之所以如此不厌其烦地来引述李德·哈特的言论,是因为目前为止,似乎还未有其他的学者曾经对大战略观念作如此详尽的解释。所以,尽管李德·哈特虽未对"大战略"这一名词提供正式的定义,但其贡献仍应予以高度肯定。

不过,李德·哈特毕竟是前辈,他的时代与我们已有相当距离(他逝世于1970年),所以,他的观念和认知到今天有若干部分已经不合时宜,至少有两点必须特别指明。

1. 他始终认为战略就是军事战略,其范围以战争为限,其所使用仅为军事工具(手段),这就是他所谓的纯粹战略。至于大战略则为较高级的战略,但其范围仍限于战争,不过手段则非仅限于军事。二者之间有层面的差异,所以是两个不同的名词,彼此之间

---

① B. H. Liddell-Hart, *Strategy: The Indirect Approach* (Faber and Faber 1967), p.336.
② J. F. C. Fuller, *The Reformation Of War* (London: Hutchinson and co. 1932), pp.218 – 219.

第一章 战　略

不能通用。

2. 大战略也像战略一样是用来达到战争的政策目的，这也暗示先有战争、后有战略的传统观念。尽管李德·哈特强调大战略的眼光必须超越战争而看到战后的和平，但他并不曾指明即令在"平时"也应有大战略的运作。因此，他所认知的大战略观念，其范围要比我们现有的认知较为狭窄。

与李德·哈特齐名，同被尊为20世纪前期两大师之一的富勒将军(J. F. C. Fuller)[①]，不仅年长资深，而且与李德·哈特的关系是介乎师友之间。富勒不曾写过一本以战略为书名的著作，但并不表示他对战略缺乏研究。事实上，他早在1923年就曾对于大战略家(grand strategist)的责任作过下述的详尽分析：

> 大战略家的第一职责即为评估其国家的经济和财政地位，并发现其优劣之所在。第二，他必须了解其国民的精神特性，其历史、其社会，以及其政府制度。凡此一切的数量和素

---

① 约翰·弗雷德里克·查尔斯·富勒(John Frederick Charles Fuller, 1878—1966年)，英国将军，享誉世界的战略大师、军事历史学家、军事理论家，机械化战争理论的创始人之一。出生于奇切斯特。1899年开始服役，参加过英布战争；第一次世界大战中随英国远征军赴法国参战；1916年任坦克军参谋长；1917年在康布雷之战中曾使用坦克获得成功；1918年在拟制《1919年计划》时提出了建立和使用机械化军队新观点；1922年任英国坎伯利参谋学院主任教官；1926年任英帝国陆军总参谋长军事助理；1929年任旅长；1930年晋升为陆军少将；1933年退役。

此后，富勒出任伦敦《每日邮报》记者，并长期致力于军事历史研究和军事理论著述，出版有40多部军事著作，涉猎广泛，从军事理论到军事历史，从战略到战术均有独到的研究，其中不少被英国陆军军事学院列为经典著作或选作教科书；他的很多著作还被翻译成多种文字，在世界范围内广为流传。《西洋世界军事史》《战争指导》和《装甲战》等为其代表作。《装甲战》是较早论述机械化战争论的理论著作，德国陆军曾将之视为坦克兵的"圣经"。

1963年，富勒获颁英国三军学会的最高荣誉奖章。

1966年，富勒逝世，享年88岁。——编者注

21

质都构成军事组织的基础。事实上,大战略家必须是饱学的史学家、远见的哲学家、敏锐的战略家。从大战略的观点来看,素质与数量,人力与物力,都同样重要。①

把这一段话与上文中所引述的那一段李德·哈特所说的话作一比较,即可以发现富勒与李德·哈特在思想上是多么地类似。

富勒最后的传世之作出版于1961年,书名为《战争指导》(The Conduct of War)。这个书名似乎比较古老一点,但其内容则完全是以历史为背景的战略分析。在其序言中的第一句话最为发人深省:

> 战争指导,像医道一样,是一种艺术。因为医师的目的是预防(prevent)、治疗(care)或缓和(alleviate)人体的疾病,而政治家和军人的目的亦为预防、治疗或缓和危害国际体(international body)的战争。②

李德·哈特以战略为书名,其内容以军事战略为主体,对于大战略则只用了一章的篇幅,虽然其分析相当深入,但并非其全书的重心。对比言之,富勒所谓"战争指导"实际上就是大战略,而且把层次提高,范围扩大。其范围不仅限于战争,而且延伸及于平时。

---

① J.F.C. Fuller, *The Reformation of War* (London: Hutchinson and co., 1932), pp. 218–219.
② J.F.C. Fuller, *The Conduct of War: 1789–1961* (London: Rutgers, 1961), p. 11.

第一章 战　略

其目的不仅为赢得战争而更企图预防战争的发生。因此,其思想的境界似乎要比李德·哈特还略高一筹。

总而言之,大战略这一名词和观念都是早已存在,其起源则不可考。不过并非如一般人所想象,李德·哈特绝非其发明者,尤其是他也并未对"大战略"这个名词提供一个正式的定义。

在李德·哈特逝世之后,美国预备役海军上校柯林士(John M. Collins),在1973年曾以《大战略:原理写实践》(*Grand Strategy: Principles and Practices*)为名出版了一本书。严格说来,这一本书的内容实在是杂乱无章,虚有其表。虽以大战略为书名,但书中却混合使用多种不同的名词,尤其是对于大战略这个名词所用的一个定义更是令人难于了解:

The art and science of employing national power under all circumstances to exert desired types and degrees of control over the opposition by applying force, the threat of force, indirect pressures, diplomacy, subterfuge, and other imaginative means to attain national security objectives.[①]

勉强译成中文则为:

> 大战略是在所有一切不同的环境之下,使用国家权力的艺术和科学,其目的为应用武力、武力的威胁、间接压力、外交、诡计,及其他富有想象力足以达到国家安全目标的手段,以对对方施加我方所欲的各种不同种类和程度的控制。

---

① John M. Collins, *Grand Strategy: Principles and Practices* (U. S. Naval Institute Press, 1973), p.14.

此一定义不仅词句繁琐,语意晦涩,而且更有画蛇添足之嫌。一本以大战略为名的书,居然对大战略采取这样一个定义,其水准如何,似乎也就不难想见。

在战略思想领域中,美国人一向比欧洲人落后,甚至于可以说,在第二次世界大战之前,除马汉以外,美国几无合格的战略思想家。不过,天下事总还是有例外。曾经来中国任"中国战区"参谋长的魏德迈(Albert Coady Wedemeyer)将军似乎就可以算是一个例外。他在1940年代初期还是一位校官,但在当时他的思想即已令人感觉到有先知先觉的意味。他在1943年1月到北非参加卡萨布兰卡会议之前,即已想到:

> 在我们现有的复杂世界中,军事、经济、政治、心理等因素之间的界限几乎已经消失,所以一种远较宽广的战略观念对于生存是有所必要的。[①]

若干年后,魏德迈已官至上将,当他前往美国国家战争学院(National War College)演说时,才把上述的观念具体地表达出来:

> 大战略是使用一切国家资源,以达到国家政策所界定目标的艺术和科学。[②]

---

① Albert C. Wedemeyer, *Wedemeyer Reports!* (Henry Holt, 1958), p. 81, p. 79.
② 同上书,p. 81.

尽管魏德迈的回忆录是在1958年出版的,但他在书中所用的名词还是大战略,而非美国官方所早已采用的国家战略(national strategy)。不过,他对于大战略所用的定义又几乎和官方的国家战略完全一致,甚至他所用的词句更为简明。

国 家 战 略

在第二次世界大战期间,美国的战略思想几乎可以说大致都是接受英国的引导。但到战争结束时,美国已经成为世界第一强国,其国际地位远在英国之上,于是自然就会产生"耻居人下"的心理,不仅要有自己的思想,而且更要创造一套自己的名词。因此,美国官方不想再用英国人所惯用的大战略,而另创国家战略这样一个新名词。这个名词是第二次世界大战之后美国的新产品,战前及战时都不存在。事实上,这个由美国官方所创造出来的新名词,一直都不太流行,而且在观念上也与大战略几乎没有什么差异。

美国参谋首长联席会议(JCS)1953年再版的《美国联合军事术语辞典》(*Dictionary of U. S. Military Terms for Joint Usage*)对于国家战略所下的定义有如下述:

> 在平时和战时,发展和使用国家的政治、经济、心理等权力,连同其武装部队,以确实达到国家目标的艺术和科学。

到1979年,美国国防部所出版的《军事及有关名词辞典》

(*Dictionary of Military and Associated Terms*)又作了比较简明的界定:

> 在平时和战时,发展和应用政治、经济、心理等权力以达到国家目标的艺术和科学。

后者不仅比前者较简明,而且也较为适当,因为前者所用"武装部队"(armed forces)只是"军事权力"(military power)的一部分而非其全体。

柯林士的书虽无可取,但其所附的战略名词表(Strategic Terminology)中对于国家战略却有一较简洁的定义值得引述:

> 在一切环境之下使用国家权力以达国家目标的艺术和科学。[1]

概括言之,美国官方虽创立了国家战略这样一个新名词,其目的似乎以表示战略思想的独立性为主,就实质的意义而言,与过去所惯用的大战略并无太多的差异。尽管如此,在美国官方所颁布的名词与以李德·哈特为代表的英国惯用名词之间,还是可以找到几点差异。

1. 美国的名词定义中明确地指出包括平时和战时都在内,而李德·哈特的观念则仅限于战争。

---

[1] John M. Collins, *Grand Strategy: Principles and Practices* (U. S. Naval Institute Press, 1973), p. 273.

2. 美国的定义都确认战略是艺术和科学,而英国人则仅认为战略是艺术。

3. 美国官方定义中已把"发展"观念包括在内,而不仅限于"使",但还是不曾将"分配"的观念纳入,而"分配"仍为李德·哈特所独有的观念。

有一种相当奇怪的现象值得注意,美国文人战略家对于战略的意义,往往都是继续采用狭义的解释,也就是传统的解释,他们所关心的只是军事权力在国际事务中的应用,尽管美国早已有国家战略这样的名词,他们却很少使用,甚至于也不太重视此种较高层面的战略观念。此种现象到今天还是很普遍。

从另一角度来看,所谓国家战略这一套名词、定义,以及其观念架构、思想体系,都是由军方(其最高代表即为JCS)所建构。只有在美国军方所编著的教范和词典中才能找到这一类的资料。至于民间所出版的书刊,则很难发现国家战略这个名词的存在。甚至与美国国防部关系颇为密切的作者,在其书中也都未使用这个名词。例如前参谋首长联席会议主席泰勒(Maxwell D. Taylor)所著的《危险的安全》(*Precarious Security*),前国防部长布朗(Harold Brown)所著的《思考国家安全》(*Thinking About National Security*),西点军校教授乔丹(Amos A. Jordan)所著的《美国国家安全》(*American National Security*),都是如此。美国文人战略家在思想上如此"武化",国家战略这个名词如此不受重视,令人有莫名其妙之感。

此外,后来还有人使用国家安全战略(national security strategy)这样的名词。事实上,战略的主题本来就是国家安全,所以也自可不必如此叠床架屋,另创新词。

最后，还有人认为大战略是同盟战略，位在国家战略之上，那更是完全错误。首先必须了解所谓国家战略中的国家（national），是指此种战略超越军事范围并把非军事因素包括在内，所以，是在国家政府全面指导之下。换言之，也就是国家层面的战略，包括所有不同权力的运作都在内。对于军事之外的其他国家权力也是一样，军事、政治、经济、心理、技术等战略都包括在国家战略之内并受其指导。国家有其主权，对于其国家战略保有完全的控制。国家基于其利益，可以与其他国家结盟，但国家并未放弃其主权而听命于同盟。所以，国家战略是永恒的，任何国家都有自己的国家战略。同盟只是一种临时性的安排。所谓同盟战略只是一种简称，仅代表结盟国家在某种环境之下，对战略所作的合作安排。国家并不一定要与他国结盟，若无同盟，自然也就没有所谓同盟战略。但国家仍有其本身的国家战略，也就是英国人所惯称的大战略。总而言之，美国人在第二次世界大战之后所新创的国家战略，即为欧洲人早已惯用的大战略，这两个名词之间实际上可以画等号。大战略绝非同盟战略，而同盟只是一种临时安排，也不可能有永久性的战略观念。大战略又并非超越国家战略之上而位置于较高阶层。两者之间的关系为名异实同，只不过在出现的时间上有先后之别。

总 体 战 略

总体战略（total strategy）是法国已故战略大师博弗尔（André Beaufre）将军所首创的名词。过去，德国的鲁登道夫（Eric Ludendolff，1865—1937）虽曾提倡总体战争（total war）的理论，

第一章 战　略

但从未提到总体战略。① 很明显,博弗尔在思想上曾受鲁登道夫的影响。当他谈到总体战略时,曾一再提到总体战争。他在其第一本也是传世之作的《战略绪论》(An Introduction to Strategy)中这样指出:

> 总体战略位于金字塔的顶上,而且也在政府直接控制之下,其任务为决定应如何指导总体战争。

在同书同页的注释中,他又说:

> 当应用于总体战争时,我认为总体战略这个名词似乎要比英国人(尤其是李德·哈特)所常用的大战略,或美国人所用的国家战略都较为明确。②

博弗尔在战略思想方面一共写了三本书,构成一个完整的序列,我们可以称之为"战略三书"。第一本书为《战略绪论》,已有中译本。第二本书为《吓阻与战略》(Deterrence and Strategy),以分析吓阻与战略之间关系为主旨。第三本书为《行动战略》(Strategy of Action),讨论在核阴影之下的行动方针,并构成其思想的总结。

博弗尔在作这样的解释时,其词句中有一小毛病,似乎是他本人所不曾注意的。即一再强调总体战略与总体战争的关系,很容

---

① 关于鲁登道夫的理论可参看钮先钟:《西方战略思想史》,第428页。
② André Beaufre, *An Introduction to Strategy*, p.30.

29

易令人误解而以为此种战略仅只适用于战争。事实上,在博弗尔的思想中,所谓和平与战争之间的明确界限早已不存在,早在1939年,他就曾经首创平时战争(war in peacetime)的观念。① 他还进一步指出:"大规模的战争与真正意识的和平可能要一同下葬了。"②

博弗尔在《战略绪论》中并未对总体战略提供明确的定义,但对于战略却曾先后提供两种定义,一种比较具体,而另一种则比较抽象。不过在其第三本书《行动战略》中,又指出那就是总体战略的定义。由此可知,在博弗尔的心目中,战略即为总体战略,也可以说前者不过是后者的简称,二者实乃义同词异。

博弗尔指出:依照军事战略的传统观念,战略的意义应该是"使用军事力量以达到政策所指定目标的艺术"。这也就是李德·哈特在1929年即已形成的定义,与克劳塞维茨的定义殊少差异。阿龙在其近著中也几乎是照抄旧文章,但他又指出这个定义未免太狭窄,因为它只注意到军事力量。所以,他建议应将其修改如下:

> 使用力量以求对政策所指定目标之达到能作最有效贡献的艺术。(The art of applying force so that it makes the most effective contribution towards achieving the ends set by political policy.)③

---

① 博弗尔在1939年曾发表一篇论文,其命题为《平时战争与希特勒的战略》(La Paix-Guerre on la Strattgie d'Hitler, Revue des DeuxMondes, 15th August, 1939)。
② André Beaufre, *An Introduction to Strategy*, p.104.
③ 同上书,p.22.

第一章 战　略

博弗尔在其原文中所用"force"一词的意义颇为模糊。固然可以解释为"力"或"力量",但又常被人认为是专指"武力"而言。若换用"power"(权力)则可以避免此种误解。

博弗尔又反过来说,这个定义未免失之过宽,因为对所有一切的战争艺术都能适用。因此,他又提出第二种定义。他认为战略的本质是一种"抽象的互动"(abstract interplay),诚如福煦(Ferdinand Foch)[①]所云,是出自两个对立意志之间的冲突。基于此种理念,战略的定义即为:

> 两个对立意志使用力量以解决其间争执的辩论艺术。(The art of the dialectic of two opposing wills using force to resolve their dispute.)[②]

博弗尔认为此一定义具有高度抽象性,适用范围极广,可以作为任何理论研究的基础。不过,对于一般读者而言,却会感到不易了解。尤其是"dialectic"一词我们译为"辩证"早已成惯例,用在此处实在是很难表达其用意。事实上,博弗尔的用意只是表示双方相互发生影响作用,好像所谓辩证法的程序一样,彼此正反对立

[①] 斐迪南·福煦(Ferdinand Foch,1851—1929年),法国元帅,第一次世界大战最后几个月协约国军总司令,公认是协约国获胜的最主要的领导人。一战爆发后参加了多场战斗。在取得一系列胜利后被任命为北部集团军司令,并一直任职到罗伯特·内维尔接替约瑟夫·霞飞出任法军总司令时,之后被调往法军总部。1918年被任命为协约国最高司令。1918年代表法国在贡比涅森林签订对德停战协定,后在巴黎和会上发挥重要作用。生平有不少著作,曾提出胜利在于意志的观点,后来认识到军队新装备和机械化程度具有决定性作用,强调歼灭思想和集中优势兵力原则。著有《战争原理》《战争指南》等。——编者注

[②] André Beaufre, *An Introduction to Strategy*, p.30.

而已。

博弗尔的总体战略,概括言之,实际上即为美国官方的国家战略。但在用语上反而令人感觉其内涵比较狭窄。博弗尔强调总体战略与总体战争之间的关系,在其思想中实乃重大缺失。事实上,二者之间并无必然关系。总体战略不一定要用于战争,尤其更不是只用于总体战争。反而言之,虽为总体战争,但也不一定就非用总体战略不可,至少在历史中不难找到例证。

此外,博弗尔的思想固然具有高度未来导向,但在其定义中并未提到"发展"的观念,另一方面,他也像李德·哈特一样,坚信战略是艺术而非科学,尽管他并非不重视科学方法。最后,他的思想虽与李德·哈特有很深的渊源,但他在其战略定义中还是不曾引入"分配"观念,似乎更是美中不足。

李德·哈特虽可算是 20 世纪中最先提倡大战略观念的人,但他在此领域中的思想还只能算是处于启蒙的阶段,不仅很空泛,而且也相当肤浅。他只是说明战略与大战略之间有层次之差,但对于大战略并未作有体系的深入研究。博弗尔可谓青出于蓝,其最大的贡献即为其对于战略体系运作所作的分析。现在就将其原作节录如下:

1. 就目标与方法而言,战略为一整体,但应用时必须将其区分为不同的类别,每一类别适用于某一特殊领域。

2. 战略好像金字塔(pyramid),有其不同的方面和层次,但又结合成为一个整体。所有一切行动之间都有良好协调,并指向同一目标。

3. 总体战略在政府直接控制之下,位于金字塔的顶端。

第一章 战　略

它决定每一特殊领域中的目标,并整合其行动。

4. 位置在总体战略之下,每一领域(军事、政治、经济、外交)都各有其"全面战略"(overall strategy),其功能为在此领域中分配任务和协调行动。

5. 在每一领域之内,又有若干不同的活动,它们也都应有其特殊战略,这也就降到第三层面。在军事领域中早已有德国人所谓的"作战"(operation)。事实上,其他非军事领域中也同样需要此种作战战略(operational strategy)。①

此种战略金字塔的观念实为博弗尔在战略思想方面的创见,对于思想体系确能发挥澄清作用。不过,其所用名词还是有少许商榷之余地。

博弗尔对于每一特殊领域中的战略,称之为全面(overall)战略,这个形容词很易于和总体(total)发生混淆,所以似乎不如改称为分类(categorical)战略较为适当。事实上,博弗尔之所以用全面,其目的本来只是强调此种战略在某一分类领域中提供全面指导,而并非意味着此种指导应超越类别的分界。

在军事术语中,"operation"译为"作战"本已成惯例,而且用在军事战略领域中也无任何不妥。不过,若将此一名词推广到非军事领域,仍译为"作战",则多少有些不太妥当。有人将"operation"改译为"运作",似乎不失为一种较佳的译法。不仅其所表达的意义较为抽象,而且用在非军事领域中也比较自然。所以,无论在哪一个领域中,都应有其运作战略(operational

---

① André Beaufre, *An Introduction to Strategy*, pp. 30-31.

33

strategy)的存在。事实上,在今天的世界上,几乎没有任何国家能够达到这样的标准。换言之,除军事战略之外,其他非军事战略本来均为有名无实,至于各分类之中的实际运作则更是毫无战略之可言。

我们现行军事术语把运作战略称为野战战略,似乎是过分狭隘。"野战"二字,严格说来,只能用于陆战,连海战和空战都不适用,若再用在非军事领域中则更是文不对题。英国人过去把作战称为大战术(grand tactics),那更不适当,因为战略与战术各有其不同的性质,自不可混为一谈。

结　　语

讨论至此,似应作一总结。"战略"一词本是军事术语,照逻辑来说,其应用不应超出战争的范围,所以,李德·哈特称之为纯(Pure)战略。在战略中所用的为军事手段(工具),故亦称军事战略。从梅齐乐到克劳塞维茨,再到李德·哈特,对于战略意义所作的界定都是采取此种传统的解释。但是到今天,仍有人继续坚持此种观念,并包括所谓文人战略家在内。

大战略这个名词的出现,开始使传统观念发生改变,承认在战略之上还有较高级的战略。不过,所谓改变者又仅限于下述两点:(1)在战争中除军事手段之外还可以使用非军事手段;(2)视线应超越战争而看到战后的和平。至于大战略本身的应用还是只限于战时,平时并无所谓大战略的存在。

美国参谋首长联席会议所新创的国家战略在定义中首先明确地打破了战时与平时之间的分界,确立了平时战略,这种观念值得

称赞。此外,其内涵也最完备,可以分述如下:

范围：平时、战时。

运作：发展、应用。

工具：政治、经济、心理、军事权力。

性质：艺术、科学。

唯一美中不足之点仅为在运作方面而未把"分配"列入而已。

博弗尔的最大贡献是他的金字塔模式,把战略分为三个层面而又能构成一个整体。此种模式可以图示如下:

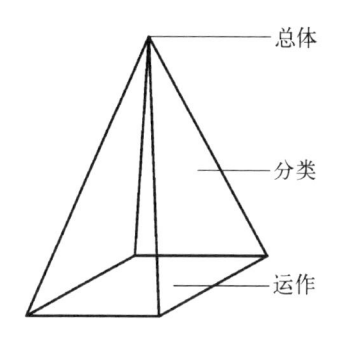

```
         总体
         /
        /
       分类
      /
     /
    运作
```

总体战略居高临下,由点而线,由线而面,透过分类战略,而达到运作战略,构成完整的战略体(strategic body),对于任何环境均能适用,可谓真正的创见。

战略、大战略、国家战略、总体战略,四个名词之间,若依照其定义,多少有些差异的存在,不过由于使用日久,这些差异也就不太受到重视,于是在日常使用时,这些名词已几乎变成同义词。

目前大家使用战略这个名词时,大致都是作广义的解释,只有在特殊的情况中才会作狭义的解释,即专指军事战略而言。大战略是一个比较古老的名词,今天仍继续为人所惯用,不仅是欧洲人,连美国人也一样,不过在意义上则采取较宽广的解释,即不仅以战时为限。国家战略虽是美国军方所首创,但并不太流行,甚至连美国军人在著作时也不一定使用。总体战略除与总体战争在观念上略有混淆外,应该是一个很适当的名词,但自从博弗尔逝世之后,他的名词,甚至他的思想,也很少有人重视了。学术界也有"人亡政息"的现象,实在很令人感慨。

总而言之,在当前战略环境中,这些名词所代表的实为同一观念。但由于使用者的时代、国别和个人好恶有所不同,遂造成同时并用、各说各话的现象。不过因为在观念上已有共识,此种现象最多只带来少许不便,尚不至于导致思想的分歧或混乱。

第二章
现代战略研究

引言　　　科学方法
新学域　　结语
理论体系

引　言

　　无论就名词或观念而言,战略都有其悠久的源流,但在 20 世纪中期始出现的战略研究(strategic studies)则不仅为新名词,而且也是新观念。在内容上,这两个名词之间存在着若干重要差异。战略研究虽只有半个世纪的历史,但已经发展成为一种新的学域(academic field),并且在大学校园中形成一种新的学科(discipline)。目前在国内虽常有人高谈战略,但对于战略研究不仅乏人问津,甚至学术界和教育界也没有给予应有的重视。事实上,战略研究是一种严肃认真的工作,绝非一般纸上谈兵之士所想象的那样轻松简单。

　　1958 年,"国际战略研究学会"(The International Institute for Strategic Studies)在伦敦成立,这是此一名词的首次正式使用。该学会首任会长巴肯(Alastair Buchan)对这个名词所作的解释为:

　　　　对于在冲突情况中如何使用武力的分析。(The analysis of the use of armed forces in conflict situation.)[1]

　　简言之,最初使用此一名词时,还是仅以军事为范围。不过,

---

[1] Philippe Gariclue, "Strategic Studies as Theory", *The Journal of Strategic Studies* (December 1979), p.277。

以后范围又逐渐扩大,不再仅以军事和武力为限,而把许多有关国际事务的问题都包括在内。

国际战略研究学会成立十年之后,其创始人之一布尔(Hedley Bull)对于战略研究的性质曾综述如下:

> 战略研究不再仅注意对战争的有效指导,不再只是军人的专利,它具有抽象和推测的性质,并显示出高度的技术化倾向。[1]

从20世纪50年代后期开始,战略研究终于取得独立学域的地位,并获得学术界的认同,成为高级学府中的一门学科。从传统的战略观念,到现代的战略研究,其间的过程相当艰辛,从事战略研究的学者也真可以说是任重道远。即使到今天,仍然有许多人尚不知有战略研究这样一种学域之存在,或不了解战略研究与传统意识的战略之间有何种关系及异同。

首先必须指出,作为一种独立的学域,战略研究的确是一个真正现代化的观念。尽管在第二次世界大战之前,早已有战略、战略家、战略思想之存在,但严格地说,却并无真正的战略研究。美国已故战略思想家布罗迪(Bernard Brodie)[2]曾经这样慨乎

---

[1] Hedley Bull, "Strategic Studies and Its Critics", *World Politics* (July 1968) p.605.
[2] 伯纳德·布罗迪(1910年5月20日—1978年11月24日),美国军事战略家。曾任耶鲁大学研究员、兰德公司研究员、国家军事学院创作系教授、国家军事学院顾问委员会委员等职位。
他的《机器时代的海上力量》(1941)引发了海军战略的演进,随后的《绝对武器》(1946)一书提出了威慑理论。他主张在美国受到安全威胁时,可进行核报复,并建议美国军队大规模改组。《导弹时代的战略》(1959)进一步发展了威慑理论,认为"大规模报复"战略已经过时,只有威慑才是可取的。《逐步升级和核选择》强调战术核武器不应被排除使用。《战争与政治》(1973)全面评论美国的军事战略,认为美国对苏联软弱导致事态复杂化,对朝鲜进行干预是合理的,文职领导应肩负起制定战略的责任。——编者注

第二章 现代战略研究

言之：

> 当我们就战争问题向过去寻求智慧时，可以立即发现在长达数千年的时间内，以战略为主题的著作是何其稀少。过去不乏伟大将才，军事史中也充满辉煌战绩，但成为对比者则为战略理论著作有如凤毛麟角。正因如此，所以极少数理论家也就变得物以稀为贵了。[①]

古代战略家几乎都是名将，西方历史中被尊称为"四大名将"的亚历山大、汉尼拔、恺撒、拿破仑，都可作为典型。他们的成就都只是立功而非立言，也都无任何著作传世。反而言之，有著作传世而被后世认定为战略思想家的人大致都并非名将。克劳塞维茨即为最明显的例证。他虽有《战争论》传世，但他在战争中的表现却很平凡。

诚如布罗迪所云，真正的战略思想家是少之又少，而能够把个别的战略观念，综合成为有体系的理论者则更屈指可数：克劳塞维茨的《战争论》出版于1832年，若米尼的《战争艺术》出版于1839年。因此，可以证明比较具有完整体系的西方战略著作直到19世纪中期才开始出现。从19世纪中期到20世纪前期，西方出版的战略著作还是很少，而且在内容上也没有任何人能够赶得上克劳塞维茨的水准。无怪乎博弗尔在其书中讨论传统军事战略时，曾经有下述的感想：

---

① Bernard Brodie, *War and Politics* (Macmillan, 1973), p.452.

对于传统军事战略,应该是有最佳的了解,但事实并非如此。①

所谓传统战略,也就是古典战略,其最大弱点即为理论零碎(theoretical fragmentation),观念空洞(conceptual vagueness),甚至到今天也仍然如此。简言之,过去所出版的战略著作大致都缺乏理论基础,也都未能构成完整的理论体系。②

第二次世界大战不仅把人类送入核时代,而且对战略思想也产生了空前未有的巨大冲击,在战略领域中开辟了一个新天地,可以说真正的战略研究是从这时才开始萌芽。过去,战略是军人的专利品,非军人而从事战略思考或著作者,即所谓文人战略家(civilian strategist),只能算是特殊的例外。战略所包括的范围仅限于战争,所使用的工具仅限于武力。所以,这个名词是军事术语,在非军事领域中很少使用,最多也只能算是假借,到今天,这种传统的认知仍然还是具有很大的影响力。

过去战略家者几乎都是职业军人出身,其中虽有极少数未受过正规军事教育,但也都曾充任军职,或参加战争,例如若米尼。这些人又并非以研究战略为其专业。有些人是功成名就之后才开始著作,例如史里芬③和福煦,有些人则因为仕途不得意才退而著书,例如克劳塞维茨和富勒。这些传统战略家大致都是独来独往,无所师承。其治学方式,也是以个人为中心,其最高学术成就即为

---

① André Beaufre, *An Introduction to Strategy*, p.52.
② Philippe Garique, "Strategic Studies as Theory", *The Journal of Strategic Studies* (December 1979), p.258.
③ 参见本丛书第三本《战略家:思想与著作》第十章"史里芬与计划"。

能成一家之言。

那些研究战略的人几乎都是先有经验而后有思考,其著作都是以实用为主,很少深入到理论的深度。从学术界的观点来看,战略根本不能算是一门真正的学问。即令有少许著作能有足够的深度和完整的系统,还是不会受到正统学人的重视或认同。因此,战略也就永远被排斥在学术之宫的门外,这样的情形直到最近才有所改变。

新　学　域

第二次世界大战结束,核时代来临,旧有情况发生巨变,战略研究始异军突起,形成新的独立学域,虽然还是以传统的战略为其源头,但却能发扬光大,超出过去的范围,开拓新的园地。为何核时代会有战略研究新学域出现?其理由和过程可以解释如下:

1. 核时代的开启在战略领域中带来许多新问题,使其范围变得比过去远较宽广,性质变得比过去远较复杂。欲解决这些新问题,仅凭旧有的传统观念,显然是不够的,必须另觅新的途径。自从战略观念把军事因素和非军事因素都包括在内之后,现代战略的思与行也就早已不是职业军人所能垄断。至少可以说,对于战略的研究,军人的学识和经验已经不再是惟一的必要基础。

2. 要想解决新问题,则又必须有新人才。现代战略领域中真是人才辈出,尤其是他们的出身更是复杂。其中虽然也还有职业军人,但文人却有后来居上之势。现代战略研究之所以能发展成为新的学域,文人战略家之功实不可没。大致说来,他们都非军事院校毕业,而且也几乎都无战争经验。反而言之,他们尚未从事战略研究工作之前,又多已学有专长,并获得高级学位。近数十年来,参加战略工作的学者真已多如过江之鲫。此种现象又并非仅限于美国和其他西方国家,整个世界对战略问题深感兴趣的学者也日益众多。事实上,若无文人战略家,则新的战略研究则可能无法推动,反而言之,战略研究的发展又足以鼓励更多的学者投入此一学域,并积极培养新人才。

3. 新人才之所以能够作出重大贡献并深受重视,其主因是他们不仅能把新的理念引入战略领域,而且还更能使用新的方法和工具进行研究、解决问题。新方法的使用在第二次世界大战时即已开始,不过其范围只限于作战的层面,尚未能达到较高级的战略层面。例如所谓作业研究(operations research,简称 OR)对于反潜战曾作出重大贡献。核时代的来临使战略领域突然出现许多新的问题,于是新的研究方法也就随着文人战略家一同涌入此一领域。由于拥有新方法,并且还使用新工具(主要代表为电脑),文人战略家在战略研究领域中所扮演的角色日益重要,同时带来一种新的发展。职业军人也不甘落后,开始到高级学府去继续深造,这样也就会培养出真正的文武全才。此种文武整合趋势正在加速发展,并将会对战略研究带来新的活力。

4. 在此种趋势之下,战略研究又必然会走向集体化的方向。在此种范围广大、内容复杂、问题繁多的新学域中,任何人无论天资多高,用力多勤,也还是不能包办一切的工作。现代战略研究必须有赖于群策群力,这样又带来新的组织问题。今天至少已有三种不同类型的战略研究机构之存在:(1)政府本身所主办的研究机构;(2)替政府或企业承包研发业务的民间研究组织;(3)大学中的研究院所。组织上的分工合作,使研究范围扩大,层次提高,尤其是精深的程度实非古典战略家所能想象。

基于以上四点分析,即可以解释古典战略与现代战略研究虽出于同一来源,具有同一主题,但在范围上、内容上、层次上、深度上,还是都有相当重要的差异。有人以为战略研究并无任何奥妙,只不过是把新酒瓶装旧酒而已。事实上,并非如此简单。现代战略研究不仅面对的环境与过去大不相同,而且在人才、方法、工具、组织上更有其特殊的要求。其中又以组织最为重要,必须先有适当的组织,然后研究工作始能顺利展开。只有在这样的条件之下,才能开拓新境界和建立新学域。

战略研究组织的发展和演进可以大致分为三个阶段:首先是政府中的组织,其次是民间的组织,最后才是学府中的组织。三者固然各有其不同的任务,但彼此间还是密切相关,分工合作。必须如此,始能对战略研究作出适当的贡献。

所有的政府,无分古今中外,就本质而言,都是一个大官僚体系,由不同层级的官吏所组成。他们都长于办公,短于思考,尤其是面对史无前例的新问题,自然会缺乏适当的解决能力。因此每当政府面对新的问题时,若希望其官僚体系能够很顺利地提供解答,一定会大感失望。尤其是战略领域中的新问题,更是完全超出那些官吏的学识和能力的限度。

最初,政府还是依照老办法,命令其公务员把战略问题当作例行公事来办,其结果自然是答非所问。于是进一步的考虑即为在官僚体系之内成立研究单位,来负责新问题的思考和求解。但是受到官僚体系的传统影响,这种研究单位往往有名无实,并不能发挥其理想的功效。简言之,做官是一回事,治学又是一回事。官僚不可能从事研究工作,而研究组织也不能官僚化。因此,除非有特殊的理由,例如保密,才不得已把研究单位纳入官僚架构之内。

由于在政府体系之内设立战略研究机构,所能发挥的功效颇为有限,所以必须另觅途径。于是政府开始寻求与民间学者的合作,成立民间机构,改用"包工"的方式,来替政府从事战略研究。其主要目的即为对官僚体系所面临的许多新问题提供适当的答案。

在第二次世界大战期间,有许多科学家都曾出力帮助政府解决战争中所面临的难题。不过其范围都是仅限于作战层面的技术问题,而尚未达到战略层面。战后进入核时代,作为超强的美国在面对新的环境时,也就自然会把战时的经验加以改进应用。也许最早通过此种方式来为美国政府从事有关核时代军事问题研究的机构是"兰德公司"(RAND Corporation)[①]。它在组织上采取民营事业的形式,但却接受美国空军的资助。

从20世纪50年代初期开始,此种民营战略研究机构在美国的发展有如雨后春笋,而其他的西方国家也群起效尤。最初,其工作仅限于接受政府委托,从事专案研究。但不久之后,又开始进行其本身的独立研究。

当民间研究机构纷纷成立之际,文人战略家也随之红极一时。在20世纪60年代中,他们使用各种不同的新方法来替美国当局分析有关核战略的难题,并提供传统战略家所难以想象的解答。文人战略家在此阶段中的成就,至少有一部分满足了美国国防部

---

① "RAND"为"Research and Development"(研究发展)的缩写,"兰德"为我们所已惯用的音译。"Corporation"本应译为"财团法人",但通常都译为"公司"。事实上,公司只是财团法人中之一种。

的迫切需要,而且也使不懂得这一套科学把戏的军人,不敢以战略家自居。等到麦克纳马拉(Robert McNamara)①出任国防部长时,他又把那些出身"RAND"的青年才俊带入五角大楼。这可以算是科学战略家(scientific strategists)的全盛时期。

此种号称智囊团(think tank)的民间独立研究机构,虽然能满足政府决策者的需要,替他们解决实际问题,但仅凭此种成就,还是不足以使战略研究受到学术界的认同,并取得独立学域的地位。直到20世纪70年代,战略研究才开始进入大学校园,于是以纯粹研究和人才培养为目的的院、所、科、系纷纷成立。战略研究在学术界的地位才逐渐趋于稳固。尽管如此,甚至于到今天还有人继续表示出怀疑的态度。

有人指出战略研究不符合传统大学学科(conventional university discipline)的典型。实际上,这只是代表狭隘的眼光和落伍的观念。在今天的世界上,有许多学问都不符合传统典型,但是都已经毫无疑问地取得学科的地位。然则如何始能被公认为一

---

① 罗伯特·麦克纳马拉(Robert Strange McNamara,1916年6月19日—2009年7月6日),美国商人、政治家,美国共和党人,出生于加利福尼亚州洛杉矶,曾任美国国防部长(1961—1968年)和世界银行行长(1968—1981年)。他是美国历史上的重要人物,作为国防部长,麦克纳马拉在越战期间的作为最具争议;就任世界银行总裁后,致力于解决贫困问题,把世行援助重点从发达国家向欠发达国家转移。他是福特公司中第一个不是亨利·福特家族的总经理;由于精通法律和数理分析,他于1961年被肯尼迪总统任命为国防部长并在国防部工作七年,柏林墙危机、猪湾事件、古巴导弹危机和越战升级等著名事件都发生在其在任的1961—1968年美苏冷战高峰期,并留下了深刻的麦克纳马拉痕迹。在小布什与奥巴马政府中担任过五年国防部长的罗伯特·盖茨称,麦克纳马拉为"在关键时期承担起重大责任的爱国主义者和勇于奉献的公仆。我也在战争期间当过国防部长,对于他所承受的重担及面临的责任我很敬佩。"麦克纳马拉"所实施的看不见的改革在基本上改变了国防部做事的方式,这种改变远远超过了他在任时期的影响限度"。——编者注

学科？著名的经济学家博尔丁(Krenneth Boulding)[1]对于某一新学科的建立,曾经提出下述的简单测试标准：

> 也许一个学科必须通过三种测试：它是否已有一个书目(bibliography)？你能否在其中开设课程？你能否就其内容举行考试？也许还应加上第四项标准,它是否已有任何专门化的期刊？如果这四项条件都能符合,则其取得学科的地位即应属毫无疑问。[2]

假使根据这四种标准来测试,我们也就可以列举下述各项事实,以证明战略研究的确已经具备构成一门新学科的资格。

1. 诚如我们所早已指出,在先核(pre-nuclear)时代,理论性的战略著作非常稀少。但自从世界进入核时代之后,此种情况即已完全改变。战略理论著作真是琳琅满目,美不胜收。阿龙在其所著《现代战略思想的演进》(The Evolution of Modern Strategic

---

[1] 肯尼思·博尔丁(Kenneth Ewart Boulding, 1910—1993年),英美经济学家,教育学家,和平主义者,诗人,宗教神秘主义者,贵格会教徒,系统论科学家,哲学家。他与其他学者共同创建一般系统论,独自开辟经济学和社会科学中诸多研究领域。1910年出生于英国利物浦,1928年进入牛津大学,师从著名经济学家莱昂内尔·罗宾斯(Lionel Robbins),1937年起定居美国,先后在密执安大学、科罗拉多大学等校任教。1949年获"约翰·贝茨·克拉克奖章",1962年被美国学术团体理事会评为美国十大教授之一,1968年当选美国经济学会会长,1979年当选为美国文理研究院院长,先后获得13个大学的名誉学位。他1941年写的《经济分析》(Economic Analysis)是萨缪尔森《经济学》出版之前最畅销的教科书,曾4次重印,被150多所大学采用。博尔丁认为,经济学和社会学并非独立的社会科学学科,而只是致力于研究人及人际关系(组织)的社会科学分支。博尔丁是进化论经济学的先驱。博尔丁强调,人的经济行为和其它行为都嵌入于更大的彼此关联的系统之中。为了理解人的行为,必须先研究和发展出对一般系统的经济动力学。——编者注

[2] Kenneth Boulding, "Future Directions in Conflict and Peace Studies" *Journal of Conflict Resolution* (V.22, 1978), pp.342-344.

Thought)一文中曾经这样说:"没有任何人敢于宣称,他对于1945年以来,在美国所出版的有关战略问题的文献都能完全吸收。至于在世界上其他国家所出版者更不在话下。"[①]阿龙所云是指20世纪70年代初期而言,与今天已有一段距离。假使在2000年想替20世纪后期的战略文献编一完整书目,那可能将是一本厚达数百页的大书。

2. 近年来世界各国的大学中开设有关战略研究的课程早已非常普遍。这些课程的名称虽然不一致,但内容则大致相同,都是以战略研究为主题。而且这类课程的开设又非仅限于专设的研究所,甚至在大学本部的国际关系或政治等科系中也常设有这一类的课程。

3. 研究生可以在战略研究范围之内攻读硕士或博士学位,而国际关系、外交、政治等科系的研究生,也可能从事有关战略问题的研究。所以对于战略理论或问题的课程,可以举行考试,自然是不成问题。

4. 世界上专以战略研究为主题的期刊已经不少。以美国为例,即已有《战略评论》(Strategic Review)、《比较战略》(Comparative Strategy)、《国际安全》(International Security)等等。英国也有国际战略研究学会所出版的《生存》(Survival)季刊,此外还有直接以战略研究为名的《战略研究》(The Journal of Strategic Studies)。至于其他以军事、外交、国际关系为主题的期刊,也都经常刊载与战略研究具有直接或间接关系的论文。所以,

---

[①] Raymond Aron, "The Evolution of Modern Strategic Thought", *Problems of Modern Strategy*, ed. by Alastair Buchan (Praeger, 1970), p.13.

博尔丁所列举的四种测试标准是都已完全达到。战略研究在大学校园中有资格取得与任何其他学科完全平等的地位,照理说,是不应该再有争议。

理 论 体 系

过去的古典战略家始终是以战争和军事为其思考和行动的范围,到今天,还有人谨守此种传统界限。诚如李德·哈特所云:"大战略仍为未知领域,有待于探勘和了解。"虽然在传统战略领域中,也不乏伟大思想家之存在,但他们似乎并无特殊的研究方法,而且也很少能对治学之道提供普遍的经验。

简言之,过去的战略大师都是天才,其经典之作也高度艺术化,但都只能供后人欣赏,很难学习。它代表神来之笔,既无法教授,也没有研究方法,因此,战略也就不能获得学术界的认同,也不能在大学校园中占有一席之地。这正是古典战略的最大弱点,而此种弱点又限制了其发展和应用。

20世纪的两次世界大战早已显示传统战略思想有许多观念都已赶不上时代的进步。核武器的出现,冷战时期的来临,更产生了许多新的问题。那超出了传统战略所能应付的限度,而必须采取新的途径,然后始有求得解决的可能。于是,战略研究遂脱颖而出,后来者居上。

传统战略家的思想和著作缺乏理论基础,其本身也多不能构成有系统的理论。所以,从现代观点来看,那自然是不能列入学术之林。对比言之,当前的战略研究不仅有其深厚的理论基础,而且还更进一步,以建构理论体系为其基本目的。这又似乎有解释之必要。成立战略研究机构，本是为了对核时代的新问题寻求解答，为何又会以建构理论体系为基本目的？

这的确是一个不易解释的现象，首先必须了解什么是理论，其次必须了解理论在战略研究领域中有何重要性，然后始能解释战略研究为何要以建构理论体系为其基本目的。

任何学术研究，其原始动机都是求知。我国"兵圣"孙子深明此理，从其十三篇中即可发现他是把"知"列为其在为学时所追求的第一目标。[1] 现代从事战略研究的学者，似乎也都像孙子一样地重视求知。理论是什么？理论即为一种求知的工具（intellectual tool）。它组织知识，决定其导向，提出有意义的问题，并排列研究的优先顺序。理论使科学化的研究方法得以有秩序地应用。当理论变得日益具有综合性时，也就能够使不同领域中的知识得以整合，并且增强学者了解和解释现实的能力。[2]

学术研究本来就是一种具有非功利主义倾向的工作，学者若无对知识的热爱，则不可能有所成就。进一步说，若无必要的理论知识，也就很难解决现实问题。因此，当学者在建构其理论体系的过程中，也就会发现某些问题的解答似乎自然成为其工作的副产品。

古典战略家之中，克劳塞维茨实不愧为先知先觉。他曾指出："任何理论的主要目的都是澄清观念和理想，否则它们就会变得混乱和纠缠不清。"他又说："对于任何想从书本上研究战略的人，理

---

[1] 钮先钟：《孙子三论：从古兵法到新战略》（上海：文汇出版社，2019），第三篇第二十一章"孙子四求"。
[2] James E. Dougherty and Robert L. Pfaltzgraff, Jr., *Contending Theories of International Relations* (Harper and Row, 1981), p.23.

论是一种指导。它能照亮其前途,加速其进步,磨炼其判断,并帮助其避免陷阱。"①

不过,**理论并非准则(doctrine),也非公式(formula)。理论的功用不是教人怎样做,而是教人怎样想。理论只是提供概括的假设,而并不提供固定的结论**。博弗尔曾经明确指出:

> 战略不可能是简单界定的准则,它是一种思想方法(method of thought),其目的为整理事象,排列优先,然后选择最有效的行动路线。不同的情况应有不同的战略。此乃基本真理(basic truth)。②

任何学术的研究都必须以理论为基础,都必须建立其本身的理论体系,否则便不能获得学术界的认同,并被排斥在学府门外。最初从事战略研究的学者都是各凭其专长,而投入此一行业。其工作仅限于向政府当局提供意见,以备咨询。不久之后,他们就开始感觉到有增强理论基础、扩大研究范围之必要。于是其工作也就日益集体化、多元化,并同时由被动转为主动,不仅替政府包工,而且更从事自主的研究。最后,由于学术合作和人才培养的需要,又进一步向学术之宫进军,并企图在大学校园中建立新基地。到了这个阶段,战略研究的学术化已经完成,并被公认为独立学域或学科。

经过几十年的努力,现代战略研究已有其完整的理论体系。

---

① Carl von Clausewitz, *On War* (Princeton, 1989), p. 132, p. 141.
② André Beaufre, *An Introduction to Strategy*, p. 13.

在此体系之内,又可分为五大类,虽各有其不同的功能,但彼此之间又互赖互动,并整合成为一体。

1. **经验理论**(empirical theory)。其内容为研究者所认为已经获得的知识。其来源是经验,并包括他人的经验在内,而后者又常已被整合为历史。

2. **规范理论**(normative theory)。其内容为根据某种价值观念或意识形态而形成的知识。换言之,此种知识受到某种规范的限制。

3. **理性理论**(rational theory)。其内容为根据合于理性(逻辑)的分析而获致的结论。这也是科学化的理论,为学术研究所共同追求的理想。

4. **推测理论**(speculative theory)。其内容为对于现在尚不存在的事实所作的推测(speculation)。战略研究并非纯正科学,不具有预测(prediction)能力。不过,虽不能对于未来作出精确的预测,但对于未来的趋势还是可能作出大致合理的推测。比较精确的推测又可称之为预报(forecast)。

5. **实用理论**(useful theory)。被公认为真实(true)的理论不一定有用,而有用的理论也可能并不真实。人类往往会相信或盲从某种理论,但经过思考和研究之后,却会发现其错误的一面。人类对于其所不知的事物有寻求解释的迫切心理需要,但对于解释的真伪则又很难断定。因此,在提供理论时往往会重视其实用价值而忽视真伪之别。

上述五者又并非严格或硬性的分类,事实上,大多数理论都常同时具有几种性质或功能,而且相互沟通,几乎不可分。因此,**从理论的分类上来看,战略研究确为一种科际整合的学域**。

理论体系的建立,其主要贡献又可分为三点:(1)理论能够简化(simplify)复杂的现实,不过又必须避免过分简化(over simplification);(2)理论能够推广(generalize)所获得的结论,不过又必须避免过分推广(over generalization);(3)理论可以作为一种"求新"的工具(heuristic device),使研究者保持敏锐的眼光,能够发现新的问题和新的看法。最后一点尤其重要,因为理论的本身也许并不重要,甚或还有错误,但若能透过它而获得新的途径或新的解答,至少也可以算是功过相抵。①

科 学 方 法

为何现代战略家能建构理论体系,其主因即为他们有古典战略家所未有的研究方法。不要小看了方法学(methodology),现代各种学术之所以能够突飞猛进,主要都应归于研究方法的改进。简言之,也就是能够使用科学化的研究方法。要想了解什么是科学方法,必须先了解什么是科学。事实上,科学与科学方法并无标准定义。采取最广义的解释,**科学即为有系统的知识和发现新知识的途径**。拉斯特鲁奇(Carlo Lastrucci)所提出的定义也许要算是相当适当:

> 科学可以界定为客观的、逻辑的、有系统的现象分析法,其设计足以容许可信赖知识的累积。(Science may be

---

① Patrick M. Morgan, *Theories and Approaches to International Politics* (Transaction Books, 1981), p.1, p.5.

defined as an objective, logical, and systematic method of analysis of phenomena, devised to permit the accumulation of reliable knowledge.)①

依照此一定义的前段,则只要研究方法合于客观、逻辑、有系统三种条件,即可以取得科学的资格。因此,要想确定某种学问是否为科学,其所依据的标准不是其内容,而是其研究方法。

不过,若再依照此一定义的后段,则又还要加上另一条件,即其设计应能累积可信赖的知识。何谓"可信赖",其意义即为此种知识可以作为预测的依据。仅当其知识可信赖且又具有预测能力时,这种学问才可以算是正确的(exact)或纯粹的科学。

这当然是比较严格的标准。事实上,今天有许多号称科学的学问都并不具有预测能力。大致说来,所有的社会科学(social science)都不具有预测能力,甚至在自然科学(natural science)的领域中,也并非每一种科学都有预测能力。举例言之,气象学就属于这一类。所以,气象学家对于未来天气的变化,所能提供的只是"预报"(forecast)而非"预测"。

基于上述的定义和解释,可以认定所谓科学者,实际上具有广狭二义。**就广义而言,任何学问只要使用科学方法即可称为科学;就狭义而言,则必须具有预测能力,才能算是纯正的科学**。因此,有足够的理由可以认为现代化的战略研究是一种广义的科学,还可以将其视为社会科学大分类中之一类。

---

① Carlo Lastrucci, *The Scientific Approach: Basic Principles of the Scientific Method* (Schenkman, 1963), p.6.

不过，又必须指明所谓科学者仅以战略研究为其范围，而并非意味着战略本身也是科学。战略本身是艺术而非科学，但以战略为研究主题的战略研究却可以算是广义的科学。战略研究虽以战略为源头，但在内容上与传统战略有相当差异，二者不可混为一谈。因此，美国参谋首长联席会议在对国家战略的定义中说它是艺术也是科学，实颇有检讨之必要。

首先要提出两个问题：（1）战略究竟是艺术还是科学？（2）战略是否可以用科学方法来研究？这两个问题曾经引起很多的争论，但实际上，那些争论都是由于误解而引起，答案很简单，而且也无争论之必要。

就其本质而言，战略是艺术，但用科学方法来研究艺术，又是常见的现象，不值得大惊小怪。我们可以举出很多的例证。绘画是艺术，但画家必须了解投影几何学的原理，而那却是科学。作曲是艺术，但即令是贝多芬也不能全凭天才，必须学习必要的基本音乐知识，否则他也写不出一首交响乐。依此同理，尽管战略的本质是艺术，但研究战略可以使用科学方法，又应该是毫无疑问。

尝试使用科学方法来研究战略的人是古已有之，而此种尝试，又经常受到反对或驳斥。也许第一位作此种尝试的人是 18 世纪末叶的普鲁士战略思想家比洛（Heinrich Billow）。他企图在战略领域中利用几何图形来作为解释和预测的工具。换言之，他是希望把战略变成科学，但他的理论实在很粗浅，所以受到了 19 世纪两位大师的驳斥。[①]

[①] 钮先钟：《西方战略思想史》，pp. 180 – 184。

若米尼说："最戕贼①天才和最容易误事的,莫过于那些书卷气过重的理论。其基础为一种错误观念,即认为战争是一种真正的科学,其中一切都可以用计算的方式来决定。"②克劳塞维茨则指出:"战略所包括的不仅是那些可以接受数学分析的力量,只要是我们的智慧所能发现的一切能为军人服务的资源,也都应一律纳入军事艺术的范围。"③

概括地说,克劳塞维茨对于科学和艺术的关系有相当深入的了解。他曾明确指出:"**科学的目的为知识,艺术的目的为创造能力**。"他又说:"任何艺术的理论都可能包括若干个别科学在内。"④因此可以发现克劳塞维茨的思想实在是非常现代化。他不但不反对科学方法,而且对于科学方法的使用也很内行。《战争论》的第二篇第五章专论精密分析(critical analysis),实际上那也正是一种科学方法。

自从克劳塞维茨之后,西方战略思想的进步即相当迟缓,战略著作固然已经很少,而其内容又是教条多于理论,直到20世纪前期似乎也仍然如此。不过,到20世纪50年代后期,却开始出现转机,科学方法的引用,理论体系的建立,可谓相得益彰,遂使现代化的战略研究能够突破传统的境界,而取得独立学域的地位。

最初在战略研究领域中受到重视的科学方法即所谓系统分析(systems analysis),由麦克纳马拉引入美国国防部而大行其道,其

---

① 戕贼【释义】:伤害;残害。戕,残杀,杀害;贼,残害;此为同义复用语法现象。【例句】念谁为之戕贼,亦何恨乎秋声!(欧阳修·《秋声赋》)——编者注
② 若米尼:《战争艺术》,钮先钟译,p.16。
③ Carlo Lastrucci, *The Scientific Approach: Basic Principle of the Scientific Method* (Schenkman, 1963), p.148.
④ 同上书,p.10.

结果是 PPBS(Planning，Programming，Budgeting，System)预算制度的推行。当时也有很多知名之士表示反对，认为此种科学方法并不适当，甚至有害无益。诚然，任何方法或制度都非毫无缺点，但又不应因此完全否定其价值。布罗迪的意见似乎是持平之论：

> 系统化的现代方法通常都能产生比较可以信赖的结果，而且在许多种类的问题上也不可缺少。在适当的应用之下，几乎没有任何东西可以代替此种战略算术(strategic arithmetic)。诚然，数学化推理的结论应能用非数学方式来表达或解释，但还是必须首先进行数量化的分析。①

很值得一提的是我国的孙子在 2500 年以前，早已有与布罗迪类似的看法。孙子在"计"篇中提出"校之以计，而索其情"的观念，"计"就是量度(measurement)，也就是数量化的分析。"索其情"就是判断(judgment)，也就是非数学方式的解释，用来处理不能量化的因素。孙子坚持先作量化的比较，然后再作非量化的判断，可以显示其重视科学方法的精神，的确是超越时代，值得后世敬佩。②

有人批评现代战略研究过分重视逻辑和系统，于是也就会有忽视战略问题的非理性方面的毛病。此种批评实乃似是而非。诚然，战略研究者不应忽视非理性因素，但又不应因此就不用科学方

---

① Bernard Brodie, *War and Politics*, p.462.
② 钮先钟：《孙子三论：从古兵法到新战略》，第三篇第二十一章"孙子四求"。

法,或认为其分析可以不合理。事实上,非理性或不确定因素在现代战略研究中所受到的重视,其程度远超过一般人的想象。其原因是在方法学中已经吸收了许多新观念,遂使战略研究在实质上变得更多彩多姿。最重要的是决策(decision-making)理论的引进,使政治因素和心理因素都受到新的重视。而所谓 MSG(Models, Simulations and Games)技术的采用,也使研究工作更接近现实。再加上资讯科学的发展、电脑的进步,更使战略研究在方法上达到过去所难以想象的境界。

不过,尽管战略研究在方法上、工具上都已高度科学化,但战略本身仍然还是艺术。固然有人企图建构一种战略科学(a science of strategy),但那似乎是不仅愚蠢而且危险,实际上也更是徒劳无益。我们还是引述布罗迪的话来作为结束:

> 今天有人希望创立一种真正的战略科学,充满不变的原则。但此种愿望只表示他们对于主题的本身具有根本误解。[①]

结　　语

综而言之,经由学科间整合的路线,采取科学的研究方法,现代战略家所建构的理论体系,能使他们达成下述四种任务:

1. **整合**(integration)。对于已有的资讯能作有效的整合处理。对于性质加以分类(classification),对于观念加以澄清

[①] Bernard Brodie, *War and Politics*, p.451.

(clarification),然后建立完整适当的资料库(data base),以作为研究工作的基础。

2. **解释**(explanation)。对于已经存在的事实和现象,包括历史经验在内,现代战略研究者应能提供合理而有意义的解释。换言之,对于现实不至于产生错误的认知。

3. **推测**(speculation)。战略研究并非纯正科学,自不具有预测能力。简言之,即不能预告未来的事情将在何时何地发生,但也像其他的社会科学一样,对未来的发展趋势还是能够作出相当可靠的推测。资料库愈充实,对过去和现在所作的解释愈精确,则对未来发展的推测也愈可信赖。

4. **处方**(prescription)。诚如博弗尔所云,战略与医道相同。一位医师医学高明,诊断正确,固然重要,但更重要的是他能开出有效的药方,必须如此始能药到病除。战略家也一样,尽管他对于世局能作出合理的解释,精确的推测,但若不能提出有效的对策(建议、计划、解答),则还是不会有人三顾茅庐来向他求教。

因此,现代战略研究在半个世纪之内,发展成为独立学域,并受到学术界的认同和各国政府的尊重,并非没有理由。从冷战开始(1947)到冷战结束(1991),战略研究在这一段时间内,蓬勃地发展:研究机构的成立有如雨后春笋,研究人才的培养更令人感到后生可畏。此种现象的形成,似可归之于下述两种原因:

1. **政策需要**(policy need)。冷战期间,东西对抗,各大国均有其假想敌,其国家安全也经常受到威胁。所以,各国政府对于战略环境的评估、战略知识的积累,都无不深表重视。政策制定者又都知道除非聘请战略学者充当顾问,否则不能发现其本身的无知和错误。简言之,决策的需要,政府必须仰赖文人战略家的协助。

2. 技术创新(technological innovation)。自从20世纪中期以来,科技的进步真是日行千里,尤其是在某些方面,已经对全球环境、人类生活产生了莫大的冲击。此种冲击在政策领域中形成若干前所未有的新问题,迫使官僚体系不得不向专家学者寻求援助,否则面对不断的技术创新,不但不能获致利益,反将坐受其害。

过去在所谓平时,政府在决策过程中很少考虑到战略问题,而所谓战略,又几乎都还是采取传统的解释,即仅以战争和军事为范围。第二次世界大战之后,不仅大家对于战略都已逐渐采取广义的解释,而且在平时,战略与政策也都已结合为一体而不可分。在这样的情况之下,政客官僚必须求教于战略学者。用商业术语来表示,战略研究这种行业似乎已成卖方市场(seller's market),战略专识(strategic expertise)的需求是远超过供应。战略研究遂成为非常热门的学域,战略学者也有一登龙门,身价十倍之感。

1991年苏联瓦解,世界进入后冷战时期。于是在美国有人认为从此天下太平,战略家可能即将面临失业的威胁。这种说法虽只能算是笑话,但也显示出一般美国人是如何无知。冷战虽已结束,但后冷战世界并未变得比过去较为安全或安定。多元化的国际环境甚至要比两极化的国际环境还更复杂多变,并且将会带来更多新的难题。各国政府在决策时由于无成例可循,也许就更需要战略研究学者和机构提供建议,以帮助他们了解新的环境,采取适当行动。

因此,在后冷战情况中,战略家不但不必害怕失业,反而可能门庭若市、生意兴隆。当然,战略家也必须面对新的挑战。在新的战略环境中,他们必须不断地改进研究方法,引进新的工具。尤其是在信息科技日新月异之际,人脑更必须与电脑作不断的激烈竞赛。

西方古谚说,"知识就是力量"(Knowledge is power),在今天的世界上,知识不仅是有力(powerful),而且本身即为一种权力(Knowledge is the power)。**战略研究的目的是追求知识,换言之,亦即为创造权力,**诚如曾在美国国防部中任职的安德鲁斯(D'uane Andrews)所指出,信息已经是一种战略资产(strategic assests)。

后冷战时期的战略研究将会比冷战时期的层次更高,范围更广,达到真正的大战略的境界。其目的有如李德·哈特早已预言的,不是想要赢得战争,而是想要获致较好的和平。这又正符合孙子永恒的教训:**全国为上,上兵伐谋,不战而屈人之兵,善之善者也。**

第三章
战略研究的基本假定

引言　　　　理性意识
国家意识　　忧患意识
功利意识　　结语

引　言

　　直到第二次世界大战结束,足以传世的战略理论著作还有如凤毛麟角。具有现代意义的战略研究,几乎可以说是尚未萌芽。但是自从人类进入核时代之后,这种情况开始发生了重大的改变。战略的研究已经不再仅以战争和军事为其范围,也不再是可以容许职业军人垄断的领域。诚如李德·哈特在1960年所说:

　　　　战略的旧观念和旧定义由于核武器的发展,变得不仅已经陈旧,而且也已毫无意义。若再以赢得战争、获致胜利为目的,实则无异于疯狂。①

　　大致说来,从20世纪50年代开始,战略研究即已逐渐发展成为一种独立的新学域,目前在全世界以研究战略为专业的人,不仅在数量上相当众多,在素质上更已有空前的改变和提升。战略这一门行业居然如此发达,对于世界前途而言,应该算是一件好事。因为战略所关心的主题为安全,包括国家安全和国际安全都在内。战略研究的专家愈多,战略教育愈普及,则整个世界也就应该会因此而愈趋于安全和安定。反而言之,诚如**博弗尔所云,战略无知即**

---

　　① B.H. Liddell-Hart, *Deterrent or Defense* (London: Stevens, 1960), p.66.

为致命的错误。

不过,从另一角度来看,战略研究的范围已经如此扩大,其内容已经变得如此复杂,从事此种工作的人员和机构又已经如此众多,所以在此领域中可能产生若干困难,甚至导致不利的后果。最显而易见的危险即为同行之间在意见沟通上会发生困难,并因此引起误认或曲解,还可能造成其他更严重的后果。所以,正当战略领域迅速扩张之际,战略家,尤其是从事理论研究和人才教育的战略思想家,在他们之间实有建立一种共识(consensus)之必要。换言之,当他们在进行研究和教学工作之前,在思想领域中必须先有若干共同观念,以作为基线(base line)。

此种共同观念,从逻辑的观点来看,也就是一种基本假定(basic assumption)。此种假定应该是先验性的,所以也就无须求证,但事实上,此种共识还是经由经验的累积而逐渐形成的。在战略研究的学域中,早已走向集体化和多元化的途径。不同的人员和组织经常各有其不同的努力目标:**或为理论的探求,或为问题的解决,或为计划的作为,或为人才的培养,但彼此之间又必须分工合作**。因此,共同的基本假定也就成为必要的先决条件。

也许最重要的即为所有的工作者在开始其工作之前,以及在其工作过程之中,都必须保持大致相同的心态,即对于一切外在事物或环境,都必须具有类似的认知(perception)。从学术的观点来看,此种要求尤其重要。若无此种基本假定之存在,则对战略研究也就根本不可能建构理论体系,自然不可能进入大学之门并取得公认的学术地位。

概括地说,作为一名战略家,尤其是现代战略家,在思想领域中至少应保持若干共识,来作为其工作的基本假定。尽管结论可能会有差异,但其假定却应彼此一致。因此,战略家之间在思想上能用同样的波长(same wavelength)交换讯息,即令彼此意见不一致,但在沟通上还是不会发生误解。

基于经验的评估、逻辑的推断,可以发现在战略研究学域中的确已有其作为基本假定的若干共识之存在。现在就逐项讨论如下。

国 家 意 识

在人类的社会组织中,国家(state)是一个非常古老的观念和实体。甚至在有正式历史记录之前,原始化的国家也许早已存在。既有国家之存在,则国与国之间也就一定会有关系出现。所谓关系,大致又可分为"和""战"两途,因此,战争也就成为一种重要的国家事务。首先对于此种事实作理论化阐明的人可能即为我国的孙子,他在其十三篇的第一篇中,所说的第一句话就是"兵者,国之大事也"。孙子所说的"兵"具有多种意义,包括现代语言中的战争、国防、战略等。为什么"兵"是国之大事?孙子曾作非常简明扼要的解释:"死生之地,存亡之道。"因为战争是决定人民生死的场所(地),决定国家存亡的途径(道),所以自然要算是国之大事。既然是如此重大的事务,孙子才会明确指出"不可不察也",简言之,即为对于战争(包括战略)是不可不认真地加以考虑(察)。[①]

古今中外的战略家都认同孙子的意见,所以,在战略领域中,"国家至上"的观念也就成为一种共识,一种基本假定。人类

---

① 钮先钟:《孙子三论:从古兵法到新战略》,第一篇第一章"计篇"。

为什么会有战争，人类为什么要研究战略，其最基本的解释即为这是"存亡之道"，任何现代国家在列举其基本价值（values）时，也都无不把生存（survival）列为首要项目之一。如果国之不存，则所有一切的价值都将变得毫无意义，所有一切的利益也都将化为乌有。

尽管有史以来，国家观念即早已存在，但国家本身在形式和实质上还是有很多的变化。举例言之，在古代的希腊是以所谓城邦国家（city-states）为主流，而在近代世界中，几乎所有一切的国家都已经变成所谓民族国家（nation-states）。于是民族与国家在一般的使用中也就几乎变成了同义词，因此也就很容易导致名词和观念的混淆。

首先必须指明在学术研究的领域中，民族与国家仍然是两个不同的观念，仅在近代的西方始有民族国家之形成。但因为这些西方国家在当前的世界中扮演主角，所以民族与国家也就事实上不可分。于是只有在非常严格的学术分类中，才有辨别二者之间差异的必要。

在英语中许多本应为"state"的形容词，也往往与"national"通用。因为从西方现代人的眼中看来，他们的民族就是国家，所以自无区分之必要。譬如说，"national interest"本应译为民族利益，但实际上也正是国家利益。不过，在学术研究的领域中，对于同样的"national"，却又必须注意其两种不同的意义。"national interest"必须译为国家利益，除非那是指国家之内某些个别民族的利益而言，始可译为民族利益。"nationalism"应译为民族主义而不应译为国家主义，因为那是代表民族要求独立建国的意愿，甚至是代表民族扩张其生存空间的野心。

第三章 战略研究的基本假定

我们现在所要分析的"国家共识"之中的国家,是把古今中外所有一切不同形式或性质的国家都包括在内,而非仅以民族国家为限。因此,我们对于"nation"是采取广义的解释,即为国家;而非采取狭义的解释,即以民族为限。这样的国家意识是古已有之,并且也在战略思想领域中早已形成一种传统观念。

虽然如此,但在传统战略思想领域中还是缺乏其必要的理论基础。直到核时代的来临,战略研究新学域的出现,此种现象才开始有了重大的改变。现代战略家都已认清必须首先建构理论体系,然后始能解决新的问题,迎接新的挑战。不过,要想迅速有效地建构完整的理论体系又绝非易事,但非常侥幸,恰好有另外一个新学域,那就是所谓国际关系(international relations),在不久之前刚刚完成了同样的工作。由于国际关系理论发展在时间上比较领先,所以当战略研究学者试图在其学域中建立理论基础时,自然会以国际关系的经验为借鉴,甚至可以说是范例。

当然,这又并非认为战略研究只是国际关系学域中的一个分支,而是认为这两个学域的发展在时间上虽有先后之差,但彼此之间还是有密切关系之存在。事实上,此种关系的存在非仅限于现代,还可以回溯到远古。因此,在尚未谈到本题之前,又应首先对于西方学术思想的源流作一概括的阐述。

西方学术思想的演进,从古希腊时代开始即大致采取两条平行的路线,其一为历史,其二为哲学,彼此之间经常存在着一种基本差异。历史学家所研究的对象为人事的经常变动,即所谓"人事无常";历史学家也企图解释个别事件之间的关系,但所采取的则为叙述的方式。在另一方面,哲学家所寻求的目标是人类经验中的不变因素。现代的自然科学和社会科学,大致说来,都是以哲学为其根源,而逐渐演变形成的。

不过,有关国际关系的学问,就传统而言,却又是以历史的研究为其根源。到20世纪,才逐渐有人把国际关系的研究视为一种社会科学。所以,作为一种社会科学,国际关系有其比较特殊的思想根源。像社会学、政治学这一类的社会科学,其思想根源可以回溯到柏拉图或亚里士多德的著作;但国际关系则应以修昔底德(Thucydides)的著作为其思想根源。修昔底德不仅是哲学家,而更是史学家,其所著《伯罗奔尼撒战争史》(*History of the Peloponnesian War*)到今天仍为任何国际关系学者所必须熟读的经典。[①]

这样的演进路线对于战略思想的发展也完全适用。在整个先核时代,所有一切研究战略的人几乎都无一不视历史为其根本。**修昔底德一直都被认为是古代西方最伟大的战略思想家,而他的《伯罗奔尼撒战争史》也被尊称为西方第一部战略经典。简言之,战略研究与国际关系两个学域不仅有其共同的根源,而且也有其类似的发展。**

今天,国际关系早已发展成为一个广大的学域,其中学派前后不下十余种之多,从事研究工作的学人更是不可胜数。但是此种蓬勃发展的现象只是20世纪末21世纪初才初步形成,在第一次世界大战之前,国际关系仍无有系统理论之可言。固然从远古开始即早有外交家(diplomats)的存在,但他们也像传统战略家一样,是行动多于思考,实践多于理想。即令已有若干理论,还是散

[①] R.C. Kent and G.P. Nielsson ed., *The Study and Teaching of International Relations* (London: France Pinter, 1980), pp. I-II.

第三章 战略研究的基本假定

布在许多不同的资料之内。诚如马丁·怀特(Martin Wight)[①]所云:"国际关系理论分散、无系统,而且大部分是外行人所不能了解的。"[②]惟一值得称道的即为所谓权力平衡(the balance of power)的观念。但事实上,那又常仅为外交家的微妙运用,与学术研究殊少关系。严格地说,只能算是经验的累积,而并非真正的理论。

概括言之,从1643年到1914年,这一段时间在欧洲历史中可以算是外交、权力平衡、同盟和国际法的黄金时代。所有一切有关国际关系的研究几乎都是以外交史和国际法为焦点,似乎很少有人以国际体系的本身来作为研究对象。

直到第一次世界大战结束之后,作为理论研究的国际关系学科才开始萌芽。在两次世界大战之间的阶段中,有少数国际关系教科书出版,尝试把有关政治、历史、经济、地理、战略等因素的知识融为一体,并企图用此种方法来建立理论基础。同时也对国际政治现状、各国外交政策提供合理的解释。于是国际关系这一门学问才开始进入大学校园,取得正式学科的地位。

尽管如此,国际关系在大学中仍为冷门学科,一直未能受到广泛的承认。直到第二次世界大战之后,此一学域才又有了新的发展。其原因可能有二:(1)受到第二次世界大战和冷战的刺激,使人们对于国际事务的兴趣和关切日益增加。(2)在此学域中的研

---

① 马丁·怀特(1913年11月26日—1972年7月15日),二十世纪国际关系领域英国第一流的学者。他是《政治权力》的作者(1946;修订和扩充版1978),以及开创性的论文"为什么没有国际理论?"(第一次发表于1960年的《国际关系》;转载收集于1966年的《外交研究》)。——编者注

② Martin Wight, "Why Is There No International Relations?" *International Relations* (April, 1980), p.17.

究方法有长足的进步,有利于理论体系的建构和成长。①

在这样的有利环境之中,所谓现实学派(realist school)遂脱颖而出,并且一枝独秀而成为第二次世界大战后初期国际关系思想的主流。从20世纪30年代中期开始,到20世纪60年代中期为止,整整三十年间,至少在美国国际关系学域是受到现实学派的支配,而尤以20世纪50年代为其全盛期。

在此阶段中,可谓名家辈出,而被尊为一代宗师的学者则为摩根索(Hans J. Morgenthau)②。他虽然早已逝世,但其传世之作《国际政治》(*Politics Among Nations*)到今天仍被公认为此一学域中的经典。摩根索对于现实主义(realism)的理论曾提出六大原则:

1. 政治关系受到客观规律的支配,而此种规律的根源又深入在人性之中。

2. 政治家的思想和行动都是以利益为基础,而利益则又被界定为权力,一切历史经验都可证明此种假定的正确。

3. 国家利益即为国家生存,在世界政治中国家利益为最高观念。

4. 普遍的道德原则不能应用于国家的行动,它必须适应

---

① James E. Dougherty and Robert L. Pfaltzgraff, Jr., *Contending Theories of International Relations*, p.10.

② 汉斯·摩根索(Hans J. Morgetlthau, 1904—1980年),美国政治学家,国际关系理论大师,国际法学中"权力政治学派"的缔造者。生前为美国芝加哥大学政治学系教授,1950—1968年担任芝加哥大学美国对外政策研究中心主任,期间兼任美国国务院和国防部顾问。主要著作有《国际政治的原则和问题》(1951年)、《捍卫国家利益》(1951年)、《美国政治的目标》(1962年)等。——编者注

第三章 战略研究的基本假定

具体的时空环境。

5. 政治现实主义不认为个别国家的道德意愿与管制宇宙的道德律完全一致。

6. 政治领域有其自主权,政治行动必须根据政治标准来判断。[1]

摩根索的这套原则迄今仍为现实学派所接受。其思想中有两个密切相关的基本观念:国家利益和国家权力。而此二者又几乎已成同义词,因为照摩根索的想法:"利益可能被界定为权力。"(Interest may be defined as Power)所以,他总结说:"政策所追求者不外乎保持权力,增大权力,表现权力。"[2]

战略研究发展成为独立学域的过程与国际关系的经验颇为类似,而当战略研究开始走向理论化的途径时,又恰好是现实学派的全盛时期(1950年代)。因此,战略学者采取"移花接木"的方式,把现实学派的基本观念予以完全吸收,也就似乎绝非偶然。

到20世纪60年代中期,现实学派在国际关系学域中的势力开始盛极而衰,有许多新学派陆续出现,形成百家争鸣的现象。但是在战略研究学域中却似乎并未受到此种思想演变的影响。诚如格雷[3]所云:

---

[1] James E. Dougherty and Robert L. Pfaltzgraff, Jr., *Contending Theories of International Relations*, pp. 99-100.

[2] 同上书。

[3] 柯林·格雷(Colin S. Gray),英国赫尔大学国际政治学教授、国际安全研究中心主任。他是众多战略图书的作者,如《冷战后的世界海军:使用和海上战略价值》(1994)、《战略探寻》(第二版,1998)、《第二核时代》(1999)。——编者注

战略学家可以称之为"新现实学派"(new-realists),而他们也应坦白承认而无愧色。他们的一切理论分析和政策建议都是以一种新现实主义者的范式为其架构。①

何谓新现实主义者的范式?虽然不同的学者可能有其不同的构想,但概括言之,似可分为下述七点:

1. 世界舞台上的主角仍为国家,而且将来亦复如此。所谓超国家或非国家组织最多只能扮演配角。

2. 国家对于其外在环境企图保持合于成本效益考虑的控制,他们试图影响其他国家,那是一种手段,也是一种目的。

3. 由于缺乏超国家的权威,所以每一国家对利害争执也就是最后的仲裁者。换言之,要凭实力来判断是非。

4. 道德原则和正义观念在国际关系中殊少价值。基于国家安全的考虑,无事不可为。

5. 国际关系虽非经常处于战争状态,但危机和冲突却经常可能发生。

6. 假使国家发现有能用合理成本以影响他国的机会,它也许不会放弃。

7. 当世界分成许多务求自保的国家之后,人类也就必须永远生活在战争的阴影之下。②

简而言之,尽管在国际关系学域中,新的学派不断出现,并使现实学派原有的正统和权威受到严重的挑战,但战略研究学域中

---

① Colin S. Gray, *Strategic Studies and Public Policy* (The University of Kentucky Press, 1982), p.188.
② 同上书,p.191.

并未因此而受到太大的影响。战略学家仍以新现实学派自居,并坚持新现实主义者的范式。

所谓国家意识就是他们建构理论体系时所用作架构的基本假定之一。战略学家所认知的世界是一个国家至上的世界。国际社会处于无政府状态,国家对于其本身的决定享有最高权威,不受任何其他组织的控制。当然,现代学者不可能相信国家为有机体、有其独立意志这一类的神话,他们也知道真正作决定的是人,而不是抽象的国家。此外,在任何国家中,尤其是在现代民主国家中,政府的一切决策又必然会受到各种不同利益集团的影响,更是无可否认的事实。但战略思想家在建构其国家战略理论体系时,还是假定确有所谓国家利益之存在。

这一整套的新现实主义理论体系可以用简图表示如下[1]:

国家系统(states system)
↓
无政府结构(structural anarchy)
↓
安全第一(primacy of security)
↓
自助(self-help)
↓
权力平衡(balance of power)

个别国家是组成整个系统的单位,国际系统的结构是无政府的,换言之,国家之上更无较高权威之存在。在国家政策中,安全为首要的考虑。若欲维持安全,则必须自助。孙子有一段话对于所谓自助的观念可以提供极佳的印证。孙子在"九地"篇中曾经这样说:

---

[1] Paul Schroeder, "Historical Reality vs. Neo-realist Theory", *International Security* (Summer 1994), p.109.

> 夫王霸之兵,伐大国,则其众不得聚;威加于敌,则其交不得合。是故不争天下之交,不养天下之权,信己之私,威加于敌,故其城可拔,其国可隳。①

孙子所谓的"信己之私"就是相信自己的国力,换言之,不可妄想依赖他国的援助,而必须自力更生。②

最后,现实主义者所想象的国际关系经常徘徊于和平与战争两个极端之间,所以不可能有永久的和平,但可能有暂时的安定。国家若想确保安全,则必须努力维护权力平衡,而权力平衡又是以国家为其运作的单位。

以上所阐述的国家至上观念,其根源是出自欧洲的历史,再由国际关系学域中的现实学派将其建构成为有系统的理论。当战略研究步入国际关系的后尘,也发展成为独立学域之时,此种观念立即被采纳,而成为此一学域中的第一条基本假定。任何战略家都必然具有此种共识,否则即不称其为战略家。

功 利 意 识

作为新现实主义者的战略学家都确认有真正国家利益的存在,那是超越所有一切其他利益之上。诚如摩根索所云:"国家利益即为外交政策的北斗星。"所以当政府决定其政策或战略时,其

---

① 【译文】所谓"王霸之兵",讨伐大国,能使其惧我而聚拢不起兵众;把兵威加到敌人头上,能使其得不到盟国诸侯的配合策应。所以,即使不争着去与天下诸侯结交,也不在天下诸侯间蓄养自己的权势,为了伸展自己的抱负,只要把兵威加到敌人头上,就可拔取它的城邑,毁灭它的国家。——编者注
② 钮先钟:《孙子三论:从古兵法到新战略》,第一篇第十一章"九地篇"。

主要的考虑即为是否符合国家利益。孟子见梁惠王①,王曰:"叟,不远千里而来,亦将有以利吾国乎?"这句话虽然立即引起孟子的反感,但若就字面上来解释,也正是任何政府在决策时所必须首先提出的问题。

孙子的话则说得更明确:"合于利而动,不合于利而止。"("火攻"篇)在战略领域中,无论其层级的高低,都必须恪遵②此种原则。因此,战略研究学域的第二项基本共识即为功利意识。所谓功利在此又分别代表两种不同而又密切相关的观念,所以必须分别加以检讨。现在就从"利"说起。

在人类的思想中有利害观念之存在,其原因可能是出于人性。但何谓利害,却又是一个非常复杂而微妙的问题。这些问题的研究不仅牵涉心理学的知识,而且更可能要深入到哲学的领域。但不管利害究竟应如何认定,人类都会根据其自己的判断以趋利避害,又是一种自然的现象,个人固然如此,国家也应该如此。

今天从事战略研究的学者都已接受国家利益的基本观念,此种观念经过许多国际关系学者的解释,其意义已至为明显,不可能再发生任何误解。诚如摩根索一再强调的:**国家利益与国家生存不可分,任何国家若忽视其国家利益,即无异于自取灭亡。**所以,

---

① 梁惠王,就是魏惠王(前400—前319年),惠是他的谥号。公元前370年继父亲魏武侯位,即位后九年由旧都安邑(今山西夏县北)迁都大梁(今河南开封西北),所以又称梁惠王。——编者注

② 恪遵,恭谨遵守。《元典章·刑部八·赃罪条例》:"朕自即位以来,恪遵圣祖成宪。"《镜花缘》第一回:"非素日恪遵女诫,敬守良箴,何能至此。"《清史稿·世宗纪》:"惠民之政,转而扰民,岂非司其事者之咎乎? 其恪遵前旨妥办! 倘再犯诸弊,从重治罪。"——编者注

任何政治家(大战略家)的思想与行动都必须以国家利益的考虑为基础,简言之,即孙子所说的"合于利而动,不合于利而止"。

这也正是历史的教训。早在19世纪后期,英国外相帕默斯顿(Lord Palmerston)[①]已有此种了解。他的名言曾为人一再引述,而且也有各种不同的版本,但真正的原文却如下述:

> 要说一个国家与另一个国家是永久的盟友或永久的敌人,那是一种狭隘的观念——只有我们的利益才是永恒的。[②]

斯派克曼(Nicholas J. Spykman)[③]是被世人公认为与麦金德

---

① 帕默斯顿(1784—1865年),英国政治家,首相(1855—1865),自由党创建人之一。1784年10月20日生于伦敦,1865年10月18日卒于赫特福德郡的布罗克特庄园。曾就读于哈罗公学和爱丁堡大学。1802年作为第三代帕默斯顿子爵,继承其父的爱尔兰贵族爵位和财产。1803年进入剑桥大学。1807年以托利党党员身份进入下院。1809—1828年任陆军大臣。1832年议会改革前后,辉格党在政治上日益占据优势。1830—1851年三次任外交大臣,1852—1855年任内政大臣,1855—1865年两任首相。帕默斯顿视俄国为英国在中亚和近东的主要敌人。——编者注

② Sir A. W. Ward and C. P. Good, *Cambridge History of British Foreign Policy*, vol. II, p. 1602.

③ 尼古拉斯·斯派克曼(Nicholas John Spykman,1893—1943年),荷兰裔美国人,地缘战略学家,国际关系学者,被称为"围堵政策之教父"。他是美国外交政策古典现实主义的发起者之一,将东欧政治思想带入美国。20世纪30年代晚期至40年代早期,曾在耶鲁大学国际关系系任教,他教学重点放在地缘政治学。49岁时死于癌症。

斯派克曼出过两本谈外交政策的书。一是美国加入二次大战时的《世界政治中的美国战略:美国与权力平衡》。从地缘政治、现实主义的观点探讨世界政治,建议根据美国在地理与权力政治的相对位置,制定美国在战争与和平之中的大战略。第二本书《和平地理学》是在他去世后一年出版的,阐述了他的地缘策略,认为欧亚权力平衡会直接影响美国。

他不同意麦金德的名言,将之改写:谁控制边缘地带,谁就统治欧亚;谁统治欧亚,谁就控制世界的命运。——编者注

(Halford J. Mackinder)①齐名的地缘战略学家,实际上,他也是国际关系学域中早期开山大师之一。斯派克曼对于"义利之辩"有其特殊的见解,他说:

> 政治家在指导外交政策时,固然应重视正义、公平和容忍的价值,但却仅以它们对权力目标有所贡献而不构成损害为限。它们可以用来作为权力追求的掩护或理由,但当其应用会带来不利时就应立即舍弃。政治家不是为获致道德价值而追求权力,而是利用这些价值以便利权力的追求。②

斯派克曼相信每一个国家对安全的寻求必然会导致其与他国之间的冲突,因为甲的"安全边际"(security margin)即为乙的"危险边际"(risk margin)。所以,有同盟就有反同盟,有军备就有反军备。权力斗争是一种永无休止的竞赛,在历史中的任何时代都是这样。③

摩根索也有类似的看法,他认为一般的道德原则不能够依照其抽象的理想应用在国家行动之中,而必须透过具体时空环境的过滤。在追求国家利益时,国家所需要遵守的道德原则,与个人在

---

① 麦金德(Halford John Mackinder,1861年2月15日—1947年3月6日),生于盖恩斯伯勒,卒于帕克斯顿。历任牛津大学高级讲师和第一任地理系主任、伦敦经济和政治学院院长、英国下院议员。认为地理学是探讨人类与自然环境相互作用的科学。提出陆心说,首次以全球战略观念分析世界政治力量。对英国大学地理教育发展起了重要作用。著有《历史的地理枢纽》、《不列颠与不列颠的海洋》和《民主的理想和现实》等。他的名言:谁控制东欧,谁就统治心脏地带;谁控制心脏地带,谁就统治世界岛;谁统治世界岛,谁就统治世界。——编者注
② Nicholas J. Spykman, *America's Strategy in World Politics: The United States and the Balance of Power* (Harcourt, Brace, 1942), p.18.
③ 同上书,p.24。

人际关系中所应遵守者有所不同。若把个人的道德观念与国家的观念混为一谈,则结果将足以招致国家的灾难。①

有关国家利益的理论体系固然是由国际关系学者首先建立起来的,但在战略领域中,诚如孙子所云,"智者之虑必杂于利害"("九变"篇),可以显示这也是一种传统的智慧。

概括言之,在所谓大战略的范畴中,一切国家权力的运用都必须基于国家利益的考虑。但在国际环境中,国家不止一个,利益自非一致,所以利害关系也自然非常复杂。因此,权力运作是一种非常微妙而困难的工作,必须有精密慎重的计划,不可轻举妄动。若从利害关系的观点来加以分析,则权力运作应可分为下述四种模式:

模式1 损人利己

模式2 利己利人

模式3 损己利人

模式4 损人不利己

第一种模式在战略领域中是正常的模式,也代表正常的权力斗争。用博弈理论(theory of games)的观念来表示,即"零和博弈"(zero-sum game)。双方的利害互相抵消,若不损人也就不能利己。甲方所获利益即相当于乙方的损失。

第二种模式是一种最合理想的模式,也就是所谓"正和博弈"(positive-sum game)。双方均有得无失,即"双赢"。这样的权力运作所代表的不是斗争而是合作。若能如此,自然皆大欢喜,天下

---

① Hans J. Morgenthau, *Politics Among Nations*(New York:Knoff,1973)Fifth Edition,p.11.

太平。

第三种模式只能存在于宗教思想之中,甚至只能算是神话。在国际关系中,此种模式不可能存在,因为没有任何国家会损己利人,不仅古今中外无此前例,而且也违反了人类的本性。诚如俗语所云:"人不为己,天诛地灭。"

第四种模式是第一种模式的变质或恶化。换言之,本来是想损人利己,但由于研究判断的错误,或运作的不当,结果变得事与愿违,损人而不利己。此种两败俱伤的情况在历史中不乏前例,所以战略家对于利害之虑也就十分慎重。

以上所分析的还只是一个"利"字,然则"功"字又应如何解释?用现代术语来表示,即成本效益(cost-effect)的观念。简言之,国家固然应该追求其国家利益,但在追求的过程中又必须重视"功"的观念:成本应力求低,效益应力求高。必须从成本效益的观点作精密的计算,然后始能判断其所作所为是否真正有利。

时常可以听到有人说,为了追求国家利益,应该排除万难,不惜付出任何成本。这种说法固然显示发言者的爱国热忱和豪情壮志,但从战略家的观点来评论,则大有商榷之余地。

天下没有免费的午餐,这是大家所常说的话。要想达到任何目的,完成任何工作,都必须付出必要的成本,此乃自然之理,在政策或战略的领域中,也不可能有所例外。若说为了追求某种国家利益而不惜付出任何成本,则结果很可能得不偿失,有害无益。这样的例证在中外历史中真可以说不胜枚举。除必须考虑成本,而且应该力求降低以外,还必须尽量提高单位成本所能发挥的效益,尤其是每一元钱都必须用在刀口上,绝不可假国家利益之名,作漫无限制的浪费。

综合言之,所谓功利意识,其意义为一切战略思考不仅应求有利,而同时还应力求有功。事实上,功乃利之先决条件,若劳而无功,则结果很可能为未见其利而实受其害。西汉大儒董仲舒曾经说过:

> 正其谊(与"义"通)不谋其利,明其道不计其功。

这当然是代表儒家的正统思想,具有强烈的反功利意识。若从战略观点来看,我们似乎可以把这两句话改为:

> 正其义先谋其利,明其道必计其功。

在战略范畴中并非完全不讲道义,但在讲道义之前应该先考虑其与国家利益的关系,尤其对于成本效益必须作精密的计算。

功与利密切相关,俱为一体,但在当前的战略环境中,"必计其功"的观念又变得比过去更为重要。今天的世界变得比过去远较复杂,国家在国际事务中所可运用的权力(资源),就种类而言也比过去远较繁多。但任何国家的资源又总是有其限度,而国家权力愈大,则运作的范围也会随之而愈大,所以国家资源的有效分配已成为现代战略家的首要考虑。这也正是作业研究、系统分析这一类的方法技巧会受到普遍重视的主因。不过,必须指明,所谓功利又并非完全是物质性的,同时还有许多精神的或无形的因素也包括在内。因此仅凭计量的方法还不够,所以,孙子在2500年前已指出,不仅要"校之以计",还要再加上"而索其情",真乃超越时代的高见。

最后，战略家固然必须具有功利意识，但并不是急功好利。事实上，急功好利乃战略家之大忌，此种心理病态必须彻底革除。战略家应有远大的眼光、宏大的度量，所计者应为百年之功，所谋者应为万世之利，而万不可只计较一时的得失，所以必须深谋远虑。孔夫子所说的名言："毋欲速，毋见小利；欲速则不达，见小利则大事不成。"[①]对于常有急功好利倾向的西方战略家，实在是一服对症下药的清凉剂。

理 性 意 识

战略家的思考既然是以明辨利害为起点，这也就暗示一项重要的推论：战略是讲理的。概括言之，所有的战略家都是理性主义者（rationalist）。他不仅认为自己是如此，而且相信或假定——他的对手，在正常情况之下——也同样是如此。仅仅有此种基本假定之存在，战略才可以当作一种学问来研究。

然则何谓理性（rationality）？以研究决策理论而久负盛名的斯奈德（C. H. Snyder）教授曾将其意义界定如下：

> 首先对于可能的得失，以及敌方行动的几率作冷静的计算，然后再根据计算结果来选择一条对于自己可能最为有利

[①] 出自《论语·子路》。【原文】子夏为莒父宰，问政。子曰："无欲速，无见小利。欲速则不达，见小利则大事不成。"【意思是】子夏要去当莒父的长官，向孔子问如何为政。夫子给子夏讲到，从事政治不要求速成，不要只看到眼前的小利益。操之过急反而适得其反，只看到眼前的小利，就不可能成就大事。——编者注

的行动路线。①

因此,所谓理性也就表现在选择之上。假使某人能作合理的选择,则可以说他具有理性。

然则又何谓合理的选择(rational choice)？这样一个圈子又会回到原来的起点上。简言之,必须能够明辨利害,然后始能作成合理的选择。所以,合理的选择也就是趋利避害。

不过,天下之事又都是有其利亦必有其害,不可能百分之百有利,也不可能百分之百有害。因此,合理选择其意义又为如何能使利最大而害最小。用现代术语来表示,也就是一种包括两项基本因素在内的计算。这两项基本因素：(1)为效用(utility)；(2)为几率(probability)。当战略家决定选择某种行动路线时,他一定是对于此种路线的效用作最高的期待(anticipation),同时又对于其失败的几率作最低的期待。

这样的思考方式可以代表所有战略家的正常心态。如果他不具有这样的心态,他也就不可能从事这一行业。从这一个观点来看,战略研究的确与经济学非常类似。在经济学的理论中,可以假定有所谓经济人(economic man)的存在,即假定他是一个完全(perfect)的理性主义者,其所作的选择应该是百分之一百的合理。在战略研究领域中,就理论而言,当然也可以假定有这样一个战略人(strategic man)之存在。

不过,经济人也好,战略人也罢,都只是一种抽象的模型,他们

---

① G.H. Snyder, *Deterrence and Defense* (Princeton University Press 1961), p.25.

第三章 战略研究的基本假定

都只能存在于纯粹学理范畴之内。在现实世界中,不讲理的事情多的是,战略家的思考有时候也并不一定都能够符合理性的要求。李德·哈特曾指出:人往往大事糊涂,小事细明,明足以察秋毫之末而不见舆薪。他以1939年的波兰外长贝克(Joseph Beck)为例,指出贝克在一支香烟都还未抽完的时间内,即已作出断送其国家命运的决定①。所以。李德·哈特说:

> 那些影响国家命运的大事,其作决定时的基础往往不是平衡的判断,而是感情的冲动,以及低级的个人考虑。②

伦敦国际战略研究学会发起人之一的布尔也曾指出:

> 政府对于有关和战大事所作的决定,经常没有经过精确评估和远程思考……政府所注意者常为眼前的事务,而对于未来的发展趋势,则几乎是视而不见。③

---

① 波兰位于德俄之间,对于双方都可能构成屏障和缓冲。假定德国决定向法国发动战争,则保留一个与它有同盟关系(甚至只是中立)的波兰,对它应是比较有利。因为有波兰隔在中间,德国自然可以比较不怕苏俄的威胁。

此时,波兰面临一个重大的选择,但它既不愿与德国合作,又不愿向苏俄靠拢,而国力也不足以自保;却又坚持不改变现状,并把希望寄托在遥远的西方援助上。

1939年3月,英国向波兰作出援助的保证,这无异于在棺材上钉下最后一颗钉子。而波兰外长贝克(Joseph Beck)在一根烟还没有抽完的时间内即决定接受此种送命的保证。

事实上,正因为波兰不肯与德国合作,遂使希特勒不得不付出更高的代价(与苏俄缔结互不侵略协定),来暂时维护其后方的安全。到了此时,局势遂急转直下,在德俄双方协议瓜分之下,波兰也就自然变成了第二次世界大战的直接导火线。——编者注

② B. H. Liddell-Hart, *Why Don't We Learn from History* (Hawthern 1971), p.142.

③ Hedley Bull, *The Control of the Arms Race* (London: Weidenfeld and Nicolson, 1961), p.49.

这些根据历史经验而发出的警告固然值得重视,但又并不影响战略家以理性主义者自居的共识。战略家在思考、计划、决策时,仍然必须强调理性因素的重要。同时,战略家又必须假定敌我双方都同样有其利害的考虑,而且对于利害者,双方也大致有类似的认知。必须以此种认知为基础,始能进行合理的战略分析。

不过,在进行战略分析的同时,战略家又必须认清在现实世界中,随时随地都有非理性因素的存在。对于这些因素不仅必须慎重处理,而且还应将其纳入合理计算之内。换言之,战略家应根据理性的原则发现和了解非理性因素。

因此,可以断言,在任何战略思考、分析或研究之中,必须以理性假定为基础。但又必须认清,此种假定的应用价值是在解释(explanation)方面,而不是在预测方面。它可以显示出战略逻辑(strategic logic)之所在,但并不保证所有的战略家,尤其是非战略家,都一定会遵守这种逻辑。在战略分析中,理性主义虽为必要的假定,但在制订战略计划时,若不承认非理性因素的可能冲击,实乃愚昧的妄想。

克劳塞维茨对于非理性因素在现实世界中的重要性深有认识。他指出:"战争是机会的领域……战争是不确定的境界。"[1]他又说:"在战争中事物的变化要比任何其他地方都出乎意料。"[2]因此他也就非常推崇天才,他甚至还这样说:

---

[1] Carl von Clausewitz, *On War*, ed. and trans. by Michael Howard and Peter Paret, p.101.
[2] 同上书,p.102.

凡天才所为即为最佳规律,而理论所能做到的最多只是解释应该如此的如何(how)和为何(why)而已。[1]

尽管如此,他还是很重视理性和逻辑,并且对于理论的价值和功用曾作非常正确的说明:

对于任何想从书本上研究战争的人,理论是一种指导;照亮他的前途,加速他的进步,训练他的判断,帮助他避开陷阱。[2]

由此可知克劳塞维茨不愧为先知先觉,他的思想的确非常现代化。

总结言之,战略家必须分别在两个层面上来进行他的工作:首先是在纯理性层面上,换言之,那也是战略人的理想天堂;然后再降入现实层面,那也就是回到了人间世上。在现实层面上,必须同时注意到理性与非理性因素的交相为用。战略家也是凡人,他在作决定时还是会受到许多外在环境和心理动机的影响。不过要想了解和控制非理性因素,并加以操纵和利用,还是必须以理性的共识为基础。

忧 患 意 识

正因为战略家是理性主义者,所以他也必然是悲观主义者

---

[1] Carl von Clausewitz, *On War*, ed. and trans. by Michael Howard and Peter Paret, p.136.
[2] 同上书,p.141。

(pessimist)。因为以理性为基础,他们也就要比一般人更能较深入地认清人性中阴暗的一面,甚至会如宗教所说,相信人类在出生时即已带有所谓原罪(original sin)。这大致是与我国先秦的荀子所提倡的性恶论相似,简言之,即假定人类具有自私、自大、贪得无厌、易于冲动等劣根性。

基于此种观点,战略家也就很易于以悲观的眼光来看世界。他们具有强烈的忧患意识,惯于报忧不报喜,他们在作任何研究判断时,也经常是以最坏情况(the worst case)为基本假定。

早在16世纪,号称近代战略思想之祖的马基雅弗利就曾经指出:

> 任何政府都不要以为它能选择完全安全的道路,它必须了解只能采取非常有疑问的道路。因为在日常生活中,每当企图避免某一种困难时,往往就会遭遇到另一种困难。所谓谨慎只不过是知道如何辨别困难的性质,并选择祸害较少的途径而已。①

英国学者奥克肖特(M. Oakeshott)②曾经这样说:

---

① Nicolò Machiavelli, *The Prince* (New American Library, 1952), p.120.
② 迈克尔·奥克肖特(Michael Oakeshott,1901—1990年),英国哲学家、政治思想家,20世纪最重要的保守主义知识分子。其思想融英国观念论与休谟的怀疑论于一炉,对伯克等人所建立的英国传统保守主义思想从哲学上做了系统阐述,他对于知识论、政治哲学、历史哲学、宗教哲学和教育哲学都有较为深刻的认识和阐述。《英国教育研究》杂志认为:"许多读者都已被奥克肖特的风格所折服;很少有如此深奥的思想能得到如此精致的表述。"——编者注

第三章　战略研究的基本假定

> 在政治活动中,人们是在无边和无底的海面上航行。既无港口,也无庇护;既无起点,也无终点。在做这样的航行时,其要领即为能在海上安全地漂浮。海是友也是敌,航海之道即为善用机会,以求能化敌为友。①

而摩根索的话也许更较有力,这位现实学派开山大师说:

> 从理性的观点来看,这个世界是如此不完善,但那又是由人类天性中的力量所造成的结果。要想改善世界,则必须与这些力量合作而不应与其对抗。②

三国时代的诸葛亮是我国历史中最伟大的战略家之一。凭其卓越的学问,艰辛的经验,终于在《后出师表》上作结论时,说了一句千古同慨的名言——"夫难平者事也。"若译为现代语,即"事情的变化难于预测"。战略家的一切思考都必须具有未来导向,简言之,他今日之所为都是为了替明天作准备,但其所面临的最大难题又是未来的事,有许多是谁都无法预知的。

我国有一句古话说:"天下不如意事十常八九。"虽然有一点言过其实,但这正是历史经验的教训和战略家的共识。不仅在天行和人事之中,随时都可能会有偶然的意外因素出现,而且人性又有其内在的弱点。因此,当战略家在进行其一切工作时,必然也必须经常抱着高度戒慎恐惧的心情,而绝不敢轻易地表示乐观。有如

---

① M. Oakeshott, *Rationalism in Politics* (London: Methuen, 1962), p.127.
② Hans J. Morgenthau, *Politics Among Nations*, p.4.

围堵主义的创始者乔治·凯南(George Kennan)[1]所形容的:"政治家是一场悲剧中的演员,而此种悲剧既非出于他们的创作,也不容许他们修改。"[2]

不过,所谓悲剧又可分为两种:一种是希腊悲剧(Greek tragedy);另一种是"基督悲剧"(Christian tragedy)。依照奥登(Wystan H. Auden)[3]的解释,希腊悲剧是一种必然的悲剧(the tragedy of necessity),当观众看完之后所产生的感想是:"它不得不如此,那是多么可怜呀!"而基督悲剧则为一种可能的悲剧(the tragedy of possibility),当观众看完之后所产生的感想是:"它本可不如此,但却毕竟如此,那是多么可怜呀!"[4]

每当某一事件已经发生之后,历史学家也就惯于假定那是必

---

[1] 乔治·凯南(George Frost Kennan,1904年2月16日—2005年3月17日)是美国外交家、政治学家和历史学家,普利策新闻奖获得者,围堵政策(policy of containment)始创人。1946年2月22日,时任驻苏联副馆长(DCM)的乔治·凯南向美国国务院发送了一封长达数千字的电报(即著名的"长电报",the long telegram),对苏联内部社会和对外政策进行了深入分析,提出了最终被美国政府所采纳的对付苏联的长期战略,也就是围堵政策。"围堵政策"是指美国1947年实行的针对苏联的一项外交政策,同时宣布了反纳粹联盟的最终破裂。这项政策的目的是阻止和围堵社会主义思想和斯大林主义的蔓延,将它们限制在当前范围内。这是一项旨在回应实际威胁西方民主主义生活的外交政策和军事策略。——编者注

[2] George F. Kennan, *American Diplomacy: 1900 - 1950* (University of Chicago Press, 1951), p. 78.

[3] W. H. 奥登(Wystan Hugh Auden,1907—1973年)是公认的现代诗坛名家,20世纪重要的文学家之一,奥登1907年生于英国,1946年成为美国公民。他充分利用英美两国的历史传统,作品的内涵因而更深广。被公认为艾略特之后最重要的英语诗人。

奥登除写诗外,并和依修伍德(C. Isherwood)合作诗剧两种:"The Ascent of F-6"和"The Dog beneath the Skin"。

奥登在抗战期间与依修伍德(Christopher Isherwood,1904—1986年)一道访问了危难中的中国,随后发表二十七首十四行诗《战时在中国》。——编者注

[4] Arthur Schlesinger, Jr., "Organs of the Cold War", *Foreign Affairs*, Fall 1967. 本文转载于钮先钟译,《美国外交季刊五十周年选集》(台北:正中书局,1982),p. 192.

然会发生的,这种解释虽然很简单,但并不一定正确。经过精密的分析,常可发现某些事情虽确有发生的可能,但却并非不可设法补救,而使其不至于发生。如果坐视不救,则可能的悲剧才会转变成为必然的悲剧,这才是历史中真正的悲剧。

所以,战略家虽然必须具有忧患意识,但他的态度还是应该悲观而不消极。他们虽然不敢相信"人定胜天",但是却如欧阳修所云:"盛衰之理虽曰天命,岂非人事也哉?"[①]

简言之,战略家不能仅以忧时为满足,而更必须以救世为己任。他必须努力从事深谋远虑的思考,以寻求长治久安的对策。若能如此,则能如范仲淹所期望,达到"先天下之忧而忧,后天下之乐而乐"[②]的理想境界。

结　语

任何学问的研究都必然有其起点,任何理论体系的建立,都必须首先建立其基本架构。本章所列举的四种观念——国家、功利、理性、忧患四种意识——即为在战略学域中企图建立理论体系时所必须首先采取的基本架构。就逻辑而言,此四者实乃基本假定,必须以这一套假定为基础,然后始能逐步发展,而终于完成完整的理论体系。就心理而言,此四者又正是任何战略家所必须保持的基本态度。若不具备此种共识,就不可能成为一个战略家,甚至也不能从事这一行业。

---

① 欧阳修:《五代史·伶官传序》。
② 范仲淹:《岳阳楼记》。

此种基本假定看起来似乎很简单,但其本身还是有深厚的学术基础,所以万不可因为其简单而就予以轻视或忽视,尤其不可以视之为教条。

第四章
战略思想的取向

引言　　前瞻取向
总体取向　务实取向
主动取向　结语

引　言

战略研究是一门范围相当广大、层面相当众多的学域。若作概括的分类,可以分为三大部门:战略思想、战略计划、战略行动。在此三者之间又有连贯关系之存在。思想不仅是全部过程中的第一阶段,而且也是全部过程的基础。若不思又焉能计,若不计又焉能行?博弗尔认为战略本身就是一种思想方法(a method of thought),这句话不仅是空前的创见,而且的确是至理名言。

战略家必须知道他之所以被人尊称为战略家,其主因就是由于他有一套特殊的思想方法。有了这种思想方法,战略家才能完成其任务。依照卡恩(Herman Kahn)[①]的说法,此种任务即为想入非非(thinking the unthinkable)。简言之,战略家凭借其有所独到的思想方法,才能思考那些一般人所认为无法思考的问题。这也正是战略值得深入研究的理由。

过去的传统战略家所思考的范围相当狭窄,即纯军事问题。现代的战略家早已扩大其研究范围,战略的内涵早已不仅限于军事,更不仅限于战争。从传统的战略观念变为现代化的战略观念,

---

① 赫尔曼·卡恩(Herman Kahn,1922—1983 年),美国物理学家、数学家、未来学家。乐观主义未来学派的代表。在西方,被称为以数字、图表、曲线来预测未来的科学家、未来学的先驱者。1960 年出版《论热核战争》,1962 年又出版《想入非非》,这两本书对核战争进行了冷静的分析,论述了核战争和苏美两国核武装现状,竭力主张整个世界都来关注和制止核战争,而不受少数决策者的任意摆布。——编者注

在思想的发展过程上要算是一大跃进。此种跃进也就必然在许多方面都会产生重大的冲击。在过去的世界中,战略思想只能算是一种偶然的产品。战略思想的产生并非由专业性的研究人员来负责,而且也根本没有以制造战略思想为目的的研究机构。所以,在长达数千年的历史中,战略思想的发展不仅断断续续,而且杂乱无章。前人的思想遗产中几乎大部分都只是实用性的行动准则,而真正具有理论体系的著作少之又少。

现在的情形已与过去大不相同。不仅已有专业化的战略思想家,而且更有以战略思想为专职的研究机构。战略研究已经正式学术化,而且在研究方法上也有很多的创新和进步。现代战略思想家正面对着两大任务:(1)对于已有的思想遗产进行有系统的重整;(2)替未来的战略研究建立思考架构。此种工作目前还只是刚刚起步,而且非常艰巨,不过其意义又是非常重大,值得有志之士去努力钻研。

今天已有许多学者在不同的场所中从事战略研究,他们的背景不一样,工作重点也不尽相同。因此,在沟通和协调上势必会有若干困难出现。要想增强合作和效率,在思想层面上也就有保持共同取向(orientation,亦译导向)之必要。第三章中所讨论的基本假定(共识)好像竞赛中的起跑线,其目的是要保证所有的选手在起点上的一致。不过仅有一致的起跑线,还是不足以保证他们在起跑之后,仍能维持方向上的一致。因此,在战略研究领域中,所有的工作者在思想上还必须保持大致相同的取向。简言之,共识是消极的、静态的、保守的,取向是积极的、动态的、进取的。所以后者的重要性有过于前者,而且其内容也远较复杂。

现代战略家在其思想的范畴中,究竟又应采取哪些共同的取向?这当然是一个见仁见智的问题,并无绝对正确的答案。不过,依据历史经验的教训,以及某些战略思想大师的著作,似乎还是可以提出一套比较适当的答案。为了分析和解释的方便,现在首先列举下述四项共同取向:

(1)总体取向;

(2)主动取向;

(3)前瞻取向;

(4)务实取向。

然后再来逐项加以讨论。不过,在此又必须声明,这只是一种尝试性的列举,而并非认为除此之外,即不应有或不可能有其他的模式。

总 体 取 向

何谓总体取向(total orientation)?简而言之,其意义即为当战略家研究其问题时,必须认清问题本身所具有的总体性,同时又必须以总体性的眼光来看问题。在学术领域中,决定研究方法的主要因素通常即为问题的本质。因为现代战略问题都具有其总体性,所以战略家的思想体系也就必须具有总体取向。

克劳塞维茨虽然是出生于两百年前的古人,但他的思想却超越了时代。有一次普鲁士参谋本部曾向他请教一个战略问题,因为该部不曾附带说明政治(国家)目标,于是遂遭其拒绝。他在回信中这样说:

> 战争并非独立现象而是政策(治)所使用的不同手段的延

续，所以任何大规模战略计划的主要路线都是政治性的，而当计划应用到整个战役和整个国家的层面上时，则其政治性也将随之而增大……基于此种观点，所以不可能对于重大战略问题作纯军事的研究判断，也不可能用纯军事计划去求解。①

诚然，克劳塞维茨在他那个时代所用的名词以及名词的含义，与我们今天所用者多少有一点差异，但并不因此而影响我们对于其思想主旨的了解和赞佩。他所谓的"政治性"即为总体性，他所强调的不可能有纯军事的研究判断和计划（解答），其意义又非仅限于军事，而是可以推广到非军事方面，换言之，即同样地不可能有纯政治性，或纯经济性的研究判断和解答。

自从 19 世纪后期开始，在学术园地中，崇尚专精的风气日益流行。这固然也是一种自然趋势，但天下事又往往都有其一定的限度，若超过此种限度，则不仅可能害多于利，而且更会激起某种相反的趋势。所以，近年来，所谓"科际整合"的风气遂又盛行。简言之，许多分科之研究都出现由分而合的新趋势。专家（specialist）固然不会丧失其重要性，但通才（generalist）却可能已经变得更为重要。学域的范围都已日益扩大，所应重视的又不仅为深入的专精研究，而尤其应重视整合的发展，分工合作实代表了现代学术思想演进的主流。

现代战略家应以通才自命。因为战略研究所包括的范围实在是太广大，各种不同的专家在学域中都可能扮演相当重要的角色，

---

① 见 1827 年克劳塞维茨致罗德尔（von Rooder）的信函。转载于《战争论》英译本，p.7。

其特殊的专长对于战略理论的建构、战略问题的解答,也都可能作出直接或间接的贡献。尽管如此,但对于战略学域中的研究工作,又必须由在思想上具有总体取向的战略家来负其总责。只有在战略家的总体指导之下,各种分门别类的专家,始能分工合作,发挥协力作用(synergitical effect),并作出最佳的贡献。

因此,战略家本身并不一定要精通某一门学问,但他却必须对于多种不同的学问都有相当的了解,而尤其更重要者是他在思想上绝对不可钻牛角尖,这也正是专家们在思想上所易犯的通病。换言之,战略家的眼光必须是宏观的(macro)而不是微观的(micro)。

诚如博弗尔所云,战略本来就是一种思想方法,此种思想方法的最大特点即为其所采取的步骤与一般人(包括专家在内)所采取者恰好相反。那是从合到分,从大到小,从远到近,从上到下。简言之,即为先考虑总体,而后考虑部分。所以,战略是一种综合性的思考程序,以最后目标和最高路线为起点,此即总体取向。

一般人的通病是往往只见有树而不见有林,作为通才的战略家则必须先见有林而后见有树。甚至还可以说,只要能见林,则虽不能看清每一棵树,对于战略家的任务而言,也不一定会产生过分严重的阻碍。

美国战略思想家勒特韦克(Edward N. Luttwak)[1]曾经指出美国人的民族特性不利于战略思考。他说:

---

[1] 爱德华·N. 勒特韦克,美国战略与国际研究中心高级合伙人(非常驻)。曾在众多的政府部门担任顾问,包括:国防部长办公室、国家安全委员会、美国国务院、美国陆军、海军、空军。著有《战略和政治》《濒危的美国梦》《涡轮资本主义:全球经济中的赢家和输家》《罗马帝国的大战略:从公元一世纪到三世纪》《五角大楼与战争的艺术》和《以色列军队》等。——编者注

作为一个民族,美国人是实际问题的解决者,而不是有系统或远见的思想家。我们的全部经验告诉我们,最好是把复杂的现象加以简化,把个别问题孤立起来,然后再来寻求解决方法。但战略所要求的方法恰好与此相反,战略要求把许多个别问题纳入一个系统之中,并拟定长期计划以解决整个问题。

勒特韦克又指出:

把问题分开来处理,那只能算是战术思想而不是战略思想,战略思想具有综合性(synthetic)、整合性(integrative)和全体性(holistic)。它是一种辩证法,使似乎是分离的和矛盾的因素能合而为一。因此,不要单独地只想解决某一问题,或对某一事件作孤立的思考。不要只寻求部分的解决,而不考虑其对于整体的影响。①

战略思考的总体性又会带来另一种要求,那就是当战略家在思考任何问题时,又都必须保持"朝大处想"(think big)的心态。诚如《前进战略》(A Forward Strategy for America)一书中所云:

大战略仍然还是一种"可能的艺术"(the art of the possible)。最后目标并非一蹴可致,而必须一步一步地来达

---

① Edward N. Luttwak, "On the Need to Reform American Strategy", *Planning U.S. Security*, ed. by Philip S. Kronenberg (Pergamon Press, 1982), pp.13-29.

第四章 战略思想的取向

到。但所谓可能又不应仅以眼前所能见者为限,而拟定行动范围时又必须具有勇气、魄力和想象力,对于某一大目标的坚持和信心实为任何大战略的焦点。①

我国宋代司马温公(光)②在其《谏院题名记》一文中曾有一段名言更值得引述:

> 居是官者,当志其大,舍其细;先其急,后其缓;专利国家而不为身谋。彼汲汲于名者,犹汲汲于利也,其间相去何远哉!③

温公之言固然以谏官为告诫目标,但对于现代战略家,也完全适用。

战略家的思考必须是所见者大,宁可失之于大,而不可失之于细;其眼光宁可失之于远,而不可失之于近;宁可受到"大而无当"的批评,而绝不可以"小儿科"!战略家必须经常记着大战略这个名词中的"大"(grand)字,他必须心胸广大、眼光远大,然后始能识大体、顾大局、成大事。

---

① Robert Straus-Hupe, William R. Kintner and Stefan T. Possony, *A Forward strategy for America* (Harper, 1981), p.38.
② 司马光(1019—1086年),字君实,陕州夏县(今属山西)涑水乡人,世称涑水先生。宝元二年进士,官至左仆射兼门下侍郎。赠太师、温国公、谥文正。他是北宋著名的史学家,主持编撰了大型编年体通史《资治通鉴》。著有《司马文正公集》等。——编者注
③ 译文:当谏官的人,(应当)注意重要的方面,舍弃细微的地方;把情况紧急的事放在前面,把不要紧的事放在后面;只为国家作贡献而不要把自己放在国家前面。那些在名声方面急切的人,一定会在利益方面贪图。(如果这样成为一个谏官的话)那其中的差距就相差得太远了!——编者注

学者吴如嵩认为《孙子兵法》的核心是一个"全"字。大致说来,他的意见相当正确。孙子的思想方法确有一种求全的趋势。"全"字在十三篇中出现的次数并不多,一共仅十次,而其中七次都是在"谋攻"篇中。"谋"的意义即为战略,似可暗示孙子的战略思想是采取一种"求全"的途径(holistic approach)。

"全"字在孙子书中又有广狭二义。从狭义观点来解释,"全"即为"破"的相对词。从广义观点来解释,"全"就变成一种抽象的哲学观念。于是又有三种可分而又不可分的意义:(1)为总体(total);(2)为综合(comprehensive);(3)为宏观(macro)。在思想方法领域中的"求全"途径即表示此种思想途径同时具有此三种趋势或方向。孙子本身即为模范,读其书自能体会其心胸的宏伟和视野的高远。

孙子在《谋攻》篇中说:"**必以全争于天下**。"翻译成现代语,即"**必须采取总体战略以争取天下**"。"总体战略"是博弗尔所首创的名词,其意义相当于西方人所常用的**大战略**和美国参谋首长联席会议在第二次世界大战之后始采用的**国家战略**。名词虽有所差异,但观念并无任何不同。孙子所说的"全",其意义也是一样,即认为必须对于各种不同的权力因素加以综合运用。

若能如此,则孙子的结论即为"兵不顿而利可全"。"利"即利益,也就是胜利,"而利可全"即为完全的胜利(complete victory)。然则何谓完全的胜利?即为没有任何不利后遗症的胜利,也就是李德·哈特所云,能导致"较佳和平"(better peace)的胜利。这也正是现代战略家所追求的目标。总结言之,孙子"四求"中的"求全"即为认定战略思想必须具有总体取向。[①]

[①] 钮先钟:《孙子三论:从古兵法到新战略》,第三篇第二十一章。

第四章 战略思想的取向

主 动 取 向

战略的本质即为行动的指导。战略家所研究的主题即为国家在国际关系中应如何行动。一切战略理论,就概括的意义而言,也都是行动学(praxeology)。战略学的研究以思想为起点,以行动为终点。无思想即无计划,无计划也就自不能采取合理有效的行动。反而言之,若不是想要采取某种行动,则自然不需要计划,甚至也无思考之必要。战略家未尝不可以作纯学理性的研究,但在现实世界中,他却并非为思想而思想,而是想要透过思想的途径,解决所面临的战略问题。简言之,即为对战略行动提供综合指导(comprehensive direction)。

在较早的时代,人类的生活不像今天这样复杂,所以战略的含义也远较含混。所谓思想、计划、行动,时常都是由一个人负其总责,亚历山大或拿破仑都是如此。在这样的情形之下,一切分类也自然没有必要。概括地说,过去的战略家都是行动者(man of action),他们的思想发源于行动,甚至用行动来表达。因此,若说过去根本没有专业性的战略思想家,并非言过其实。

从19世纪开始,西方学术界逐渐向专精化的方向发展,于是专业性的分工日趋细密。以战略这一门学术而言,开始出现创立理论和专心著作的战略思想家。若米尼和克劳塞维茨即为最早的大师。不过,他们的专业化程度,若用现有的标准来衡量,似乎只是象征性的而已。

战略思想家的真正专业化是核时代来临之后才开始出现的新现象之一。今天在全世界,尤其是在美国,已有许多以思考为专业的战略家。这些人在战略领域中几乎毫无经验可言,最多也只有非常有限的经验。于是就带来了另一种新现象:在战略领域中,思与行遂有分道扬镳的趋势。若干文人战略家几乎忘记了战略主旨即为行动,尤其是自从核武器的威力日益增大之后,吓阻理论一枝独秀,于是对于西方国家的行动意志产生了瘫痪作用。

诚然,核武器的存在已是无可否定的事实,在核阴影之下,国家采取军事行动的自由确已饱受限制。但这并不会改变战略主旨在于行动的基本观念。这又可分两点来解释:(1)核吓阻绝非万能,也不能吓阻所有一切军事行动,即令军事行动自由确已缩小,但并非无行动之余地;(2)战略行动又非仅限于军事权力的运作,而除军事权力之外,还有许多非军事权力因素都可以使用。事实上,在非军事领域中仍有很大的行动自由,而那几乎不受核吓阻的影响。反而言之,由于军事行动自由的缩小,在非军事领域中的行动自由可能会相对地增大。

核吓阻不能取消行动,也不能代替行动。若干西方战略家沉醉在核吓阻的迷思中不能自拔,实乃大错。在总体战略的范围中,仍有相当巨大的行动自由,可供战略家去加以巧妙运用。战略行动并非仅限于军事,军事行动也非仅限于战争,而战争也不一定就要使用核武器,同时也不一定会受到核武器的吓阻。

进一步说,即令在某些情况中,行动自由确已受到限制,但那不足以构成可以或应该不行动的理由。反而言之,正因为自由受限,行动困难,于是更相对地提高了行动的价值,并更显示出行动的难能可贵。同时也说明更有努力争取行动自由和扩大行动自由的必要。换言之,战略家不应消极忍受某种行动限制,而应积极争取行动自由。

第四章 战略思想的取向

博弗尔深知行动的重要，为强调此种认知，所以特以《行动战略》(Strategy of Action)为其书名。他指出战略家的最终目的是要改变历史潮流的趋势。所以，既不可坐以待变，也不可以应变为满足，而必须采取主动积极的行动，以求控制世局的演变，诱导历史的走向。

"行动"在英文中，名词是"action"，形容词是"active"。后者不仅具有行动的意义，而且更含有主动的意义，与被动(passive)相对。所以，在此处所用的名词是"主动取向"(active orientation)。其目的是要特别强调，战略家的思考与行动应具有积极主动的精神，而非消极被动的反应(reaction)。

在思想、计划、行动三个层次之中，以思想的境界最高，最具有抽象性和总体性的意识。**思想不是科学而是艺术，甚至还会深入到哲学的境界**。思想的目的在于创造(creation)，而创造又可能需要历经三个步骤，那就是：**整合**(Integration)、**想象**(Imagination)、**创新**(Innovation)。此三者的英文都是以"I"为首，所以可简称之为"3I"。创造又必须超越常智(conventional wisdom)之外，所以，对于已有旧观念又必须经常加以修正（Revising）、重组(Recombination)和再排(Reordering)。由于此三者的英文都是"R"为首，故又可简称之为"3R"，简言之，必须首先经常采取3R的方法来不断地检讨已有的思想遗产，然后再经由3I的步骤，以达到推陈出新的目的。若能如此，战略思想才能算是真正具有创造性。[①]

[①] Grnat T. Hammond, "Paradoxes of War", *Joint Force Quarterly*（Spring, 1994），p.10.

战略思想必须具有主动取向,也正是古今中外战略大师的共同教训。孙子在"虚实"篇中明确指出:"善战者致人而不致于人。"意即为应该力求主动而切戒被动。在"势"篇又说:"故善动敌者,形之敌必从之,予之敌必取之。"所谓"动敌",即采取主动作为而使敌方陷于被动,以至于一切行动均在我方控制之下。孙子在其全书中又非常重视求先,所谓先,也就是在时间方面的主动,亦即俗语"先下手为强"。

克劳塞维茨在思想上具有非常强烈的反教条趋势。他曾大声呼吁:"应研究理论而非教条。"这也足以证明他非常重视主动。**因为教条只会教你怎样做,而不教你怎样想。理论的目的则是培养学者的主动精神和思考能力**。从表面上看来,孙子重智,克劳塞维茨则重勇,事实上,克劳塞维茨的思想远较复杂。他曾指出:

> 在较低阶段所最需要者为勇,而需要用智力和判断来解决的问题却很少……但阶级愈高则问题愈多,而在统帅阶层也就达到最高点。在这样的阶层,几乎所有的解答都必须委之于有想象力的理智。[1]

不过,他又指出:"单独的智并不是勇,我们常看到非常聪明的人反而缺乏决断。"反而言之,"勇敢可以替理智和见识添翼。这种翅膀愈强,也就可以飞得愈高,看得愈远,结果也愈佳"。由此可见克劳塞维茨理想中的天才是智勇兼备。前者为慧眼,后者为决心,二者配合始能发挥主动,因时制宜。

---

[1] 克劳塞维茨原文的引述均见《战争论》第三篇。

李德·哈特在战略思想领域中有其特殊的商标,即间接路线(indirect approach)。这是他毕生所提倡的观念,并且宣称:"必须对全部战争历史加以研究和反省,然后始能充分了解间接路线艺术的真意。"事实上,诚如他所解释的:"此种间接性虽常是物质的,但却一定是心理的。"然后又作结论说:"敌人心理平衡的动摇,实乃胜利的主要条件。"事实上,采取间接路线的意义即为发挥主动精神。必须主动始能使敌方陷于被动,于是始能产生奇袭作用并使敌方心理丧失平衡。[1]

博弗尔在思想上与李德·哈特确实有相当密切的关系。尤其是李德·哈特提倡"间接路线",博弗尔则首创"间接战略"(indirect strategy)这样的新名词,这两个名词在观念上很容易发生混淆,似乎是理所当然。甚至于博弗尔本人也曾这样地说:"'间接战略'这个名词似乎有一点模糊不清。"接着又说:"李德·哈特曾发展一种间接路线的理论,并认为那是最好的战略。"[2]事实上,二者之间的差异很容易说明:李德·哈特所讨论的战略还是传统意识上的军事战略,他所提倡的间接路线也是用在此一领域中,其目的则为获致军事胜利。博弗尔所讨论的战略是现代意识的大战略,他称之为总体战略。在核时代的新战略环境中,博弗尔又把总体战略一分为二,即吓阻战略(strategy of deterrence)和行动战略(strategy of action)。再进一步,他又把行动战略分为直接战略(direct strategy)和间接战略(indirect strategy)。两者均属于行动战略的范畴,但前者以使用军事权力为主,后者以使用非军事权

---

[1] 钮先钟:《西方战略思想史》,pp. 170–172。
[2] André Beaufre, *An Introduction to Strategy*, p. 9.

力为主。因此,可以认定间接路线是用在直接战略之中,而与间接战略无关。博弗尔的全部战略观念系统可以图解如下:

```
总体战略 ─┬─ 吓阻战略
         └─ 行动战略 ─┬─ 直接战略
                     └─ 间接战略 ─┬─ 直接路线
                                 └─ 间接路线
```

吓阻战略虽已为核时代的战略主流,但并非所有一切行动都已受到吓阻。反而言之,吓阻的效力愈大,则行动自由也愈可贵。于是如何利用行动自由以达到国家目标也就成为战略家所应深入思考的问题。

概括言之,吓阻是防御的、消极的、被动的,行动是攻击的、积极的、主动的。吓阻虽然重要,但最多只能维持现状,并不能开创新局面。战略家欲达到改变现状、以利吾国的积极目的,其思想必须以主动为取向。

前 瞻 取 向

在以上的分析中已经说明战略的最终目的即为采取行动以改变历史的演进趋势。但任何行动都需要时间,从开始到完成,其间必然会有一段时差,用术语来表示,即先导时间(lead-time,或译前置时间)。行动愈艰巨,则所需时间自然也就愈长。简言之,在战略领域中,行动很难求速效。概括地说,我们对于眼前的情况,几乎毫无影响的能力,但对未来的趋势,却可能发挥远较巨大的影响作用。正因为今天所采取的行动也许只能影响明天,所以博弗尔才会以《明日战略》(*Strategy for Tomorrow*)为其最后一本书的书名。博弗尔在1974年完成了这本书之后,次年(1975)即逝世。以内容而言,这本书似乎远不如他其他的著作那样精彩,但值得重视的却是其书名,而尤其是书名中的"for"一词。**战略不是为今天(for today)而设计,而其一切都是为明天(for tomorrow)着想**。[①]

但是当前的事实真相却很令人深感失望。因为"火烧眉毛顾眼前"本是人类的通病,大家都希望能够首先解决眼前的困难,至于未来的事情,自然会被认为可以暂时不必考虑。诚如阿龙所云:"我们已经给20世纪忙得头昏脑胀,哪还有时间来考虑21世纪?"阿龙说此话时是在1966年,那时距离21世纪还很遥远,但今天引述其语时,我们已经步入21世纪了。[②]

重视现在,忽视未来,固然是一般人所常有的心态,所以也毫不足怪,这可以归罪于人性的弱点。但作为战略家,又自不应以常人自居,战略家之所以成为战略家,并且受到世人的尊重,其主因之一就是他们在思想领域中有其异于常人的特点,而所谓前瞻取向(forward-looking orientation)或未来取向(future orientation)即为其中之一点。

1806年普鲁士为法国所击败,遂使克劳塞维茨认清了一项重要的教训:战前数十年的国家政策即已决定战争的胜负。他认为这是一个极具有启发性的教训。[③] 从历史的观点来看,当前局势的形成,过去一代应负很大的责任,因此,未来局势的形成,现在这一代又焉能逃避他们所应负的责任?所以战略家所必须思考的首

---

① André Beaufre, *Strategy for Tomorrow* (Crane, Russak and CO., 1974)。该书的内容仅以欧洲防卫为讨论范围,远不如博弗尔其他著作所表现出来的高远宽宏。
② Herman Kohn and Anthony J. Wiener, *The Year 2000 Introduction*, p. xxv.
③ Carl von Clausewitz, *On War*, p. 47.

要问题即应为如何创造历史,控制未来。

孙子强调"先知",孔子强调"远虑",孙子说:"故明君贤将,所以动而胜人,成功出于众者,先知也。"("用间"篇)孔子说:"人无远虑,必有近忧。"其根本意义完全一样,简言之,即认为思想必须要有未来导向。先知与远虑又是交相为用。不能先知者也自不能远虑,反而言之,若无须远虑则也自无先知之必要。

在1962年古巴导弹危机之后,当时美国的国防部长麦克纳玛拉曾有一句名言:"不再有任何所谓战略之存在,而只有危机处理。"[1]这虽然只是一种夸张的说法,并显示出其战略无知,但又可以唤醒世人对于危机处理的重视。事实上,深谋远虑比危机处理远较重要。若能如司马相如[2]所云:"明者远见于未萌,知者避危于无形。"则危机应能在尚未形成时即予以化解,也就自然不需要那样紧急迫切的危机处理。这正所谓"扬汤止沸,不如去薪"[3]。

也许还是卡恩所说的话更为明确,而且最值得引述:

假使我们想对于危机和困难能够预防、避免,或有较好的准备,假使我们想设计较佳的安全体系,则需要一种较佳的安

---

[1] Colin S. Gray, *Strategic Studies and Public Policy: the American Experience*, P. 112.

[2] 司马相如(约前179年—前118年),字长卿,中国文化史文学史上杰出的代表,西汉盛世汉武帝时期的文学家、杰出的政治家。所作《子虚赋》《上林赋》为武帝所看重,用为郎;曾奉使西南,后为孝文园令。代表作品有《子虚赋》《上林赋》《天子游猎赋》《美人赋》等;散文流传至今有《谕巴蜀檄》《难蜀父老》《上书谏猎》《封禅文》等。后人尊为"赋圣"和"辞宗"。他与卓文君自由恋爱的故事,被誉为"世界十大经典爱情之首"。——编者注

[3] 司马相如之言见《上书谏猎》;"扬汤止沸,不如去薪"见《昭明文选·陈孔璋(琳)为袁绍檄豫州》。

第四章　战略思想的取向

排以从事前瞻的思考(forward thinking)。①

任何国家或个人,都不能像天方夜谭中的阿拉丁(Aladdin)一样,可以凭借神灯来立即创造奇迹②。古人常说:"十年树木,百年树人。"以今天的情况而论,培养高级人才,发展精密武器,大致需要三十年的先导时间。今年毕业的中学生大约为十五岁,要到四十五岁时,始能成为国家栋梁之材。2025年的主要武器系统在1995年即应开始设计,否则就会赶不上预定的时间表。至于想建立一种新制度,开创一种新思想,则所需时间当然会更长,甚至一百年都不一定能完全成功。

曾为美国资深众议员的罗德(John J. Rhodes)指出:

> 当我们把当前的问题放在一种较长久的时间架构之内来加以思考时,今天被认为是极重要的问题也就可能会迅速地变得不再那样重要,尤其是若干现在似乎是正确的政策也会变得明显地不正确。反而言之,那些不曾认真考虑的答案也可能就会自动显示出来。③

---

① Herman Kahn, *On Thermonuclear War* (Princeton, 1960), p.316.
② 阿拉丁,阿拉伯人名,意为"信仰的尊贵",原是一个只知道吃喝玩乐的穷小孩,一次偶然的机会,在一个巫师的引导下,他得到了一盏神灯和一枚神戒指以及许多漂亮的宝石果子,神灯可以召唤神仆帮助他实现愿望,神戒指可以保护他免受伤害。从此,他有了财富、威望和地位,并且还娶到了自己心爱的公主为妻。就在这个时候,那个巫师知道了这一切,十分嫉恨阿拉丁,从非洲来到阿拉伯,要杀死阿拉丁,巫师使诡计骗取了神灯,掳获了公主,阿拉丁失去了神灯,在神戒指的帮助下,千方百计地拿回了神灯,杀死了巫师。——编者注
③ John J. Rhodes, "The Far Side of the Hill", *Foreign Affairs* (Winter 1982/1983), p.366.

111

试以波斯湾为例,此时,美国决心不惜一战以保护此一石油来源。但五十年之后,中东石油将日趋枯竭,彼时,美国对于波斯湾地区的战略价值也自然可能会作不同的评估。

前瞻的思考即为远程思考,其首要的心理条件即为养成完整的未来意识(a sense of the future),必须如此,始能把握正确的观念方向(conceptional direction)。远程思考不能仅以现有经验为基础,有时必须以假定为基础。简言之,传统的思考习惯必须彻底改变,所应重视者是明天而不是今天,是求新而不是守旧。所以,从事思考工作的人必须有广博的见识,敏锐的心灵。

未来本是一种具有高度不确定性的境界。任何情况都有发生的可能,而其形态和时机也常出乎意料。所以,从事远程思考者,不可把眼光只集中在某一定点上,而必须同时考虑多种不同的变局(alternative sceneries)。他必须尽量放大思考范围,不企图作任何精确预测,而只希望把一切可能发展的方向都列举出来。某些发展也许可能性较高,但冲击也许较小;某些发展也许可能性较低,但冲击也许非常巨大。所以,无论哪一种趋势都应同样列入思考范围之内,而不可有所疏忽。一方面,固然不应故意危言耸听,只提出最坏的个案(the worst case);另一方面,又必须运用智慧以寻求新的途径。不仅要发现新问题,而且还应对旧问题寻找新答案。

对未来问题寻求答案时又不应假定所能使用的工具仅以现有者为限。即令在当前的世界上,也还有若干潜力(potential)不曾受到应有的重视,或未能作合理的开发。而在明日世界中,可以发挥的潜力则更难预料。举例来说,三十年前又有谁能料到电子科学、信息科学、海洋科学、生物科学等,会有今天这样的进步。因此,在前瞻的思考中必须考虑如何发挥新的潜力。

总而言之,深谋远虑必须有方。既不能安于故常,又不能徒托空谈;既不能与现实脱节,又必须发挥高度想象力。所以,这实在是一种高难度的工作,主其事者必须有丰富的学识、弹性的心灵、高度的智慧,始能达到"先知"的目的。

战略家的最高理想就是及早采取适当行动以改变未来的历史走向,换言之,即为企图控制历史的演进或发展。即令不能控制,也应努力适应历史的潮流,或至少也应设法缓和历史洪流的冲击,并使其不利影响减到最低限度。但如何能达到控制、适应、缓和的效果,其先决条件即为必须能够认清历史的趋势(the trend of history)。

在此特别提出一条常为人所忽视的真理,那就是"欲知未来,先知过去"。霍华德说:

> 假使不首先了解我们是怎样走到这里来,则对于今后应向哪里走的问题,也就会根本无从考虑。[1]

所以,任何从事远程思考的学者必须有充分的历史知识,然后始能掌握历史的未来脉搏。

历史的趋势又非完全命中注定,至少有一部分是人力可以扭转的。欧阳修说:"盛衰之理,虽曰天命,岂非人事也哉!"马基雅弗利曾指出:"人类前途一半受机会支配,一半受人力支配。"[2]卡恩

---

[1] Michael Howard, "Reassurance and Deterrence: Western Defense in the 1980's", *Foreign Affairs* (Winter 1982/1983), p. 308.
[2] Niccolo Machiavelli, *The Prince*, Chapter 25.

则认为:"人固然不能预测未来,但有权选择未来。"①博弗尔的话也许说得更为恳切:

> 当历史的风吹起时,虽能压倒人类的意志,但预知风暴的来临,设法加以驾驭,并使其终能替人类服务,则还是在人力范围之内。战略研究的意义即在于此。②

在古今中外的战略思想家之中,可以说没有第二个人在思想中所保持的前瞻(未来)取向在分量上能够与博弗尔相比拟,甚至于连孙子和克劳塞维茨也不例外。博弗尔是一位饱经忧患的人,他亲身经历法兰西悲剧,也亲眼看到西方的衰颓。过去的惨痛经验自然增强了其未来意识。他的书中充满了感想和教训,对于任何想要从事战略研究的青年学子,其著作应列为必读书。博弗尔指出:

> 现代战略也像整个人类文明一样,被进步神速的科技抱着跑,所以我们的思想习惯必须彻底改变。应重视未来而非现在。准备比执行更重要。世界正在迅速演变,战略家不能依赖任何历史先例,也没有永恒不变的标准原则。战略家必须经常考虑改变中的现实,而且还不仅限于可以想见的未来,连多少年后的可能发展也应包括在内。③

---

① Herman Kahn, *The Year 2000* (Macmillan, 1967), p.2.
② André Beaufre, 1940: *The Fall of France* (Cassell, 1967), Forward, p.xiv.
③ André Beaufre, *An Introduction to Strategy*, p.45.

第四章 战略思想的取向

他很风趣地打了一个比喻：

> 战略家好像是一位被请去替病人开刀的外科医师。那个病人身体内的病原体正在不断地高速成长，对其详细解判位置无法确定。他的手术台处在永久运动状况之中，而他必须订购五年后才使用的医疗工具。①

除理论著作之外，博弗尔还有两本个人回忆录：其一为《1940：法国的沦陷》，另一为《1956：苏伊士远征作战》。书中有很多名言警句，但可惜并无中译本，而且知道有这两本书的人可能也不多。因此，现在就分别引述如下。在《1940：法国的沦陷》一书中，博弗尔指出：

> 1940年的最大教训即为疾病只有在初起时尚可治疗，只有在最初阶段，才可能采取有效行动，过此之后就会太迟（too late）。
>
> 控制必须先知（to control is to foresee）。人类和国家若不能察知正在发展中的威胁，并立即采取对抗行动，则也就会变成命运的玩偶。②

在《1956：苏伊士远征作战》一书中，博弗尔又说：

---

① André Beaufre, *An Introduction to Strategy*, p.46.
② André Beaufre, 1940: *The Fall of France*, p.215.

115

> 拜占庭曾证明扫荡罗马帝国的狂澜可以被控制达一千年之久,所以决定命运的是人的决心和智慧。不幸的是,这二者常感缺乏,于是帝国崩溃不是由于敌人的打击,而是由于其内在的矛盾。基本观念为在某一点之前,历史还是可以影响,但过此之后,就会变成无可改变的命运。
>
> 过去一切的失败经验可以归纳为二字:太迟。为预防再犯同样的错误,我们必须扫描未来。战略的要义是预防而非治疗。①

为什么要如此不厌其详地引述博弗尔的名言?其主因即为他的话足以强调说明未来意识和前瞻取向的重要。

务 实 取 向

战略研究已经发展成为一个正式的学域,战略思想家也已堂堂地步入大学之门。因为过去所谓战略缺乏理论基础,其思想也缺乏有系统的架构,所以,现代战略家,尤其是专心从事研究工作的文人战略家,也就自然会在思想上产生一种偏重理论的趋势。诚然,要使战略研究发展成为一个合格的学域,理论化的努力的确非常重要。不过,天下事又往往物极必反,理论化的努力也同时会带来若干流弊,尤其是过度的理论化,不但无益,而更可能有害。

克劳塞维茨在古典战略家中可能要算是最具有理论化倾向的一位。他的《战争论》有很多深入的思考,直到今天仍能给予我们

---

① André Beaufre, *The Suez Expedition 1956* (Praeger, 1969), p. 155.

重要的启示。现在就摘要引述几段如：

1. 任何理论的主要目的都是澄清观念和思想，否则它们会变得混乱和纠缠不清。

2. 对于任何想从书本中研究战争的人，理论是一种指导，它将照亮其前途，加速其进步，训练其判断，并帮助他避免陷阱。

3. 应知对于战争艺术，根本不可能建造一套模式，足以当作框架，好让指挥官在任何时候都可依赖其支持。

4. 任何用来产生现成战略计划的方法，好像都是从某种机器中制造出来的一样，必须完全予以拒绝。①

克劳塞维茨的这四段话，前两段足以说明理论的目的和价值，后两段足以说明理论化应有其限度，而绝不可完全依赖理论。

在此必须郑重指出，所谓理论化者，主要是在方法学的范畴之内，而与战略的本质无关。战略始终还是一种"经世之学"，战略思想必须能有助于实际问题的解决，而不可流于空洞的玄想。尽管时代和环境可以改变，但此种基本观念却并无任何改变。布罗迪曾明白指出：

战略思想家的参考架构是纯粹实用的（pragmatic）。他不像科学家是以发现最后真理为目的，而是志在帮助军事和政治领袖来准备他们的心灵和装备，以便能有效和成功地应

---

① Carl von Clausewitz, *On War*, p.89, p.141, p.140, p.154.

付其敌人。在危机发生时,此种敌人具有其特殊性格,而并非符合概括的模式。战略思想家的看法也许要比军人较深远,但并非完全不同。①

布罗迪又说:

> 今天有人希望创建一种真正的战略科学或理论,其中充满了不变而具有深义的原则,但此种愿望只能表示他们对于主题本身具有基本误解。②

现代战略思想虽有高度理论化的趋势,但即令是在大学校园中从事战略研究的学者,在他的思想上也还是必须保持一定程度的务实取向(pragmatic orientation)。尽管他的治学方法是着重理论途径,甚至还试图建立理论体系,但他还是不可因此忘记战略仍然是一种实用艺术。

战略思想必须具有务实取向,这又似乎是一种知易行难的问题,从事学术研究的人虽然明知不可与现实脱节,但在探索理论时又往往很难避免愈陷愈深,而终于钻入牛角尖。然则如何才能确保思想的务实取向?概括言之,应该随时随地坚持下述五条原则:

1. 战略思想固然必须是抽象的(abstract),但却又不可过分抽象。如何可以达到思想抽象化的目的?其途径不外两点:(1)简化(simplification);(2)推广(generalization)。简化就是

---

① Bernard Brodie, *War and Politics* (Macmillan, 1973), p.46.
② 同上书,p.451。

第四章　战略思想的取向

要清除与思想主流无关的混杂因素,必须将那些因素清除,否则不易发现真正的因果关系。推广就是要把个案发展成通案,这样才能获得综合的结论。简化和推广对于思想的抽象化都是必要的步骤,但又都不可超过其必要的程度。如果过分简化(oversimplification),则将使思想变得毫无实质;如果过分推广(overgeneralization),则将使结论空泛,毫无意义。简言之,抽象化的思考固属必要,但绝不可过度,否则就会言过其实,甚至于有名无实。

2. 必须认清时空背景,否则战略思想就会不切实际。阿龙曾有一句传诵一时的名言:

> 战略思想在每个世纪,或在历史的每一时刻经验本身之中吸取其灵感。[1]

换言之,在不同时代应有不同战略,**最严重的危险即为把旧时代的经验不假思索地用在新时代中,此即时代错乱**(anachronism)。同样地,人类生活和思想莫不受地理环境的影响,斯派克曼曾说:

> 地理虽不是决定性因素,但构成条件。它对人类提供可能性。人的惟一自由即为对此种可能性做好的或坏的利用,

---

[1] Raymond Aron, "The Evolution of Modern Strategic Thought", *Problems of Modern Strategy* (Praeger, 1978), p.25.

把它变得更好或更坏。[1]

综合言之,战略思想在时间和空间两方面都必须适应其所面对的环境,否则会与现实脱节。

3. 战略是长期的(long-range),战略不是"速溶咖啡"(instant coffee),可以现冲现喝。所有的战略计划都是长期设计,所有的战略行动都是长期斗争。战略不能求速效,所以战略思考必须具有连续性(continuity)。博弗尔曾经指出：

> 我相信战略思想是连续的,包括正常(normal)期和非常(exceptional)期都在内,只有这样的分析方法,才能先知可能来临的危险,并适时加以预防。[2]

博弗尔又特别强调,虽然国家并非天天都要采取战略行动,但却必须连续不断地作战略思考。所以,"战略行动是周期的,战略思想是永恒的"。(Strategy action, therefore, is periodic; Strategic thinking is permanent.)

4. 战略必须具有弹性(flexible)。战略领域中充满了不确定性,不仅未来的变化很难预测,而且对方的意图也不可控制。此外,所谓意外(accident)更是随时随地都可能发生。所以,战略(包括思想、计划、行动都在内)必须保持充分的弹性,能够随机应变。克劳塞维茨曾作一个非常生动的比喻：

---

[1] N. J. Spykman, "Geography and Foreign Policy", *American Political Science Review* (No. 32, 1938), p. 20.
[2] André Beaufre, *Strategy of Action*, p. 132.

战争不像一块麦田,那是不管其个别的麦秆情形如何,都可用镰刀将其割刈……战争像一片由大树所构成的森林,所以必须正确地依照每一棵个别树干的特性以决定如何使用斧头。①

蒋百里②先生有一句名言:"骨头要硬,头脑要软。""骨头要硬"是表示为人处世必须要有坚强的性格,而"头脑要软"是要求思想必须具有适当的弹性。

5. 战略有其目标,但要想达到某一目标,则所能采取的手段又并非经常只限于一种。所以,战略的意义又即为选择。假使同时有几种战略可供选择,则又应如何决定取舍?概括言之,有三种测试标准(test criterion):

(1)适合性(suitability):简言之,此种战略能够达到预定或理想的政策目标。(2)可行性(feasibility):不可行的战略当然不能采取,否则不仅劳民伤财,而且更将招致大祸。(3)可受性(acceptability):那就是其财政成本(financial cost)是可以接受的。任何国家的财力,任何政府的预算都自有其限度,战略家必须学会如何打算盘。

总而言之,战略研究虽已有高度理论化的趋势,但并不因此而就会使战略研究变成纸上谈兵,并与现实脱节。今天的世界已经

---

① Carl von Clausewitz, *On War*, p.153.
② 蒋百里(1882—1938年),名方震,浙江海宁人,著名军事学家。他于1901年在日本陆军士官学校留学。1906年留学德国。1912年任保定陆军军官学校校长。1913年,任总统府一等参议。1938年11月4日,病逝于广西宜山。1937年出版军事论著集《国防论》,后来在一定程度上影响了白崇禧等人。著有《国防论》、《孙子浅说》、《欧洲文艺复兴史》等。——编者注

变得比过去更复杂多变,因此,务实取向虽然排列最后,但绝非暗示其重要性最低。

结　　语

战略家之所以成为战略家,其主因即为他有其特殊的思想方法。此种思想方法不仅有其基本假定,构成一种共识,并成为整个理论体系的基础,而且更重要者是战略家在从事其战略研究工作时,其思考方法又必须具有四种重要取向:(1)总体取向;(2)主动取向;(3)前瞻取向;(4)务实取向。

几乎无例外,假使在思想领域中不具备此四种取向,则根本不具备战略家的资格。

第五章
战略思想的背景因素

引言　思想
地理　组织
历史　技术
经济　结语

引　　言

　　战略是人类思想的产品,无论表现为计划还是行动,其基础还是思想。思想的来源是直接出于人的头脑,也就是所谓心灵。所以,当我们研讨有关战略思想的问题时,首先应注意的目标即为作为此种思想源头的人。所有的人都能思考,但却只有极少数的人具有特别的天才,始能作极深入的思考,而成为所谓思想家,在战略领域中,即为战略思想家(Strategic thinkers)。伟大的思想家不世出,所以他们的思想遗产也就弥足珍贵,并且还能对同时代或后世的人产生影响作用。

　　但即令是伟大的思想家,也还是像常人一样,并不能在真空中思考,他的思想仍然会受到许多外在因素的影响。简言之,思想的形成,其过程非常复杂微妙,好像有一只看不见的手(invisible hand)在暗中操纵。单就战略思想而言,可以发现有多种因素都能发挥相当重要的影响作用,并构成某种特定思想的背景。若欲在战略思想方面作较深入的研究,则对于此种背景因素必须先有充分的了解。这些因素的本身又都具有复杂的内涵,值得作较详尽的分析,而这也构成战略研究学域的重要共同基础。

地　　理

　　从古到今,所有的人都是生活在这个号称地球的太阳系行星之上。人类生活经常受到地理环境的影响,此乃无可否认之事实。因此,我们虽不应像纳粹德国的地略学派①那样迷信环境决定论(environmental determinism),但也不可忽视地理因素对于人类已经或可能造成的影响。施特劳斯-休普(Robert Strausz-Hupe)②曾指出:"地理大致决定在何处制造历史,但制造历史的还是人。"换言之,人与环境是交相为用,从较长期的观点来看,人固然可能对地理环境作出若干改变;但就某一时代而言,人类的思想行为还是不能完全摆脱地理因素的影响。③

美国地理学大师斯派克曼的话说得更为明确,他说:

> 地理虽不是决定性因素,但构成条件。它为人类提供可

---

① 德国人在两次大战之间的时代中有另外一项贡献,那就是以豪斯霍夫为中心的所谓"地略"(geopolitik)思想。严格说来,"地略"本身是一个含意非常模糊的名词,而且也只与战略具有间接的关系,所以,实在可以不必列入战略思想的范围之内。不过由于此种观念,尤其是这个名词,在当前的战略言论和文献中时常出现,而且也的确还有许多战略家的思想多少受其影响,因此,在评述西方近代战略思想的演进过程时,仍有将地略思想列入的必要。

所谓地略学本是一种集体创作。虽然豪斯霍夫为此学派的创始人,但其思想还是有许多不同的来源,同时,在其所主持的慕尼黑地略学研究所中的同仁也都曾作无名的贡献。在这样的情况之下,地略学自然很难形成统一的思想和综合的理论。因此到战后,主要的争议焦点即为能否确定地略学作为一种科学化学科(scientific discipline)的地位。大多数学者对此都表示怀疑,尤其是法国已故战略大师阿龙(Raymond Aron)更毫不客气批评地略学家有过分强调地理因素的趋势,以至于忽视影响国际关系的其他变数;此外,他们又保有严重的思想偏见,以至于缺乏严谨的科学态度。——编者注

② 罗勃特·施特劳斯-休普(Robert Strausz-Hupe),美国著名职业外交家,曾经出使土耳其、北约、瑞典、比利时和斯里兰卡。曾任设在费城的外交政策研究所所长、宾夕法尼亚大学名誉教授。著有《地缘政治:空间与权力结构》《明日平衡:美国的权力与外交政策》《长期冲突:共产主义战略的挑战性研究》。外交政策研究所是美国著名"冷战"思想库之一,规模不大,却颇重要,主要得到美国东部和中西部财团,尤其是费城财团的支持。——编者注

③ Robert Strausz-Hupe and Stefan T. Possony, *International Relations* (McGraw-Hill, 1954), p.81.

能性(possibilities),人的惟一自由就只是对此种可能性作好的或坏的利用,把它变得更好或更坏。

斯派克曼的思想虽与地略学派颇为接近,但他并非决定论者。他认为人应适应环境,虽有时也可企图改变环境,但又自有其限度。

所有的国家都位于同一个地球之上,但它们的位置(location)却不相同。此种位置上的特点对于战略思想和作为能够产生重大的影响,而且也构成重要的差异。有时显而易见,但有时却非常复杂微妙,所以值得深入分析。

试以以色列为例。该国在位置上是强邻环绕,而且国土也小得可怜,所以,全国上下自然都会保持高度的戒备,并且一致主张必须采取先发制人、速战速决的战略观念。反而言之,再以美国为例。它在位置上可谓得天独厚,不仅与欧亚大陆距离遥远,享有两大洋的保护,而且在西半球也无任何足以与其抗衡的国家。所以,自从建国以来,美国人在其大部分历史过程中,几乎都不曾感觉到有外来威胁的存在。同时,美国政治家对于权力平衡的国际政治也自然缺乏了解,这也正是孤立主义的根源。

不列颠群岛的位置是一种最方便的例证,可以用来说明地理因素的许多微妙影响。不列颠,即"英伦三岛",与欧陆在位置上相当接近,使英国人可以充分参加欧洲的经济和文化发展;但北海与英吉利海峡所构成的天然屏障,又能使英国自从1066年以来,从未受到外敌的武力入侵。尽管如此,与欧陆在位置上的接近还是使英国政府对于入侵的威胁经常感到忧虑。此种忧虑不仅刺激其海军的发展,而且也支配其对低地国家(比利时、荷兰)的传统政策,即英国不允许此一地区受到其他强国的控制。

地理不仅影响国家的威胁评估,而且更构成其战略思想的基础。最明显的例证莫过于海权与陆权两种思想的发展。从古到今,有些国家的战略思想采取海主陆从的路线,另有某些国家则采取陆主海从的路线。此外,也还有海陆并重者,以及专重海权或陆权者。此种差异,大致说来,几乎都是地理条件所致。试以英法两国为例,英国为一岛国,故可专重海权,法国位于欧陆沿海,遂必须陆海并重。内陆国家当然不可能采取海洋战略,而大陆国家即令拥有相当强大的海军,但其战略思想仍然还是会继续保持陆主海从的传统。

马汉(Alfred T. Mahan)在其传世之作《海权对历史的影响》(*The Influence of Sea Power upon History*)中,曾经把"地理位置"列为海权六要素之首。他一方面盛赞英国人知道利用海权以增强国力,确保胜果;另一方面则严厉批评法国人背向海洋而重视大陆,遂终于一蹶不振。[①] 事实上,马汉之言不无矛盾。既然认为地理位置是首要的海权要素,则法国之不能在海上与英国争霸,而必须在战略思想上给予欧陆优先,实乃理所当然,也自不应加以苛责。

大陆国家之不能重海轻陆,实恰如海洋国家之不能舍海趋陆。国家若不考虑地理因素而企图舍其所长,用其所短,则未有不失败者。第一次世界大战之前的德意志帝国即为殷鉴。德皇威廉二世好大喜功,因受马汉著作的影响,遂妄想建立大海军,以使德国变成殖民帝国。事实上,他并不曾真正了解马汉的思想,尽管他自己

[①] 钮先钟:《西方战略思想史》,第396页。

第五章 战略思想的背景因素

说他是正在吞食马汉的书,但很遗憾,实乃食而不化。[①] 马汉在其书中早已强调有利的地理位置为发展海权的首要条件,德国缺乏此种有利条件,又焉能发展强大的海权? 结果到第一次世界大战爆发时,威廉二世所建造的大舰队在战争中几乎毫无作用。在另一方面,由于国家资源分配不适当,反而使其陆军不能获得足够的兵力。假使威廉二世不做此徒劳无益之事,则德国也许已经赢得马恩河会战。

第二次世界大战之前的日本帝国也可提供类似的例证。日本为一岛国,其对东亚大陆的地理关系恰如英国之于欧洲大陆,但战略思想的发展,彼此间却有很大的差异。英国人顺从地理趋势,采取以海权为主轴的战略;日本人则违反此种趋势,而采取陆主海从的战略。日本帝国的战略思想一直都受陆军的支配,而陆军所代表的即为日本的传统统治势力(贵族和军阀)。明治维新后,日本虽以英国为模范开始建立新海军,但并未能同时接受英国的海洋战略思想。在军事组织中,海军始终居于次要的地位,其所担负的任务也只是限于对陆军的行动提供支援而已。由于日本帝国主义者一心只想以亚洲大陆(其核心为中国)为其扩张目标,结果才会一败涂地,并给亚洲人带来一场浩劫。

海权思想的地理背景似乎并不难于解释和了解,但首创心脏地区(heartland)观念,并认为陆权可能胜过海权的麦金德(Halford Mackinder)也是英国人,他如此违背其民族传统而大唱反调,又应如何解释?

麦金德出生于1861年,其青年时代正是大英帝国的全盛时

[①] 钮先钟:《西方战略思想史》,第406页。

期,他眼看着英国举国上下莫不沉醉在海权的迷思中,自以为他们的殖民帝国是子孙万世之业,太阳永远不会西下。此种景象刺激了麦金德敏锐的心灵,使他不禁产生居安思危的感想。因此,他才会独创"心脏地区"的观念,并发展陆可制海的理论。简言之,麦金德的言论是有所感而发,具有对当时英国政府提出警告的意义,实可谓用心良苦。由此也可知其思想是自有其特殊的地理背景,甚至可以说,如果他不是20世纪初叶的英国人,则也许不会产生那样的想法。

首创空权论的杜黑(Guilio Douhet)①也有其特殊的地理背景。他是20世纪前期的意大利人,意大利在当时的欧洲是一个二等强国,陆不如法,海不如英,欲发愤图强,则必须别出心裁始能出奇制胜,杜黑的《制空论》(*The Command of the Air*)就是此种特殊地理背景之下的产品。意大利为一半岛,三面环海,而北面多山,易守难攻,所以,杜黑主张该国在地面上应采守势,而集中全力发展空军,并从空中发动对敌国后方的攻击。②

除位置以外,国家领土的大小(size)在战略领域中也是一个重要因素。以色列是一个缺乏纵深的小国,所以必须采取制先(pre-eruptive)的战略。反而言之,俄罗斯由于拥有广大的领土,所以采取持久防御,以空间换取时间的战略也就成为其传统。在八年对日抗战期中,我国也是基于同样的地理条件而采取同样的战略。

---

① 朱里奥·杜黑(Giulio Douhet,1869年5月30日—1930年2月15日),军事理论家、制空权理论的倡导者。他最先系统地阐述了建设空军和使用空军的思想,创立了制空权理论。他说:"固守过去不会对我们的未来有什么教益,对未来必须从一个新的角度去研究。"著有《制空权》等。——编者注

② Alexander Kiralfy, "Japanese Naval Strategy", *Makers of Modern Strategy*, ed. by Edward M. Earle (Princeton, 1943), pp.447-456.

第五章 战略思想的背景因素

欧洲是一个面积狭小、交通便利的地区,所以居于中欧的德国能享有内线之利,可以企图速战速决。德国参谋本部对于距离和后勤的问题似乎从未加以认真的考虑。等到他们面对俄国的广大地面时,才开始感到力不从心。相对而言,美国人一向生活在广大的空间中,而且东西两面都濒临大洋,所以也就易于发展越过巨大距离以投射国力的战略。[1]

直到20世纪末期,人类的生活大致还是以陆地为基础,但向未来展望,则占地球表面四分之三的海洋可能将为今后人类新希望之所寄托。因此,濒临海洋的地区也就会变得特别重要。全世界人口中约有百分之七十是生活在距离海岸线一百公里以内的地带中,全世界都市中有五分之四的位置在距离海岸线一百五十公里以内的地带中。此种事实暗示21世纪的战略思想和战略计划,必然会把人海关系列为最高优先的考虑。[2]

地理的影响又非仅限于空间和距离,同时也构成时间上和通信上的障碍。尤其在高科技尚未发展的时代,此种障碍也最为严重,足以使军队在战场上变得无法指挥和控制。美国独立战争时,英国远征军之所以失败,此即为主要原因之一。[3]

时至今日,由于技术的进步,使许多地理障碍都被克服,也使指挥、管制、通信都更便捷。所谓天险丧失了其固有价值。尽管如此,时间、空间、距离、天候等因素,对于战略思想家的思考,决策者的选择,指挥官的执行,还是能够产生重大的影响。

---

[1] Martin van Creveld, *Supplying War: Logistics from Wallenstein to Patton* (Cambridge, 1977), pp.141-181.
[2] Carl E. Mundy, "Joint Littoral Warfare", *Joint Force Quarterly* (Spring 1994), p.47.
[3] Piers Mackesy, *The War for America: 1775-1783* (Cassel, 1975), p.73.

历　　史

　　历史经验在战略研究领域中的影响与地理环境同样强烈,甚或犹有过之。人都有记忆力,对于往事也必然有其怀念的心情。因此,历史被视为永恒的教训。各种不同的论著都一再地提醒战略家必须重视历史,这也自然更会增强过去经验对现有言行的影响力。

　　以色列的地理条件固然足以使其对外来威胁十分敏感,而犹太民族的悲惨历史经验更足以增强其忧患意识。第二次世界大战时,无辜的犹太人被处死者总数达六百万人之多。所以,当阿拉伯人宣称要把所有的以色列人都赶下地中海时,虽然只不过是一种虚张声势的恫吓,但曾有亡国灭种惨痛经验的犹太人,听起来就会有谈虎色变的反应,而不得不采取认真的态度。

　　在第二次世界大战中耀武扬威的日本帝国固然已不再存在,而战后的日本经过投降和被占领的过程,也总算是已经改过迁善。但即令在今天,受过日军蹂躏的其他亚太国家的人民,对日本人仍然没有好感,尤其对日本军国主义的复活,更是经常感到忧惧。照理说,日本再回到帝国时代的旧路似乎已不可能,但历史经验所留下来的回忆仍令世人感到余悸犹存。

　　历史的回忆固然很难消失,历史的创痕则更难抚平。但更严重的问题却是历史的教训往往会受到错误的解释。当普鲁士三战三胜(普丹、普奥、普法),完成了日耳曼统一大业时,最大的功臣为俾斯麦。若非俾斯麦的政策决定正确,外交运用灵活,则老毛奇不可能获致全胜。尤其是德意志帝国建立之初,因为俾斯麦善于持盈保泰①,遂使欧洲权力平衡得以继续维持,新兴的德国始能繁荣强盛,欣欣向荣。但非常具有讽刺意味的是,自从威廉二世即位之后,就把俾斯麦的功劳和教训忘得一干二净。在威廉二世的鼓励之下,德国走向穷兵黩武的道路,德国人开始迷信武力万能,而完全不考虑政治因素。于是到1914年,德军依照史里芬计划,向着比利时长驱直入,不惜侵犯该国的中立地位,因此使英国立即投入战争,并使战祸一发不可收拾。②

德意志帝国在1918年终于败亡,但其战败时的情况又使德国人对于历史作了另一次错误解释。在1917到1918年之间,德军已经击败俄军,而在西线方面也似乎胜利在望。因此,德军战线的最后崩溃也就使很多德国人不敢信以为真。到了战后,以鲁登道夫为首的一群军人政客宣称,德国的失败是由于自由党派和犹太人在后方阴谋造反所致。此种解释足以产生严重的误导作用,并使希特勒在迫害犹太人时更显得理直气壮。③

第一次世界大战对于所有欧洲大国都是一次惨痛的教训,所以,到20世纪30年代希特勒崛起时,英法两国的战略选择也就深受这次世界大战经验的影响。英国人在西线堑壕中牺牲了许多子弟,遂使他们对于欧陆的战争感到深恶痛绝,于是也自然助长了姑息主义的发展。在此种历史影响之下,英国人几乎不可能了解新威胁的性质。英国人对于德国人采取将心比心的态度,相信德国人会像英国人一样,经过上次世界大战那样惨痛教训之后,应该不

---

① 持盈保泰,盈:盛满;泰:平安。旧指在富贵极盛的时候要小心谨慎,避免灾祸,以保持住原来的地位。【出自】:《诗经·大雅·凫鹥》小序:"太平之君子,能持盈守成。"【语法】:联合式;作谓语;指身居高位要谦虚谨慎以保平安。——编者注
② John E. Stoessinger, *Why Nations Go to War* (St. Martin's, 1978) pp. 1-27.
③ Alan Bullock, *Hitler: A Study in Tyranny* (Harper, 1952), p.168.

会再有人把战争视为合理的国家政策工具。因此,当首相张伯伦对希特勒采取安抚政策时,自然会受到英国人的普遍支持。[①]

法国的情形与英国大致相同。他们在第一次世界大战中损失一百三十五万军人,这样的创痕的确够深而不易平复。所以,到20世纪30年代后期,法国政府对于外交和战略所作的一切决定无不深受上次世界大战回忆的影响。法国陆军固然曾经赢得上一次战争,但正因如此,才会在下一次战争中输得更惨。[②]

日本军阀之所以狂妄自大,敢于发动侵华战争和太平洋战争,多少也是受到历史经验的影响。因为在甲午战争和日俄战争时,日本人都能轻取胜利,于是形成"皇军无敌"的神话。尤其最具讽刺意味的是,自从19世纪后期以来,日本就一直以"东方德意志"自居,并且对德国养成一种盲目崇拜心理。这实在有点不可思议,照理说,日本似乎应该以"东方不列颠"自居才对。[③]

阿龙有一句传诵一时的名言:"战略思想在每个世纪,又或在历史的每一时段中,从事件(events)本身中所出现的问题吸取其灵感。"[④]简言之,不同的时代会有不同的战略思想出现。假使对时代背景缺乏了解,则战略研究就会变得殊少意义。所谓时代(time or age)又是一个意义相当模糊的观念,不过大致说来,还是有其公认的划分标准。在同一时代中,人物、思想、制度虽常有差异,但还是有其共同的典型,此即时代精神(zeitgeist or the spirit

---

① N. Thompson, *The Anti-Appeasers* (Oxford, 1921), p.156.
② André Beaufre, *1940: The Fall of France*, p.176.
③ 钮先钟:"日本为何发动太平洋战争?",《第二次世界大战:回顾与省思》(台北:麦田出版公司,1996),pp.317-318。
④ Raymond Aron, "The Evolution of Modern Strategic Thought", *Problems of Modern strategy* (Praeger, 1970), p.7.

第五章 战略思想的背景因素

of the age)。

举例言之,号称现代战略思想之祖的马基雅弗利,所代表的即为文艺复兴(Renaissance)的时代精神。若米尼与克劳塞维茨虽然国籍不同,身世和经历也不同,但他们的思想还是有共同之点。因为他们毕竟生活在同一时代,同样受到拿破仑和腓特烈大帝的影响。

时代虽然过去,但思想却会累积,上一代的思想会遗传给下一代。因此,某一时代的思想不仅代表此一时代的时代精神,而且还会受到以前各时代的遗留影响。此种思想累积为无可避免地趋势,而且思想有悠久传统也不一定就不好,即令是伟大的思想家也一样会发怀古之幽情。不过,思想家若过分尊重传统,则有时会形成一种沉重的思想包袱,足以妨碍创新和进步。

最严重的问题莫过于所谓时代错乱(anachronism)的现象,那就是把旧时代的思想和经验,不作任何选择或修改而直接用于新时代之中。法国军人就是最佳的例证。他们在第一次世界大战时的战略构想发源于1870年的普法战争,而其在第二次世界大战时的战略构想则又发源于第一次世界大战。有人说,**将军们老是在准备打上次的战争**(last war),**而不是下次战争**(next war)。虽然其言似谑,但有时确为事实,值得警惕。

历史不仅构成战略思想的背景,而且还时常被应用在决策过程之中。决策者为什么要引用历史,其目的安在,其功效又如何,都是值得深入研究的问题。

决策本来就难,而在危机状况之中则更是难上加难。历史至少可以帮助决策者解决若干困难,减轻其心理压力,增强其信心。概括言之,历史知识可以发挥下述五种功效:

1. 以古例今,可以增进决策者对于情况的研究判断能力。

2. 历史背景可以有助于对角色的定位。

3. 历史能提供前车之鉴,使后人对于前途的凶吉知所趋避。

4. 历史能增强决策者的决心,敢于坚持其所作的战略选择。

5. 当所选择的战略面对反对的声音时,历史能提供必要的辩护理由。

历史对于战略思想、战略选择、战略计划、战略行动,都能作出重大的贡献。不过,历史也可能被误用,其结果足以导致错误和偏差,甚至带来严重的后果。因此,以史为例时不可不慎重。概括言之,易犯的错误又可分为下述四项:

1. 情况的错误(contextual errors)。不可把从过去事件中所获得的结论直接用于现有事件上,因为先后情况之间必然有差异之存在。

2. 变质的错误(transformation errors)。历史教训可能变成迷思(myth),也就是近似神话的信仰。迷思形成后即能产生巨大影响,否定其他的观念,使人丧失理性。

3. 方法的错误(methodological errors)。把过去向未来延伸是很方便的方法,但事实并非那么简单。过去小规模行之有效的方法,扩大使用并不一定也同样有效。英国人在马来亚行之有效的战略村计划(strategic hamlet program)[①],大规模用在越南时,

---

① 二战后,英国依靠布里格斯计划成功地镇压了马来亚共产党游击队。马来亚英军军事指挥官(Director of Operations)陆军中将哈罗德·罗登·布里格斯爵士(Lieutenant-General Sir Rawdon Briggs)制定了称为布里格斯计划(Briggs' Plan)的全盘战略。计划的中心思想是用最佳的方法,如切断游击队和民间支持者之间的联系,来打败叛军。布里格斯认识到马来丛林环境恶劣,取得食物的渠道十分稀少,制定了三个针对主要食物来源的战略:第一个是丛林内清除了树木的土地;第二是丛林内的原住民;第三个是丛林边缘的棚屋区居民。(转下页)

其效果就很不理想。

4. 下意识的错误(subconscious errors)。领袖人物若背负着重大的历史包袱,就很容易受下意识的支配而犯下不能自制的错误。历史中有一著名例证。拿破仑的侄儿路易·拿破仑(Louis Napoleon)称帝后上尊号为"拿破仑三世",其一切言行都仿效其伯父,在其下意识中感觉到他就是其伯父的化身。但这只是幻觉,而终于一败涂地。

似乎很具讽刺意味,但并不奇怪,愈是历史知识有限的人,愈是敢于引用史例,并且对所谓历史教训深具信心。殊不知历史只是一种广义的智慧来源,并不能无条件地应用在某一特殊个案之上。②

经　　济

打仗就是打钱,此乃古今中外所共有的历史经验。早在两千

(接上页)布里格斯计划成效显著。计划的其中一个成果,就是迫使50万乡村地区的居民,由丛林边缘的棚屋区迁移到备受监视的华人新村。华人新村多是新建的住宅,由带倒钩的铁丝网、警岗和照明灯所包围。居民最初对此感到愤恨,但后来就因为生活水平得到改善而变得满意。政府向居民发放了一定的金钱,并且赋予了居民土地的所有权。英国此前亦曾以迁移平民的方式打击游击队。

马来亚联合邦国防部长罗伯特·格兰杰·克尔·汤普森爵士(Sir Robert Grainger Ker Thompson)有宝贵丰富的丛林作战(Jungle warfare)经验,参与了反叛乱计划的制定工作,也建立了良好的军民关系。

南越吴庭艳政权的战略村计划,是吴庭艳授意汤普森根据其在马来亚反共产党游击队活动中的经验提出的一个所谓的反叛乱计划,以遏制当时南越境内的游击队活动。南越吴庭艳政权的战略村计划是从先前的安全区和"农业村计划"演变而来的。该计划最终归于失败,有诸多原因,如管理混乱、资源不足、规划和推进不切实际、各级官员腐败、南越农民的抵制、越共的反制、美吴间的分歧等。美吴在这一计划上的失败给美国最终撤离越南埋下了伏笔。——编者注

② 钮先钟:"决策与历史",《国防杂志》(第十卷第五期),pp. 9-20。

137

余年以前,孙子曾在"作战"篇中作过"兴师十万,日费千金"的概算。西方也有一句名言:"钱,钱,钱,钱是战争的神经。"(Money, money, and again money is the very nerve of war.)大家常以为首先说这句话的人是蒙泰库科利(Raimondo Mentecuceoli, 1609—1680),事实上,他只是重述特里武尔齐奥(Gian-Jacopo Trivulzio)曾向法王路易十二(Louis XII)说过的话。[①] 无论在哪一个时代,战略思想的形成,战略计划的执行,都无一不与经济因素有密切关系,或以经济考虑为基础,或受经济能力的限制。

古代战争的经济基础非常薄弱,任何国家的财力都相当有限,要想对人力和物力作大量的动员几乎不可能。所以孙子才会说:"善用兵者,役不再籍,粮不三载。"("作战"篇)[②]等到民族国家逐渐形成之后,国家的经济基础随之增强,社会结构也随之而改变。当整个社会都投入战争时,国家的战争潜力也随之增大。民族战争取代王朝战争而变成战争的标准模式,战争的规模日益扩大,用于战争的资源也随之迅速增加,于是后动因素在战略领域中的重要性也随之而升高。等到战争终于发展成为长期消耗的形式之后,动员也就变得要比作战还更为重要。其累积的结果即为战争的成本必须要用天文数字来计算。这样巨大的成本终于使任何国家都感到吃不消,孙子的名言遂又受到世人的重视:"兵久而国利者未之有也。"("作战"篇)

有人把"3M"解释为人力(Man)、物力(Material)和财力

[①] 钮先钟:《西方战略思想史》,第150页。
[②] 【原典】善用兵者,役不再籍,粮不三载,取用于国,因粮于敌,故军食可足也。【释义】役,兵役。籍,本义为名册,此处用作动词,即登记、征集。再,二次。意即不二次从国内征集兵员;三,多次。载,运送。即不多次从本国运送军粮。——编者注

(Money)。到现代,又有人把"3M"扩大为"5M",即再加上机器(Machine)和管理(Management)。但无论如何计算,"3M"也好,"5M"也罢,最后又还是可以归之于一个"M",那就是钱(Money)。简言之,富国为强兵之本,实为不易之理。

从古到今,任何政府都会把财富的累积视为对战争最重要的准备。没有足够的财力,则自然不能建军备战。钱从哪里来?最简单的来源即为老百姓的口袋。要想开辟财源,政府(君主)必须加紧控制老百姓的钱袋。于是在整顿财政、增加税收的同时,政府的权威也必然随之而提高。不过,税收又自有其限度,如果不顾一切,横征暴敛,则实无异于杀鸡取卵。因此,除税收之外,还必须广辟财源。

在这一方面,英国要比其他欧洲国家都较领先。该国首先建立良好的金融体系,鼓励商人贷款给政府,同时拓展海外贸易,争取同盟国的援助,利用殖民地的资源。由于经济政策运用适当,所以在长达一个半世纪的长期战争中,终于击败劲敌法国,从而取得欧洲霸主的地位。[1]

在过去的战争中,想要节省战争的成本,"以战养战"也就常为一种重要的考虑。孙子不仅说"因粮于敌,故军食可足也",而且还说"故智将务食于敌"。孙子论将,以"智"为武德之首,而在十三篇中使用"智将"这样的名词,也就仅有这一次,可以暗示孙子对于"务食于敌"是何等地重视。[2]

在欧洲历史中,直到拿破仑时代,"以战养战"还是常用的手

---

[1] Colin S. Gray, *The Leverage of Sea Power* (Free Press, 1992), pp. 136 - 173.
[2] 钮先钟:《孙子三论:从古兵法到新战略》,第一篇第二章。

段。不过,此种手段又非有利而无害。事实上,还是害多于利。其理由有下述四点:(1)"以战养战"的考虑会使作战计划受到不必要的限制;(2)"掠乡分众"会使部队不易保持控制;(3)同时,对于士气和纪律也会产生不利影响;(4)最后,在占领敌方领土后,由于已经饱受蹂躏,民穷财尽,也会增加统治的困难。因此,在近代战争中,因粮于敌最多只能算是应急手段,而并非长久之策。尤其是战争规模日益扩大,资源消耗数量之大,种类之多(至少除粮食之外,还要加上弹药和燃料),也早已不是局部地区所能供应。

尽管战争形态已有重大改变,但经济对战争的影响不仅继续存在,而且已经变得更加重要。战略的拟定常以经济考虑为基础,战略的执行常受经济因素的限制。较远的历史姑不必深论,仅就第二次世界大战而言,即可以举出很多的例证。

日本之所以发动侵略战争,经济因素实为重大诱因。日本是一个资源贫乏的国家,其所需要的资源必须仰赖输入,但其所准备采取的手段却不是公平的贸易,而是想要把资源丰富的邻近地区变成殖民地,这也就是所谓的"大东亚共荣圈"妄想之由来。此种殖民帝国的夺取在19世纪的权力政治中实不足怪,但在20世纪30年代,仍坚持此种落伍观念,则未免不识时代精神。日本最需要的资源为石油,而其最易于达到的来源则为东南亚(印尼),日本政府遂终于决定南进以突破经济难关。①

西方同盟国之所以终于能够赢得第二次世界大战,其主要原因为美国能够动员其巨大的经济潜力,此乃人尽皆知的事实。尽

---

① David A. Decse, "Oil, War and Grand Strategy", *Orbis* (Fall, 1981), pp. 540–542.

管美国的潜力巨大无比,但还是必须有足够的时间,始能将其潜力充分发挥出来。尤其是美国也不能够同时击败欧亚两个劲敌,而必须有先后的选择。最后,在1941年终于选择了"先欧后亚"的战略。作成此项决定的主要考虑之一即为后勤。因为美军必须越过两洋始能投入战场,以太平洋和大西洋两大洋来作一比较,则后者的交通线较短,而在英国又已有现成的前进基地,所以从后勤的观点来看,作"先欧后亚"的选择自然比较有利。①

在战争中,作战计划应有相当弹性,但军需生产、运输、储积等项工作必须依照预定时间表推进,很难作机动的调整。换言之,经济因素的考虑先于战略,而战略的决定、设计和执行无一不受经济因素的影响和限制。

思　　想

宗教、意识形态、文化,这三个名词可以总称之为思想。这些因素虽然都是无形的,但它们对于战略作为还是能够产生巨大的影响,而不可等闲视之。

早期的西方历史中,宗教信仰对于战争经常构成重要的诱因,国家的君主常以"替天行道"作为发动战争的理由。信仰不同宗教的族群把对方视为妖魔鬼怪,并自认有将其消灭的义务。所以,宗教战争也成为一种常见的现象,甚至战争的行为和战略的选择也

---

① Louis Morton, "Germany First: The Basic Concept of Allied Strategy in World War Ⅱ", *Command Decisions*, ed. by Hanson W. Baldwin (Harcourt, 1959), pp.3-8.

都会受到教义的限制。十字军战争①即为显著的例证。

在西方历史中,牺牲最惨重的宗教战争莫过于"三十年战争"②。经过这次惨痛教训之后,宗教在西方世界中对战争的影响才开始锐减,不过其残余势力仍能继续维持相当长久的时间。至于在西方以外的若干地区中,宗教仍常为战争的重要诱因,并对战略产生巨大影响。最显著的例证是在中东。尤其是一些基本教派的兴起,不仅已对该地区的和平安定构成严重威胁,而其未来的发展更令人感到忧虑。③

所谓意识形态(ideology)也可以说是无神的宗教。在过去两个世纪中,其对于战略思想的影响也许要比有神的宗教更可怕。法国革命所带来的民族主义使欧洲陷入火海达二十五年之久,然后在20世纪上半期,又连续引发两次世界大战,使西方文明几乎完全毁灭。希特勒企图建立一个没有犹太人的纳粹大帝国,要使从乌拉尔山到直布罗陀的整个欧洲都处于雅利安人(Aryan)的统

---

① 十字军战争(拉丁文:Cruciata,又称十字军东征 1096—1291 年)是一系列在罗马天主教教皇的准许下进行的有名的宗教性军事行动,由西欧的封建领主和骑士对地中海东岸的国家以清除异端的名义发动的所谓"正义"战争。当时原属罗马天主教圣地的耶路撒冷落入伊斯兰教手中,罗马天主教为了"收复失地",便进行多次东征行动。但实际上东征不仅仅限于针对伊斯兰,如第四次十字军东征就是针对信奉东正教的拜占庭帝国。十字军在他们占领地区建立起了几十个十字军国家,最大为耶路撒冷王国,此外还有安条克公国、的黎波里国等。——编者注

② 三十年战争(Thirty Years' War,1618—1648 年),由神圣罗马帝国(德语:Heilige Römische Reich,英语:Holy Roman Empire)的内战演变而成的全欧参与的一次大规模国际战争。这场战争是欧洲各国争夺利益、树立霸权的矛盾以及宗教纠纷激化的产物,战争以波希米亚人民反抗奥国哈布斯堡皇室统治为肇始,以哈布斯堡皇室战败并签订《威斯特伐利亚和约》而告结束。这场战争使日耳曼各邦国大约被消灭了60%的人口,波美拉尼亚被消灭了65%的人口,西里西亚被消灭了25%的人口,其中男性更有将近一半死亡,十分惨烈。——编者注

③ William J. Lewis, "The Growing Reach of Radical Islam", *Joint Force Quarterly* (Autumn, 1995), pp.46-50.

治之下。于是他的战略思想就完全丧失理性,终于引火自焚。①

与意识形态密切相关,但较有弹性而不过分僵化者,为另一种思想因素,即所谓文化(culture)。文化是一种范围广泛、含义模糊的观念,并以历史、地理、社会、经济、风俗习惯等因素为其根源。其最明显的表现即为民族性(national character)。人虽同为一类,但又分成不同的民族,人的思想行为莫不深受民族性的影响。所以,每个民族在战略思想上会有其特殊的风格(style)。

喜欢标新立异的美国学者,曾创造"战略文化"(strategic culture)这样一个新名词。这个名词的意义不仅很难作明确的界定,而且也不易于了解,所以,与其巧立名目,实不如说战略思想有其文化背景比较简单。

简言之,基于不同的文化背景,不同的民族会有不同的战略思想,不同的战略行动。在当前的世界上,最明显例证莫过于美国。其文化背景(即所谓战略文化)可以分析如下:

1. 自从建国以来,美国在地理上一直都与外界隔绝,这也是孤立主义的根源。

2. 美国人在开疆辟土的过程中,所面对者都是迫切的现实生活问题,自然养成其急功近利的心态。

3. 美国是一个没有悠久传统的国家,所以,其全国上下都普遍缺乏历史意识。

4. 美国是高度工业化的社会,概括地说,美国人几乎都是工程师,所以对于任何问题都是企图寻求技术性的解答。

---

① Gerhard L. Wejnberg, *Germany, Hitler, and World War II* (Cambridge 1995), p.57.

总而言之,美国人重技术而不重思想,重管理而不重战略。因此,美国人的战略文化实在是一种"非战略"(non-strategic)文化。①

冷战结束,苏联解体,但思想因素的战略重要性并未随之而降低,在某些地区、某些情况中,更有日益升高的趋势。尤其是当世界正在迅速进入信息时代,在战略天平上,无形的软体可能变得比有形的硬体更为重要。因此,对于思想因素实有加强注意之必要。

组　　织

政府组织、军事体制,在国家战略作为过程中,不仅扮演非常重要的角色,而且也决定战略计划对于实际情况的适应程度。决策者在分析和解释其所面对的威胁和环境时,经常受到其政府组织形式的影响。过去常有人认为雄才大略的独裁者,往往能作出明快的决定,而民主形式的政府则常有一国三公、无所适从的现象。揆②之历史,即可发现此说实乃似是而非。

古今中外的大人物对于不利的警告往往不愿接受,甚至希望最好不要知道。此种自欺欺人的心态不仅是人性的弱点,也是严

---

① Alastair I. Johnsten,"Thinking about Strategic Culture",*International Security* (Spring, 1995), pp.32 - 64.

② 揆 kuí〈动〉,形声。从手,癸声。本义:测量方位。【揆,度也 [measure; direction-find]】《说文》揆度,大致估量现实状况。如:揆格(对客观事物的量度推究);揆量(审度);揆端(估量事物的端倪);揆抚(审度省察);揆德(度量人的品德)。【管理;掌管 [administer]】[尧]举八恺使主后土,以揆百事,莫不时序,地平天成。《左传》又如:揆持(掌管;管理)

【〈名〉准则;原则 [criterion]】先圣后圣,其揆一也。《孟子·离娄下》又如:千载一揆。——编者注

重的错误。在任何体制之内,下级都知道如何讨好上级,经常会报喜不报忧,于是自然会影响决策的正确与否。反而言之,在民主制度之下,就一定有人报忧不报喜,同时也不容许任何领袖一意孤行。在第二次世界大战期间,可以找到太多的例证足以显示无论哪一种制度都非尽善尽美。不过,民主制度的政府也一样能决定战略、指导战争,并获致胜利,则又为不争之事实。①

古代国家的组织远较简单,军政大权自可集中控制在一人手中,从亚历山大到拿破仑,几乎都是如此。甚至到1870年普法战争时,双方的元首也都御驾亲征,对于军事行动作象征性的指挥。但战争已经变得日益复杂,不仅政治家(主)无法控制,甚至军人(将)也都不能单独指挥,组织因素遂变得日益重要。首先受到重视者即为普鲁士所创建的参谋本部。它不仅成为各国所争相模仿的对象,而且也获得"陆军之脑"的美名。

20世纪前期的两次世界大战又使组织因素对于战略决定和作为的影响更为增大。最初是战争完全受到军人垄断,而军人则只知重视其专业要求,不但不考虑政治与军事之间的关系,甚至也不了解战略究竟是什么。老毛奇曾经说过:"假使战术能获胜利,则战略应该屈从。"这一句话也被其徒子徒孙们视为至理名言。②

实际上,究竟是战略应受政策的支配,抑或政策应受战略的驱使,都无关紧要。但在任何一方面若犯错误,均足以造成灾难。所以,在政策和战略层面上所作的决定要比在作战和战术层面上所作者远为重要。**作战和战术的错误也许还有矫正或补救的机会,**

---

① 万仞:"第二次世界大战的最高战争指导",《国防杂志》,pp. 3-16。
② Hajo Holborn, "Molke and Schlieffen",*Makers of Modern Strategy*, ed. by Edward M. Earle (Princeton, 1943), p. 185.

政策和战略的错误将导致不可收拾的后果。

军事组织之中又非仅有一种意见。现代军事组织日益庞大、日益复杂,早已形成一个巨型的官僚系统。不仅三军分立,而且军种之内还有许多不同的单位,各有其不同的利益和考虑,也都希望国家的政策和战略能符合其理想、满足其要求。西方同盟国在第二次世界大战期间,虽已采取参谋首长联席会议(JCS)的制度,但军种的歧见仍然存在,所有一切决定几乎都是经由妥协折中的方式来作出,所谓联合只是虚有其表而已。

第二次世界大战后,世界进入一个新时代,即核时代,也是冷战时代。国际事务和战略作为也随之进入一种新境界。旧有的观念和架构都已不能适应,遂有另觅途径之必要。美国在 1947 年成立国家安全会议(NSC),即为朝新方向踏出的第一步。最初被认定与国家安全有密切关系的政府机构仅为国防和外交,但不久即发现所谓国家安全的内涵并非那样简单,于是许多其他政府部门的首长也都被邀请参加国家安全会议,并对国家安全政策提供意见。此一事实可以显示,世界环境愈复杂,政府组织愈庞大,则官僚体系对于国家战略的影响也愈强大。[①]

技 术

目前大家几乎一开口就说"科技",实际上,"科"与"技"是两回事,不可混为一谈。究竟什么是技术?技术与科学又有什么关系?

---

① James A. Nathan and James K. Oliver, *Foreign Policy Making and the American Political System* (Johns Hopkins, 1994), Third Edition, pp. 29 - 48.

第五章 战略思想的背景因素

技术不是科学也不是产品,技术为科学对产品制造和劳务的应用。简言之,技术为科学知识对实际目标的应用。技术的起点是从事基本研究的科学家,然后经过各种不同阶段的研究发展,而以对制造和服务的实际应用为终点。所谓技术循环(technological cycle)周而复始,不断地产生回馈作用,并对进一步的发展构成新基础。[①]

技术对战略的影响似乎已成老生常谈,但事实并非如此简单。在对战争或军事问题的研究中,技术因素受到重视只是最近才成为普遍现象。至少到美国内战时为止,在战争中的确有一项因素大致可以视为不变的常数,那就是技术。尽管交战双方所使用的武器虽非完全相同,但以威力(效力)而论,彼此之间又始终是相差得非常有限。换言之,技术在战争中并非重要因素,或至少不会使某一方面享有决定性优势。诚然,也偶然会有新技术及其产品被引入战争,但战略家的思想和行动却很少受到影响或发生改变。在悠久的战略思想史中,把技术因素列为主要思想背景之一,应该算是最新的观念。

对战略思想产生重大冲击的第一种技术因素即为蒸汽机。其在陆上的应用为铁路,而在水上的应用即为轮船。这两种运输工具分别导致新的战略思想,亦即近代陆权与海权观念之由来。若与陆海权作一比较,则空权观念几乎可以说是技术的产品。假使没有飞机的发明,空权论也自然不可能出现。

第一次世界大战中有四种新技术产品出现,即战车、飞机、潜艇和无线电,但它们对于战争还不曾产生任何决定性的影响。至

[①] J. Fred Bucy, "On Strategic Transfer to the Soviet Union", *International Security* (Spring, 1977), p.28.

少可以断言,决定第一次世界大战胜负的主要因素还是"大兵力"(big battalions)和"大工业"(big factories),而不是"大实验室"(big laboratories)。

尽管如此,第一次世界大战的经验对于战略思想的发展还是产生了相当重大的刺激,于是有若干理论家开始相信或预言,技术因素在下一次战争中将会扮演决定性的角色。他们又可分为两大派。第一派是装甲战的提倡者,相信战车能恢复战场机动性,并在陆战中重获拿破仑式的决定性优势。第二次世界大战前期的经验证明他们的想法没有错。第二派是空权论者,相信飞机的使用可以完全取消地面作战,而直接从空中打击敌国,动摇其社会基础。第二次世界大战否定了此种理论,因为技术的进步还没有那样迅速,赶不上他们的想象力。

第一次世界大战之后,技术因素的地位日益升高,任何战略思想莫不受其影响。此种趋势到1945年达到最高潮。两颗原子弹把人类带入核时代,世界秩序和战略思想也随之发生巨变。今天,人类不仅生活在核阴影之下,而且其心态和精神也都已核化。

核武器的确是有史以来最重要的技术因素,但又并非惟一的技术因素。在当前和未来的世界中,还有许多其他的技术因素也同样能在战略领域中产生影响作用。尤其是信息时代的来临,更使人类的思想和生活都面临莫大的挑战。总而言之,今后从事战略研究的学者对于技术因素必须给予极高度的重视。

结　语

冷战的结束使世界变得比过去更复杂、更多元化。新国际环境中开始出现新问题,并构成新威胁。国家安全决策、国家战略作为,也变得更困难、更微妙。此种最高层面的一切运作都无成规、无公式、无准则可供遵循,必须有赖于高度弹性化的适应,决策者所应考虑的并非仅限于实质的和具体的因素,而且还有许多抽象的和无形的因素也都应列入考虑之中。本章所列举的六项因素,可以说更是应该列为首要因素。

就理论而言,国家的决策者,包括政治家和高级将领在内,对于这些因素应有充分了解。但事实上,又并非如此,因为这些因素所涵盖的范围非常广大,而所需要的知识也相当专精,主持全局的领袖人物不一定能够具有如此完美的学术背景,所以必须仰赖专家的协助。孙子要求"四知"(知彼、知己、知天、知地),在当前的世界环境中,几乎可以说无人能够达到此种境界。所以,政府必须设置智囊团,网罗天下英才,从事深入研究,并将其所知提供给决策者参考。

其次,政府往往是在紧急情况中,迅速作出决定。主其事者在沉重的心理压力之下,自然难以作深远的思考。尽管在当前的世界环境中非常需要宏观的决策,但许多政府领袖的眼光仍然是见树而不见林。

冷战固已结束,但历史并未达到其终点。当前世界局势也许只是暴风雨之前的宁静,既不比过去和平,也不比过去安全。不过,当国者若能利用此难得宁静的片刻,对有关国家战略的若干基本因素作较深入的思考,则对国家前途又未尝不是有意义的贡献。

第六章
战略研究的单元

引言　　　　环境分析
演员分析　　运作分析
权力分析　　结语

引　言

现代战略研究是一门范围宽广、内容复杂的学域，其中包括许多不同的知识，若从传统观点来看，那几乎超越了所谓战略的限度。甚至到第二次世界大战时，所谓战略家，对于现在已被纳入战略研究学域的某些知识，更是闻所未闻。过去的战略思想是以战争为范围，以作战为焦点，除此之外，其他的问题都不在考虑之列，或至少是不被重视。现在的情况早已变得与过去大不相同，战略家的思考不仅早已不限于战争，甚至可以说在战略家的头脑中，和平与战争几乎已经毫无区别。因此，有许多过去不为战略家所重视，甚至是他们所不了解的因素，现在都必须纳入战略研究的领域之内。

当然，这又并非意味着战略研究的内容已经变成一部包罗万象的百科全书，尤其是更非要求把每一位战略思想家都变成万能博士。战略家是通才而非专家，他们对于作为战略研究理论基础的若干必要知识都应有概括的了解，但又并不需要十八般武艺样样精通。只有在这种通才的综合指导之下，各种不同的专家始能分工合作，发挥整合协力之效。

然则作为战略家，尤其是战略思想家，又必须具备何种基本知识？这不仅是见仁见智，有很多不同的选择，而且种类繁多，不胜枚举。不过，从方法学的观点来考虑，这个问题又并非难于获致适当的答案。任何学科的研究都可以将其分成若干研究单元(units of study),或若干分析层面(levels of analysis)。因此,我们也就可以把有关战略研究的一切基本知识,分成几个研究单元,并进行分层的分析。

战略是一种国际事务(international affairs),存在于国际关系之中。就国际关系的一般理论来说,国际环境好像一座舞台,而许多国家则好像是国际舞台上的演员(actor)。这些演员在舞台上的活动都各有目的,要想达到其目的又必须采取行动(action)。研究演员在舞台上如何行动的学问即为战略。

演员在采取行动时,所要考虑的因素可以概分为三类:(1)他所想要追求的目标(object);(2)他准备用来追求目标的工具(手段),学术界称之为权力(power);(3)他追求目标时所面对的环境(environment),也可称为情况(situation)。所以,战略是一种程序或过程(process)。在整个程序中包括四个要素(elements),即为演员、目标、权力、环境,可以图解如下:

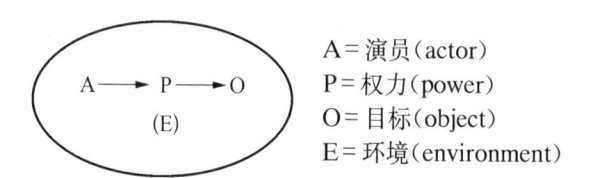

A = 演员(actor)
P = 权力(power)
O = 目标(object)
E = 环境(environment)

在国际舞台上活动的演员(国家)当然不止一个,如果没有对手,则任何目标都唾手可得,也就自无运用权力之必要。因此,在战略程序中必然有彼己双方,换言之,至少有两方相对,并各用其权力来影响(influence)对方。此种相对程序即为最

第六章 战略研究的单元

单纯的战略运作(strategic operation)。现在再用图解表示如下：

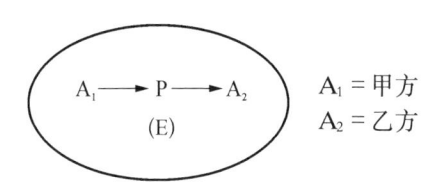

$$A_1 \longrightarrow P \longrightarrow A_2 \quad (E)$$

A_1 = 甲方
A_2 = 乙方

事实上，国际关系远较复杂，演员可能多到 n 个，换言之，在现实环境中的战略运作是多边的，此种单纯的双边模式只是为解释的方便而设计。

基于此种模式，也还是可以显示战略不是教条也不是公式，因为即令是如此单纯的模式也都牵涉几种变数。所以研究战略在方法上必须采取较精密的分析。我们至少发现有三个要素之存在：(1) 演员；(2) 权力；(3) 环境。演员至少有两个，各有其所追求的目标。权力分属于演员，环境则为大家所共同，但对于不同的方面又可能具有不同的意义。因此至少可以对于三个要素，分别构成一个研究单元。不过，这样还不够，因为战略不是静态的而是动态的。权力必须有适当的运作，始能产生影响。所以，**运作(operation)才是战略的精髓。假使不能作有效的运作，则战略就会变成死知识，而非活智慧。**

综合言之，战略研究可以分为四大单元，也就是可以分成四个不同的分析层次：

(1) 演员分析(actor analysis)；

(2) 权力分析(power analysis)；

(3) 环境分析(environment analysis)；

(4) 运作分析(operation analysis)。

演 员 分 析

为什么从演员这个层次开始分析？其理由实在非常简单：假使没有演员，即令有道具也有舞台，但还是没有戏可看。在国际舞台上，依照现实学派的国际关系理论，国家虽然不是惟一的角色，但的确是主要的角色。今天世界上虽然已有若干超国家和非政府组织出现，但它们的地位不可与国家相提并论，在国际舞台上，最多也还是只能扮演次要的配角。

虽然国家被公认为国际舞台上的主角，但这又只是一种抽象的假定。事实上，今天在世界上已经不会再有人相信所谓国家有机体的观念。认为国家有其独立的意志，那只是神话。所谓国家的行动，实际上只是那些假借国家之名的人所采取的行动。[①]

国际关系学域到20世纪60年代中期，现实学派盛极而衰之后，遂有若干新学派应运而生。其中有一派即所谓决策理论(decision-making theory)。"decision-making"常简称DM，其正确的中译应为"决定作为"，但决策在国人中已成流行用语，而且也比较简单，所以我们也就不妨采取"吾从众"的态度。

决策理论的研究焦点是决策者(decision-makers)，那也就是负责作决定的个人和由少数人所组成的集团(group)。其研究目的是想要使其分析较具体、较精确和较系统化。此一理论在国际

---

① James E. Dougherty and Robert L. Pfaltzgraff, Jr., *Contending Theories of International Relations* (Harper and Row, 1981), Second Ed., p. 470.

第六章 战略研究的单元

关系学域中已有高度的发展,而且并非徒托空谈,对于政府的实际决策也颇有贡献,尤其是在危机处理方面更是如此。

非常自然,决策理论已为战略研究学域所吸收。战略家不仅要学会怎样作决定,而且更要了解在国际舞台上扮演主角(代表国家)的决策者是如何作决定。此种知识相当重要,不仅可以帮助改进战略决定的品质,而且也构成战略研究的重要基础。简言之,在了解某种战略之前,应先了解此种战略是如何作成的。所谓决策理论对于现代战略研究可以带来一种新境界,而这也是传统战略家所难以想象的。

战略本来就是一种思想,而思想的源头又即为人的头脑(心灵)。所以,人脑即为制造战略的机器。要想制成良好的产品,一方面需要精良的机器,另一方面需要对机器能作高效率的使用。对于战略而言,前者为天才,后者为学习。要想成为战略家,必须具有足够的天才,此乃无可置疑的事实;但如何学习战略,则古今中外又有很多不同的意见。

几乎所有的传统战略家都无不重视历史,拿破仑也曾说过:

> 像亚历山大、汉尼拔、恺撒、古斯塔夫斯、屠云尼、尤金、腓特烈等人一样地发动攻势战争。把他们视为模范,那是成为名将和了解战争艺术的惟一途径。[①]

此种重视历史经验和教训的观念到今天仍为许多战略思想家

[①] J.F.C.Fuller, *The Conduct of War: 1789-1961* (Rutgers University press, 1961), p.49.

所继续认同。但事实上又不无疑问。

第一,历史的记载是否足够翔实和正确?从研究历史的现代学者(即修正主义者)眼中看来,许多记录本身似乎都有缺点。这也就必然使历史作为战略研究基础的价值不免要打折扣。尤其是古今的情况不可能完全相同,所以历史教训也不可能被直接应用。因此,克劳塞维茨才会认为:"历史不是一本模范书,也不能提供概括的教训和规律。"①

其次,还有一点是所有一切历史记录中都没有,或至少是很难找到的,而那却又是最重要的一点。历史通常都只告诉我们,某一决策者在某种情况中曾作某种决定,但却很少告诉我们,那个决定在当时是如何作成,决策者所抱持的是何种心态,以及曾受何种影响。因此,仅凭历史的研究,还是不能学会作决策的技巧,也无法了解他人是如何决策的。

人类在日常生活中时常都需要作决定。某些决定的作成几乎是不假思索,有时仅为一种敏锐的心灵反应,作出决策者也许只需极短时间的思考。不过当所面对的问题愈复杂时,则决定也就会愈难作成,所需时间也就会愈长。试以战争为例:拿破仑立马高岗上,用他的简单望远镜向眼前的战场作一展望,于是凭其慧眼,在短短不到几分钟时间之内,即已能作成其对会战指导的最后决定。

如此美好的古老回忆只能存在于历史之中。今天即以所谓野战战略为范围,指参战人员所面临的问题也都会比拿破仑时代不知要复杂多少倍。在这样的环境中,即令是受过严格专业教育的

---

① Carl von Clausewitz, *On War*, Book Two, Chap. 4 and 5.

人员,也都会感觉到决定作为是很不容易的。何况现代战略观念又已经升高,早已从军事层面上升到国家层面,并且把许多非军事因素都包括在内。传统军事战略的思想遗产虽然仍有其价值,但早已不能构成完整的理论体系。因此,现代战略研究必须另辟蹊径,而不可因陋就简,采取旧酒瓶装新酒的办法。

基于新的决策理论,在所谓演员分析的领域中,至少有下述五个问题是应该作较深入的探讨:

1. 演员的界定。在国际舞台上究竟是由谁充当演员,这个问题要比一般人所想象的远较复杂。从理论观点来说,演员即为国家。但在现实世界中,所谓国家又并非一种单纯的抽象观念,而在种类上和性质上有非常复杂的区分。国家不仅有大小、强弱、贫富之分,而且在历史、地理、政治、经济、文化、思想等方面也都会呈现出差异。国与国之间的关系也各有不同。所以,不应假定所有的国家都会采取同样的决策模式。

2. 人与组织。决策者说到底还是人,但在今天的世界上,几乎可以说已经不再有独裁者的存在。国家大事不可能仅凭某一个人的智慧、意志,甚或天才来作决定。每个国家都有政府,而政府即为国家的代表。政府是由精英分子组成,过去只是一种体型很小的组织,而现在却已经变得愈来愈大。于是政府又转化成为大官僚体系。此种体系发展成为一种同心圆的形式。以国家元首为圆心,而一圈又一圈地向外扩张。当然,圆心即为权力中心,而内圈的权责也会比外圈大。尽管如此,无论在哪一圈中的小人物,对于决策也还是有其影响作用,此即科员政治。

3. 利益集团。政府结构和军事体制,在国家战略的拟定过程中,不仅扮演非常重要的角色,而且也决定了战略计划对实际情况的适应程度。决策者在分析和解释其所面临的威胁和环境时,经常会受到组织形式的影响。不过政府组织又并非如诸葛亮所云,"宫中府中俱为一体",实际上,在政府之内又有许多"利益集团"(interest groups)存在。它们各持本位主义,互相争权夺利。所有的国家都是如此,最多也只是程度上的差异。举例言之,军种各自为政的现象,今天在美国仍继续存在。毕尔德(Carl Builder)[①]曾指出:

>美国国家安全领域中最强有力的机构是陆、海、空三军种,而不是国防部或国会,甚至也不是作为最高统帅的总统。任何战略构想必须为军种所接受,始有付诸实施的可能。[②]

所谓利益集团又并非仅只存在于行政体系之内,在国会和一般社会中,也有很多利益集团,他们都会通过各种不同的渠道来影响政府的决策。

4. 民意与媒体。即令在古代的国家中,民意即公共意见(public opinion),对于政府决策都能够发挥相当的影响作用。而在现代民主国家中,民意对于政府所能产生的制衡作用则更是不可低估。大众传播的发展,信息时代的来临,对于公共意见的权威更产生了空前的助长效力,有如为虎添翼。简言之,民意与媒体的结合,形成一股不可抗拒的势力,使任何决策者都不敢轻视。但民

---

① 毕尔德(Carl Builder),美国兰德公司高级研究员,专注于战略形成与分析。他是《战争面具:战略角度看美国的军事风格》的作者,并写了大量有关核问题、军事、制度分析、技术和社会未来的文章。——编者注
② Carl H. Builder, *The Masks of War* (RAND, 1989), pp. 3 – 18.

意与舆论对于决策又并非有利无害,有时甚至会导致错误或非理性的决定,并违反国家利益。

5. 利益与目标。国家为何会执行某种政策,采取某种行动?其原因安在?这也是战略家所必须探讨的主题之一。根据公认的基本假定,国家有其国家利益(national interest),而国家利益的具体表达即为国家目标(national objective)。政府的决策不仅是基于利害的考虑,而且也是想要达到某种目标。所以,国家利益和国家目标的分析,也就构成演员分析的基础。必须了解其利益和目标之所在,然后才能解释某国政府会作某种决定的理由。国家利益可以有各种不同的分类:以性质而言,可以分为安全、经济、政治、思想等四类;以重要性而言,又可分为生存(survival)、主要(vital)、重要(important)、边缘(marginal)等四级。综合起来可用下述图解表示:

	生 存	主 要	重 要	边 缘
安 全		美		苏
政 治			美	苏
经 济		美	苏	
思 想			美,苏	

试以1962年古巴导弹危机为例。苏联把导弹部署在古巴,对于美国的安全构成主要威胁,但对于苏联的安全则只是边缘利益。就经济的观点而言,古巴对于美国有相当重要性,对于苏联则几乎毫无重要性。就政治而言,古巴的得失攸关美国在西半球的领导地位,但对于苏联则并不那样重要。就思想而言,对于双方的利害程度大致平等。基于以上的分析,也就可以将其结论填入图解中,

同样也可以解释苏联为什么终于让步撤出导弹的理由。

国家利益多少具有概括性和抽象性的意义,所以在实际应用时也就必须对其作较具体的分析。举例来说,英国不容许其位置在欧陆边缘上的三岛受到欧陆军队入侵的威胁,这是一种国家利益,要想确保此种利益,则保证比利时的永久中立即为具体手段。于是这也就成为英国的国家目标。国家目标是个别的,不仅可以同时有多种目标,而且也可以时常改变,所以如何拟定国家目标并随时加以适当的调整,也就构成战略计划中一个重要的部分。其内容可概分为五个步骤[①]:

步骤一:鉴别目标。

步骤二:排列目标的顺序。

步骤三:发现机会与威胁。

步骤四:发展战略。

步骤五:得失评估。

在演员分析中,不仅要了解演员的性质及其决策的模式,更必须了解作为其决策理由的国家利益和目标。

古代军政之间几乎没有明确的界线,政策和战略时常都是由同一决策者来作决定。甚至到拿破仑战争时,大致都还是这样。军政分离是在19世纪后期受到崇尚专精风气的影响,才开始形成的趋势。其结果为政府决定国家利益和选择国家目标时,并不考虑军人的意见;而军人在拟定战略计划和执行军事行动时,也不愿接受政治家的指导。

[①] Michel N. Schmitt: "Identifying National Objectives and Developing Strategy", *Strategic Review* (Winter, 1997). pp. 38–47.

第六章 战略研究的单元

第一次世界大战的经验可以充分显示此种现象所产生的后果。所以在战争结束时,法国总理克雷孟苏①深有所感,说了一句名言:

> 战争是一种太严重的事务,不可完全委之于军人。(War is too serious a business to be left to soldiers.)②

到第二次世界大战时,各交战国的政治领袖几乎都无一不亲自主持战略的决定,甚至还直接干涉军务。战后的检讨发现文人领袖所犯的错误着实不少。于是令人不禁怀疑:是否战争真是一种太严重的事务,甚至也不能完全委之于政客(politician)?

第二次世界大战结束,世界进入新时代,即核时代,也是冷战时代,国际事务与战略思想都随之而进入一种新境界。旧有观念和架构都已不能适应,而有另辟蹊径之必要。20世纪90年代初期,冷战结束使世界变得比过去更多元化。在新的国际环境中,开始出现新的问题,并产生新的威胁。国家安全的决策、国家战略的作为,也就变得更复杂、更困难。此种最高层面的一切运作都无成规、无公式、无法则可供遵循,而必须有赖于高度弹性化的适应。

---

① 乔治·克雷孟苏(法语:Georges Clemenceau,1841年9月28日—1929年11月24日),法国政治家、新闻记者、法兰西第三共和国总理,法国近代史上少数几个最负盛名的政治家之一,他的政治生涯延续了半个多世纪,与法国多次重大政治事件紧密相连。为第一次世界大战协约国的胜利和凡尔赛和约的签订作出重要贡献。1918年11月德国投降的消息传来,77岁的克雷孟苏老泪纵横地高喊:"我总算等到了这个复仇的日子!"法国参议院一致通过法令,确认了他的功绩,指出:"乔治·克雷孟苏作为公民、总理兼陆军部长,为祖国立下了伟大的功勋。"——编者注

② Donald Cameron Watt, *To Serious A Business* (University of California Press, 1975), p.31.

决策者所应考虑的又非仅限于实质或具体因素,还有许多无形和抽象的因素也都应包括在内。这些因素好像是一只看不见的手,其本身难于捉摸,但却能发挥微妙的影响。

过去,战略家所要考虑的国际事务相当简单,军事以外的因素几乎都与他无关,所以,也就自然不必要对于所谓演员和决策的问题作较深入的研究。今天,战略学域的范围早已扩大,战略家对于国际舞台上许多不同的角色以及他们的决策模式,都必须有相当的了解。关于这一方面的知识和实务可以总称之为"演员分析",并构成战略研究学域中的第一个主要部分。

本节的讨论到此结束,现在再引用两幅图画以供参考:

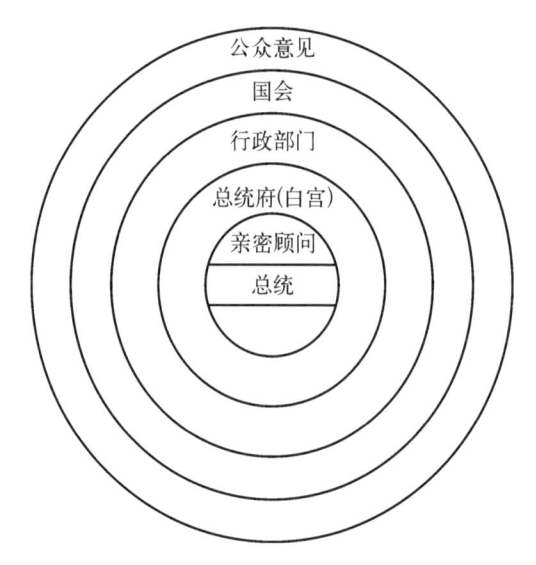

（同心圆由外至内：公众意见、国会、行政部门、总统府(白宫)、亲密顾问、总统）

［注：本图以美国的现行制度为例,显示不同层面的演员(决策者)以总统为圆心,而构成同心圆形式的决策体系。］

［注：资料来源：Amos A. Jordan, William J. Taylor, Jr, and Lawrence J. Korb, *American National Security: Potty and Process* (Johns Hopkins, 1989), Third Edition, p.210.］

第六章 战略研究的单元

权 力 分 析

权力(power)在国际关系著作中是一个最常见的名词,也是其理论架构的最重要支柱之一。战略研究理论基础、基本名词和观念,大致都是从国际关系学域假借而来。所以权力观念在战略研究的范畴中也是居于非常重要的地位。因此,权力分析(power analysis)应构成战略研究的第二研究单元,在尚未进行分析之前,首先又必须了解国家权力与国家战略之间的关系。

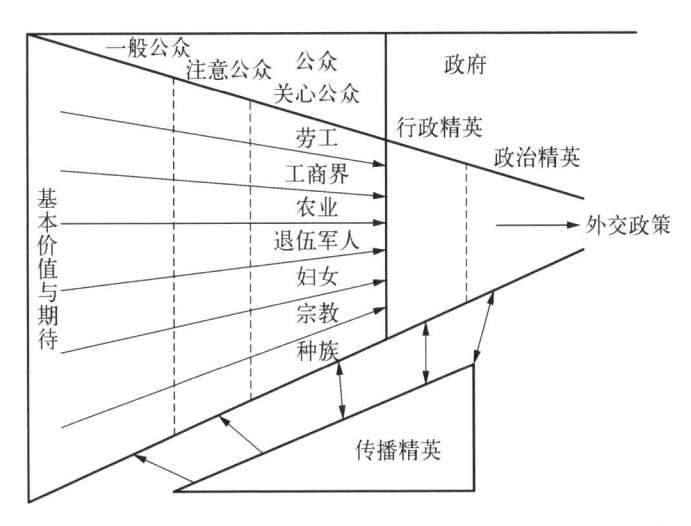

[注：本图表示不同层次的公共意见以及传播媒体如何影响政府决策的过程。]

[注：资料来源：Patrick M. Morgan, *Theories and Approaches to International Politics* (Transation Books, 1981), Third Edition, p.96.]

国家战略的内容即为在一切环境之中,使用国家权力以达到国家目标的方法。它又有两个焦点：其一为权力,其二为目标；而

165

所谓战略者,就是要研究如何使用权力以达到目标。

克劳塞维茨在其《战争论》中曾作一比喻。他认为战争与击剑(fencing)比赛很类似。一位参加击剑比赛的选手所应关心的问题是如何使用其手中的剑以击败敌人,至于那把剑的本身却并非他所应关心的事情。[①] 自今日视之,他这种说法不免似是而非。因为战争并不是竞赛,双方所用工具并非完全平等。剑法固然重要,但剑本身也同样重要。假使对方所用的是一把削铁如泥的宝剑,而你所用的是一把钝剑,即令你的剑法极为高超,你也还是不可能获得胜利。从现代战略的观点来看,这把剑就是国家权力。战略家不仅研究如何使用国家权力,而且还研究国家权力本身。事实上,如果不了解国家权力以及与其有关的各种问题,也就根本无法研究如何使用国家权力。

作为基本研究单元的权力分析,其所研究的主题为权力的分类和评估,而前者又是后者的基础,必须先作分类的处理,否则也就无法进行评估的工作。但在尚未作分类和评估研究之前,又必须对于权力本身的意义先作若干解析。

从古到今,权力在政治领域中都是一个核心观念。尤其是在国际政治(关系)领域中,权力更是最常用的名词。几乎在任何一本有关国际关系的著作中都可以找到这个名词。有某些学者并不赞成使用这个名词,但他还是无法避免,因为实在很难找到像它这样方便且而常用的名词。甚至有人说,假使不使用这个名词,则简直不可能思考政治问题。事实上,对于战略问题似乎也是如此。

尽管名词是如此通用,但其含义又相当复杂微妙,远非一般人

[①] Carl von Clausewitz, *On War*.

所想象的那样单纯。有人虽时常使用这个名词,但对其意义却并无真正的了解。虽然每一本国际关系教科书中都一定有对权力所下的定义,但实际上,又均为大同小异。为便于比较起见,现在就把几位大师级学者所下的定义引述如下:

1. 摩根索——权力是人对他人心灵和行动的控制。①

2. 斯派克曼——权力是用说服、贿赂、交换、压迫等手段,以使他人依照某些如我所欲的方式来行动的能力。②

3. 多伊奇(Karl W. Deutsch)——权力即为在斗争中获致胜利和克服障碍的能力。③

4. 沃尔弗斯(Arnold Woffers)——权力是使他们做我们想要他们做的事情和不做我们不想要他们做的事情的能力。④

把这些定义综合起来加以观察,即可了解权力是一种产生影响作用的能力(capability)。但仅凭此种能力的存在,并不一定就能产生影响作用。能力必须使用始能产生影响,然后才可称之为权力。这样遂又导致权力的二元观念:一方面是静态的,即为存在的能力,又可称之为资源(resource);另一方面是动态的,也就是在运用中的能力,又可称之为影响(influence)。概括言之,权力是把这两种观念合而为一。

---

① Hans J. Morgenthau, *Politics Among Nations* (Knopf, 1973), Fifth Ed., p. 25.

② Nicholas J. Spykman, *America's Strategy in World Politics* (Harcourt, 1942), p. 11.

③ Karl W. Deutsch, "On the Concepts of Politics and Power", *International Politics and Foreign Policy*, ed. by James N. Rosenau (Free Press, 1969), Revised Ed., p. 257.

④ Arnold Woffers, *Discord and Collaboration: Essays On International Politics* (John Hopkins, 1962), p. 46.

霍尔斯蒂(Kal J. Holsti)①又将权力分为三要素：能力、行动、反应。其简释如下：

1. 能力(capabilities)即为可以用来影响他人的资源。
2. 行动(acts)即为可以用来影响对方的一切步骤和关系。
3. 反应(responses)即为对方受影响之后所采取的行动。

所以，当我们称某一国家为大国或强权(great power)时，其意义应包括下述三点：

1. 这个国家拥有大量和多种资源，可以用来影响他国。
2. 该国正在企图采取各种不同行动以影响他国。
3. 他国的反应符合该国之所欲(desires)。②

总而言之，在一般人心目中，权力、能力、资源，似乎是同义词，但事实上并非如此，所以，对于其意义应有较深入的了解，任何国家在国际关系中总是能够对他国产生若干影响，换言之，也就是必然具有某些权力。所谓权力是一个综合观念，其中又包括若干不同的因素在内。所以对于权力的内容也就有作分类研究之必要。

摩根索在其传世之作《国际政治》中曾把他所谓的国家权力要素(elements of national power)加以列举如下：(1) 地理；(2) 天然资源(粮食、原料)；(3) 工业能力；(4) 军事准备(技术、领导、武装部队的数量和素质)；(5) 人口(分布、趋势)；(6) 民族性；(7) 民族精神(以社会和政府的素质为决定因素)；(8) 外交素质。他这本书的初版是在1948年，到1954年再版时，又加上第九项：政府

---

① 霍尔斯蒂(Kal J. Holsti)，加拿大不列颠哥伦比亚大学教授，国际关系研究中的知名学者，著有《为什么国家再度结盟？》《学科划分》《国际政治分析架构》《和平与战争：1648—1989年的武装冲突与国际秩序》等。——编者注

② Kal J. Holsti, *International Politics: A Framework for Analysis* (Prentice Hall, 1953). pp, 166-168.

的素质。以后再无其他的改变。①

英国政治地理学家缪尔(Richard Muir)把国家权力分为六大类:

1. 形态权力(morphological power),包括出自国家面积、形状、位置,以及其他地理特性的权力。

2. 人口权力(demographical power),包括人口数量、结构、分布,以及其他素质因素,例如教育、健康、民心、士气、民族性等。

3. 经济权力(economic power),包括一切农、工、商资源和活动,再加上生产效率、技术水准、贸易关系、金融机构等综合因素。

4. 组织权力(organizational power),包括各级政府单位的素质和行政效率,以及政府的安定性和国内外的评价。

5. 军事权力(military power),包括军事人员、武器装备的数量和素质,即硬件与软件两方面,而尤以人事、组织、部署、思想等方面最值得重视。

6. 外交权力(power from external relationship),包括一切出自对外关系的权力,例如国家在国际组织中的地位,与同盟国的关系,以及国际威望等。②

美国战略学家福斯特(Gregory D. Foster)③曾提出另一种分类方式,也是分为六项,与上述者似乎大同小异,但在内容上还是有不同的解释。现在简述如下:

1. 军事权力,包括军事力量和武器的数量、成分、部署和实际

---

① Hans J. Morgenthau, *Politics Among Nations*, pp. 112–143.
② Richard Muir, *Modern Political Geography* (MacMillan, 1981), p. 147.
③ 福斯特(Gregory D. Foster),美国国防大学军事工业学院(ICAF)教授;学院的任务是研究与国家安全有关的资源管理和战争动员问题,为军队和政府部门培养高级行政管理与决策的人才。——编者注

使用在内。

2. 经济权力，包括国际贸易、金融、投资等因素的操纵和利用。

3. 技术权力（technological power），包括对先进知识、技术和物资交流所作的管制。

4. 心理权力（psychological power），包括使用各种不同传播媒体以影响目标群（target group）的态度、意见、感情和行为。

5. 精神权力（moral power），这是一种最微妙而无形的权力因素，包括采取任何行动以求在国外创出有关民族团结和决心的印象。

6. 外交权力（diplomatic power），即使用谈判为工具以获致国家利益。诚如美国前国务卿艾奇逊（Dean Acheson）所云："现在的谈判意味着用其他手段来进行战争，而并非双方想达成协议时所作的交易（bargaining）。"[①]

若把这些分类方式作一比较，即可发现不仅名词上有若干差异，而且内容上也各有其重点。当然，又各有其缺失。所以，最好是再加以综合，则也许可以形成一套更为完整的分类。在分类中称为"xx权力"似乎也不妥，因为国家权力本为整体，所以还是摩根索所用的"权力要素"较佳。经过综合之后，国家权力至少应包括下述八种要素：

（1）地理　　　　　（5）经济

（2）人口　　　　　（6）政治

（3）资源　　　　　（7）军事

（4）技术　　　　　（8）心理

[①] Gregory D. Foster, "Missing and Wanted: A U.S. Grand Strategy", *Strategic Review* (Fall. 1985), p. 15.

第六章 战略研究的单元

前四者为体,而后四者为用。前者大致是静态的,后者大致是动态的。但都包括运作或使用在内,并且也都能在国际事务中产生影响作用。还有三点必须在此说明:(1)所谓政治,又包括国内和国际两方面,因此,外交不必另成一类,而应纳入政治之中。(2)国人惯于使用科技这样的名词,实际上,科学与技术是两件事,不可混为一谈。在国家权力的范畴中,构成要素者仅为技术,而并非把科学也包括在内。(3)所谓心理,其范围非常广大,思想、文化、意识形态等因素都包括在内,并非仅限于大众传播和心理作战。

权力分析的第一步为分类,接着第二步则为评估(assessment),而那也是问题的核心。西方最早考虑到权力评估的人可能就是马基雅弗利,他在1513年写《君主论》时,曾辟专章论"国家权力应如何衡量"(第十章)。他认为所应比较或衡量的项目有军队数量、资源、领导、战略、士气等。[①] 一向被西方人尊称为"近代战略之父"的马基雅弗利,若专就这一点而言,其思想似乎要比我国"兵圣"孙子晚了一千余年。

孙子在十三篇的第一篇("计"篇)中曾这样说:

> 故经之以五事,校之以计,而索其情:一曰道,二曰天,三曰地,四曰将,五曰法。

孙子所说的"经之以五事",就是把国家权力分为五大类:"校之以计,而索其情"就是今天所谓的"评估"。而尤其令人感到惊异的是,孙子对于评估工作内容的界定几乎和现代观念完全一致。

---

① Niccolo Machiavelli, *The Prince* (New American library, 1952), p.67.

照现代的解释,所谓"评估"包括两个部分:第一部分为衡量(measurement),也可称为量度或计量,亦即为孙子所说的"校之以计",换言之,即为数量的计算和比较。第二部分为判断(judgment),那也就是对于一切不能量化的因素所可能采取的研究判断手段,也正是孙子所说的"而索其情"。简言之,那不能依赖数字的计算(至少是不能完全依赖),而必须作更深入的探索。现在图解如下:

  评估   衡量   判断
 Assessment ＝ Measuremem ＋ Judgment
      (校之以计) (而索其情)

衡量是客观的,而且一定要有作为衡量标准的共同单位。判断是主观的,而且也不能用某种单位来直接加以衡量。所谓评估,必须要把客观的衡量与主观的判断结合成为一体。

国家权力评估非常复杂而困难,有人曾经作过各种不同的尝试,往往是优劣互见,很难确定哪一种方式最为理想。概括言之,国家的强弱贫富都是相对的,很难用科学化的方式来作精确的评估。此种工作可说是困难重重,其理由也很难一一列举,现在只能把若干重要理由简述如下:

1. 大致说来,凡能计量的因素似乎也最易于评估,通常也多被列为评估工作的第一步。例如国家的领土面积、人口数量、军队数量等。但这些数量还是会受到许多非计量因素的影响。譬如说,甲、乙两国虽然面积相等,但若甲国土壤肥沃、气候良好、交通便利,乙国土壤贫瘠、气候恶劣、地形险恶,则双方领土的权力价值

(power value)就会有很大的差异。再以军队为例,假定两国军队数量相等,但在装备、训练、组织、领导等方面还是可能相差很远。简言之,仅凭单纯的数量比较,并不足以确定某种权力要素的相对价值。

2. 诚然,有许多因素可以计算其数量,但由于种类不同,所用的衡量单位也不同,彼此之间遂无法换算,自然也就无法比较。举例来说,甲方有飞机若干架,乙方有战车若干辆,但两者单位不同,所以无法找到一种公式,可以算出每一架飞机相当于几辆战车。当然,用成本来作为共同单位也未尝不是一种办法,但这种办法还是不能普遍适用,因为有许多因素都不能用金钱来表示其成本,而且金钱成本的高低也不一定能表示效率或价值的高低。

3. 即令只选择某一单项来比较,还是不易作成明确的结论。譬如说,仅凭军用机的数量,并不能表示两国空军的相对实力。不仅在飞机的种类上有很多的区别,而且即令专以一种机型来比较,也还是有很多差异。此外,还有一些其他的因素,例如人员训练、机场设备等,也都会产生直接或间接的影响。所以,即令只是单项的评估也都很不容易。

4. 所有一切权力要素彼此之间几乎都有互动关系,所以很难对其作孤立的考虑。譬如说,某国虽有强大的军事力量,但国内出现严重的政治裂痕或经济危机,则虽有坚甲利兵,在国际事务中也还是不能产生其应有的影响。戈尔巴乔夫执政时的苏联即为明显的例证,虽然某一种权力要素可能在某一特殊环境中单独使用,但最佳的权力运用还是必须符合协力(synergism)原则。换言之,应尽量使各种要素互相补益,而不互相抵消。

5. 最困难的问题还是每一种权力要素之内又都含有若干无

形因素或不能计量的因素。对于这些因素,科学方法和统计数字都无以施其技。换言之,这一类的评估几乎都有赖于主观的判断。判断虽然是主观的,但又并非任意的。一方面,它仍需要用某些客观事实来作为基础或起点;另一方面,则又必须运用深入而微妙的思考。总而言之,判断远比衡量要难,但即令有非常精确的衡量,若无合理的判断来与之配合,则整个评估仍然可能不适当,甚至于发生错误。衡量的部分是科学化的,在今天的世界上,只要肯花费成本和时间,则这一部分工作比较易于完成,而且结果也大致都能正确可靠。反而言之,判断则可以说是一门艺术。负责此种工作的人,不仅需要足够的学识和经验,而且还必须有某种程度的天才。这可以用"画龙点睛"的成语来比喻:画龙是衡量的部分,点睛则为判断,也是整个评估的终点或高潮。必须有神来之笔,然后这条点了睛的龙才会破壁飞去。

6. 权力的价值又常随着环境而改变,在不利的环境中,应有的效力就可能无法发挥。举例来说,挪威是水力充沛的国家,本可用来生产大量电力。但该国小国寡民,工业化水准不高,根本无须大量电力,所以不免货弃于地,十分可惜。此外,若干国家经济落后,以至于优秀大学毕业生在出国留学之后,由于国内缺乏理想就业机会,遂一去不归。此种人才外流现象对于国力实乃巨大的无形损失。所以,权力评估必须同时考虑环境的影响。

7. 认知权力(perceived power)与实际权力(actual power)并不相等。评估所能获得的结果仅为认知权力,换言之,即仅为评估者对于其所评估对象的认知。它有时会高估,有时会低估,所以,并不一定等于实际权力。弗兰克(J. Frankle)曾指出:国家在国际事务中所发挥的影响,并不一定与其所享有的权力地位相当。在

第六章　战略研究的单元

第一次世界大战后的20世纪20年代,若以各种权力要素平均计算,则美国已是世界上最强的国家,换言之,在权力评估排行榜上应名列第一。德国、英国、法国都应居其后。但事实上,当时的世界政治是以欧洲为中心,法国在国际事务中的影响力远高于美国,尽管后者为明日之星,而前者则早已走向衰颓的道路[1]。

基于以上的分析,即可明了权力评估是非常繁重而困难的工作。不过,若就一般性的研究或教育而言,则所需的信息又不一定要达到高度精确的水准。假使想找到比较简单的方法,能把若干重要权力要素(包括有形和无形的都在内)纳入一个单一的评估系统之内,则采取指数(index)的计算似乎不失为一种可行的途径。此种指数可对某国的权力地位提供概括的印象,也可用来作为国力比较的基础。因为能把无形因素间接予以量化,所以,此种方法能产生简化作用,并深为世人所欣赏,这当然又是由于量化已成时代风气之故[2]。

用指数来表示和计算国家权力的方法又有多种不同的变化,而且繁简的程度也有很大的差异。在国内,比较为人所熟知者是克莱因(Ray S. Cline)的方法。他用下述的公式来计算认知权力:

$$Pp = (C + E + M) \times (S + W)$$

Pp(perceive power)认知权力

C(critical mass)临界质量

---

[1] J. Frankel, *International Politics* (Pengium, 1973), p.128.
[2] Rechard I. Merritt and Dina A. Linnes, "Alternative Indexes of National Power", *Power in World Politics*, ed. by Richard J. Stall and Michael D. Ward (Lynne Rienner, 1989), pp.11-28.

E(economic capability)经济能力

M(military capability)军事能力

S(strategic purpose)战略目标

W(will to pursue national strategy)追求国家战略的意志

公式内容又还有几点必须解释：

1. 认知权力——此种计算只代表评估者的认知，而并非实际衡量的数字。

2. 临界质量——所谓质量，即为人口加领土。

$$C = P + T$$

P(population)人口

T(territory)领土（面积）

任何国家的质量必须达到某种一定标准，不能超越界限者，不予记分，这就是临界(critical)的解释。

3. 经济能力的计算公式为：

$$E = e_1 + e_2 + e_3 + e_4 + e_5 + e_6$$

e_1：GNP

e_2：能源

e_3：矿产

e_4：工业

e_5：粮食

e6：贸易

后五项又可总称为资源。

4. 军事能力的计算公式为：

M = m1 + m2 + m3

m1：战略平衡(strategic balance)

m2：传统能力(conventional capability)

m3：努力加权(effort bonus)

以上所云为公式中的硬件部分，以下则为其软件部分，又分为两个要素：战略目标(S)，民族意志(W)。公式中每一项的指数如何计算，克莱因在其书中均有详细说明，但概括言之，有若干方面还是难免不受个人主观的影响。

依照1978年的情况来比较，克莱因所算出的指数显示苏联居世界第一位，美国第二，日本第三，而中国则屈居第四。当然这种结论现在已经丧失其价值。[①]

指数计算虽属可行，但又还是不无缺点：

1. 过分简化(over simplification)：任何公式中所包括的指数究竟有限，不能作周详考虑。

2. 缺乏比较(non comparability)：对个别要素无法比较。

3. 缺乏可靠性(unreliability)：仅凭指数并不能对权力强弱

[①] Ray S. Cline, *World Power Trends and U. S. Foreign Policy in the 1980* (Westview, 1980), p.174.

作精密表示。

4. 缺乏时间性（timelessness）：国力经常变化，指数却是固定的，不能适应环境的变迁。

权力分析为战略研究学域中的主要单元之一，而其最大困难又在于评估。此种工作不仅应有科学基础，而且更需要艺术天才。仅凭硬件的计算，即令有极高的精确度也还是不够，因为对于无形因素仍然有赖于微妙的判断。所以对于国家权力问题的研究必须更深入，而不可以表面化的计算为满足。

现在还要提出一种新观念，即潜力（potential），较严格地说，应称潜在权力（potential power）。因为是比较陌生的名词，所以必须作较深入的解释。潜力与权力并非两种不同的项目，其间只有程度上的差异，而并无种类上的差异。构成差异的因素即为时间，用较新的术语来表示，即所谓前置时间（lead-time），可用公式表示如下：

$$P = PP + LT$$

P（power）权力

PP（potential power）潜在权力

LT（lead-time）前置时间

依照所需前置时间的长短，潜力又可分成下列的五级分类：
1. 可立即使用。
2. 在动员后即可使用。
3. 在转换后即可使用。
4. 在发展后即可使用。

5. 假定未来可能使用。

现在逐项解释如下：

1. 可立即使用的潜力也就是权力,换言之,在上述公式中,当 LT = O,则 PP = P。通常也称为存在力量(force-in-being),其意义为此种力量是现成的,可立即使用。但这也只是理论而已,事实上,并非如此单纯,所谓"立即性"(immediacy)又必然受到两种限制:(1) 位置的限制,位置愈远,立即性愈低;(2) 机动的限制,机动性愈大,立即性也愈高。

2. 动员(mobilization)在权力分析中居于相当重要的地位。目前有人认为在核时代,动员已丧失其原有价值,实乃似是而非。即令在核时代,战争仍有多种形态,而在任何国际事务中也还是需要动用权力。而所谓动员,其含义也随着时代而改变,其内容早已变得比过去远为复杂。任何国家都不可能把所有的潜力都保持在已动员(mobilized)的状况中,因此,必须将其区分为两大部分:一部分是已动员的,即所谓常备(active)部分;另一部分是可动员的(mobilizable),也就是所谓预备(reserve)部分。动员不仅需要时间,而且往往必须分阶段完成。①

3. 转换(conversion)的层次要比动员高。将要动员的预备潜力与已动员的常备潜力,在形态上完全一样,只是在准备(preparedness)程度上有所差异。转换的目的是要改变潜力的现有形态。譬如说,把原来生产某种消费品的工厂改变为生产军用品。转换当然比动员较难,而且也需要较多的时间。②

---

① Klans Knorr, *Military Power and Potential* (Princeton, 1970), p.31.
② Klans Knorr, *The War Potential of Nations* (Princeton, 1956), p.124.

4. 发展(development)的层次又较高一级。其目标为现在尚未利用,或至少尚未大规模开发的潜力,例如已知其存在而尚未开采的矿区,或已知可大规模生产而尚未实际生产的新产品。譬如说,在第二次世界大战之前即已知可用合成方式制造橡胶(synthetic rubber),但仅由于太平洋战争的爆发,东南亚为日军所占领,美国才开始加速发展这种方式。发展所需时间当然更长,而且也与国家已有的技术水准有密切关系。[1]

5. 最后,还有目前尚无利用可能,但可假定未来将有此可能的潜力,故称之为假想权力(hypothetical power)。此种潜力能否发展,需要多久时间,谁都难以预料,但又并非渺茫的幻想。原子弹是一个现成的例子,因为在1945年之前,原子弹还只是一种假想,谁都不敢断言何时能好梦成真。[2]

以上的分析又可用下述公式来作综合表示:

$X = P + (m + c + d + h)$

P 为立即可用的力量(force-in-being)。

m、c、d、h 分别代表:动员、转换、发展、假想四阶段,均必须有时间始能由潜力变成实力。

X 代表国家权力之总和。

---

[1] Victor Basiuk, Technology, *World Politics, and American Policy* (Columbia University Press, 1977), p. 135.
[2] Stephen B. Jones, "The Power Inventory and National Strategy", *International Politics and Foreign Policy*, ed. by James N. Rosenau (Free Press, 1969), Revised Edition, p. 257.

环 境 分 析

国际舞台上的演员,也就是国际事务中的决定作为者,但任何决定又不可能在真空中作成,而必然是某种环境中的产品。简言之,战略必须适应其所面对的环境,否则也就会与现实脱节。因此,环境分析遂构成战略研究学域中的第三个研究单元。战略家所应注意的环境,也可称之为战略环境(strategic environment),使用此一名词的目的,不过只是强调环境所具有的战略意义而已。

概括言之,环境即为时空架构,也可称为情况,是一种非常复杂而富有弹性的观念。其包括的因素有时代、地理、社会、政治、经济等等,种类之多几乎是难以列举。过去所谓环境者仅限于二度空间,也就是地球表面,到 20 世纪初叶,环境已把三度空间包括在内,即陆、海、空都应列入考虑之中。现在又早已把四度空间(即时间)也纳入环境分析之中。

传统战略家早已知道环境对于决策的重要,足以作为代表者当然又非孙子莫属。他曾明确指出:

> 知彼知己,战乃不殆;
> 知天知地,胜乃可全。

所谓"彼"、"己"、"天"、"地"等因素,总而言之,即为战略环境。过去的战略家虽知环境的重要,但其思考往往又只是相当粗浅而并不深入。其原因有二:一方面,过去的战略家毋需考虑那样多的因素;另一方面,他们也缺乏深入分析的能力和工具。到今天,不仅所需要考虑的环境因素已经变得远较众多而复杂,而且也已有许多新的方法和工具,使深入的分析变为可能。所以,在当前的世界中,环境分析也就变得日益重要,而且也日益困难。尤其是国际舞台上有许多演员互相竞争,假使甲方重视环境分析,而乙方却不重视,则乙方必然会居于相对的劣势。

环境分析早已成为一门具有高度专精性的学问,其内容非常广博而微妙。就空间而言,可以分为三大层次,即:(1)全球(global);(2)区域(regional);(3)局部(local)。就时间而言,也可分为三大层次,即:(1)过去;(2)现在;(3)未来。这两种区分互相组合,又可构成九种不同的层次区分。仅以这样的一个时空架构而言,就已令人感觉到其问题的复杂了。

从空间方面来看,全球、区域、局部三个层面不仅是重叠的,而且彼此之间又有非常复杂的互动因素。今天的世界的确是一个天涯若比邻的世界,不仅大家都生活在同一地球上,而这个地球就时空意识而言,也的确日益缩小。任何某一层面上所发生的事情,必然很快就会影响到其他层面,换言之,在今天的国际环境中已无孤立之可能。

再从时间方面来看,过去、现在、未来构成一个不可分的连续体。后之视今犹今之视昔。研究战略的学者不仅要了解现在,还要了解过去,而尤其必须试图预知未来。**也许未来是最重要的,战略家是为明天(for tomorrow)而思考,一切战略计划都是为明天而设计。所以,战略家既不可沉醉在过去的历史中,也不可仅以了解现状为满足,战略家必须能够知道过去的背景、现在的情况和未来的趋势。**

假使说温故即可以知新,则尚未探测未来之前应先检讨过去。

过去的世界虽也复杂多变,但就其全体而言,还是可以归纳出下述五点特征:

1. 世界体系是由欧洲大国、美国、日本所支配。
2. 国家权力的最高表现为军事权力。
3. 各国有认定的假想敌国之存在。
4. 战争形态有不变的趋势。
5. 技术的进步只是程度上的增加。

时至今日可以说一切都改变了。假使仍依照上述的顺序来分析,则对于当前的战略环境似乎可以分别简述如下:

1. **世界体系**。冷战时期的世界的确是两极化的,所有国际事务无不深受美、苏对抗的影响。今天世界权力结构已经变得远为复杂。那是一种四层的立体架构:最上层是军事层面,只有一个极(unipolar),即为美国,只有它能作全球性的军事权力投射。第二层是经济层面,20世纪后期是三极(tripolar),即美国、欧盟、日本,一共占了全球经济的三分之二。由于中国经济快速成长,到世纪交替时变成四极(quadripolar)。第三层是政治层面,世界上已有大小国家一百八十三个,所以在政治上确已成多极(元)(multipolar)世界。最低的基层由各种超国家(transnational)活动所组成,不受主权国家之控制,包括国际经济交流、恐怖活动、毒品交易、环境破坏等在内,无极(nopole)可言。①

2. **国家权力**。过去最重要的权力即为武力,现在不仅已有多种不同的权力,而且其间关系也变得非常复杂。美国《外交季刊》

---

① Thomas H. Eteold, "The Strategic Environment of the 21st Century", *Strategic Review* (Spring, 1990), pp. 23-32.

前主编海兰(William C. Hyland)在1990年曾预言:"今后十年间,思想和军事问题可能减少,经济将居于支配地位,而其他因素的重要性也会有所改变。"[①]若再向未来看,则技术也许会变成最重要的因素,军事、经济、政治、心理都将受其影响。

3. **假想敌国**。过去几乎任何国家都有其假想敌,此种认知的基础或为思想的歧异,或为实力的对比。第二次世界大战之前,法国之于德国,美国之于日本,冷战时期,美国之于苏联,都代表此同一典型。但今天此种传统观念开始受到新的考验。某些国家在军事方面已无假想敌之存在,但其他方面的利益仍然会受到各种不同的威胁。譬如说在经贸方面,日本已成美国的劲敌,尽管他们在军事方面还是同盟国。敌乎友乎?的确已成当前国际关系中的严重矛盾。此外,眼前太平无事并不保证未来永久和平。纳粹党在十年之内使和平的德国发动战争,我们又如何敢于断言二十年后不会再有一位希特勒出现?

4. **战争形态**。从古到今,人类社会之间不知道已经发生过多少次的流血冲突,但严格说来,战争形态并无太多改变。就本质而言,战争不过是人类之间的集体械斗而已。所以,大家对于未来战争形态有其固定的想象。换言之,即认为下一次战争与上一次战争最多只有程度上的差异,而并无种类上的差异。自从第二次世界大战结束,此种印象即开始有所改变。战略家正面对着一种双重矛盾:一方面核武器能对大战产生吓阻作用;另一方面在核阴影之下仍继续需要进行小战。今天冷战虽已结束,民主国家不打

---

① William G. Hyland, "America's New Course", *Foreign Affairs* (Spring, 1990), pp. 1–12.

民主国家也已成共同理想,但战火仍继续在地球上蔓延,而且愈是星星之火,愈不易扑灭,并随时都可能形成燎原之祸。①

5. **技术冲击**。战争经常受到技术的冲击,此为人尽皆知之事实。军事革命往往是随着技术革命而来。19世纪中叶,电信、电力、铁路等技术创新改造了西方社会,也改造了战争。所谓20世纪的战争是以1861年的美国内战为真正的起点。新技术的冲击所可能产生的效果非常难于预测,民用技术与军用技术的交流更能产生协力作用。卡恩早在20世纪60年代曾指出,现代技术发展神速,遂使技术突破更难于控制。所以,一切的战争准备和计划必然具有高度的不确定性。②

基于以上的分析,可以断言未来世界的变化将很难捉摸,所以对于未来不可存有过分乐观的想法,尤其不可假定所有的改变都是善良或有利的。至少应有下述五点基本认识:

1. **改变还只是刚刚开始**。苏联解体只是为世局巨变揭开序幕而已,后冷战时期的来临会带来许多过去意想不到的新变化。世界已由稳定的静态转变为不安的动态。比之冷战时期,后冷战世界也许既不安全,也不快乐。

2. **谁都不能控制世局的变化**。尽管战略家希望能引导历史潮流,并以此为最高理想,但世界太大也太复杂,不可能完全随着任何国家的政策走,所以,谁都不可能控制世局的变化。

3. **任何思想制度都会受到挑战**。历史并未走到终点,民主政治和市场经济也非尽善尽美,也不代表大同世界的最高典型。事

---

① Martin van Creveld, *The Transformation of War* (Free Press, 1991) pp.1-13.
② Herman Kahn, *On Thermonuclear War* (Princeton, 1960), p.316.

实上,西方社会也是外强中干,要比崇洋之士所想象的远为脆弱,许多新兴势力都可能会以它为攻击对象。

4. **新威胁可能无形**。竞争形式会有不同的组合,各种权力要素都可能被使用。新的意识形态也许比旧有的纳粹主义更难应付,新威胁甚至于是无形的,远超出传统观念之外。

5. **挑战者将无所顾忌**。新的挑战者将不受传统的束缚,不以维持现状为满足。他们贪得无厌,得寸进尺。他们也是投机分子,不放弃任何机会。所以,采取守势的方面将会备感力量分散之苦。[1]

面对着如此复杂多变的未来,实在没有足够理由来对世界前途表示过分乐观,前途虽不一定更为坎坷,但还是有不少的障碍。要想思考明天的战略问题,必须重视未来战略环境的评估。

运 作 分 析

现在好戏终于开锣了。以上所谈的只是演员、舞台和道具,而并非戏剧本身。演员必须在舞台上有所行动,然后观众才有戏看。在战略研究领域中,所用的名词即为运作(operation),这本来也是军事术语,在传统战略中译为作战,而我国古代则称为用兵。运作分析构成战略研究的第四单元,而且也可以说是最主要的单元。严格地说,运作是战略的本体(strategy the proper),没有运作也就没有战略。

---

[1] Michael Vlahos, "The Next Competition", *Strategic Review* (Winter, 1993), pp. 81–84.

运作分析的内容即为研究如何运用权力。最原始的意义即为用兵,也就是如何使用军事权力,其具体代表又为武装部队。武力的使用又可概分为两种模式:(1) 实际使用(physical use);(2) 和平使用(peaceful use)。前者为对敌方直接使用武力,后者只把武力当作威胁。依照使用目的来分类,军事权力可以用来达成下述五种任务:

1. 攻击(offense)
2. 防御(defense)
3. 吓阻(deterrence)
4. 胁迫(compliance)
5. 展示(demonstration)

现在再分别讨论如下:

1. 攻击具有侵略动机并以征服为目的。但在今天的文明世界中,明目张胆的侵略至少会受到道义的谴责,所以即令是侵略者,也都会寻找合理的借口。以攻击为目的又与以攻击为手段有所不同。以攻击为目的固然一定会以攻击为手段,但以防御为目的,也还是可以用攻击为手段。军人的古训"攻击为最好的防御"(the best defense is offense),即代表此种观念,攻击具有积极目的,而防御则只具有消极目的。所以,二者之区别在于目的而非在于手段。

2. 防御在形式上又有两种选择:(1) 坐以待敌;(2) 制敌机先。弱小国家也许只能作第一种选择,那可称为纯粹或绝对防御。但强大国家则还可作第二种选择,那又可称为攻势防御。坐以待敌是让敌方先动手打击然后再还击,所以也称为"第二击"(second strike),又可分为两个步骤:抵抗(resistance)和反攻(counteroffense)。

制敌机先即先动手打击,故可称"第一击"(first strike),又可分两种方式:(1)如果相信敌方即将发动攻击,而采取先发制人的行动,是谓制先(pre-emptive)打击;(2)如果相信敌方的攻击无可幸免(虽非立即来临,但终将来临),于是选择有利时机先行发动攻击,是谓预防(preventive)打击。所以,防御比攻击远为复杂,可以综合图示如下:

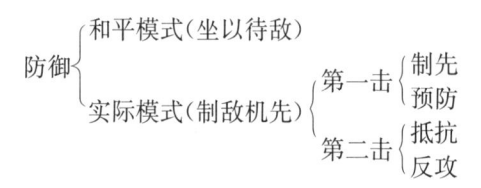

$$
防御\begin{cases}和平模式(坐以待敌)\\实际模式(制敌机先)\begin{cases}第一击\begin{cases}制先\\预防\end{cases}\\第二击\begin{cases}抵抗\\反攻\end{cases}\end{cases}\end{cases}
$$

3. 吓阻属于和平模式,仅凭威胁来达到目的。所产生的是心理效果,即对方并未采取我方所想要吓阻的行动。换言之,只要敌方并未行动,我方的吓阻就算是已经成功,但敌方究竟为何不行动,甚或根本无意行动,则不在考虑之列。在先核时代,吓阻是用防御来达成的,万里长城能使胡人不敢南下牧马即为一例。核武器出现后,吓阻观念不仅获得新的重要性,而且完全以报复威胁为基础,并构成核战略的主流。

4. 胁迫也是用威胁为手段,但目的却与吓阻不同。吓阻只具有消极目的,而胁迫则具有积极目的,即企图迫使对方放弃其所已采取的行动,或采取我方所欲的行动。吓阻的成功毋需证明,胁迫是否成功则必须有事实为证。所以,要想达到胁迫目的是远较困难。

5. 在国际事务中对于军事权力还另有一种和平使用,即所谓"耀武扬威",也就是采取各种不同手段以展示武力,例如军事演习、庆典阅兵、军舰访问、武器展览等等。当然又非为展示而展示,

第六章 战略研究的单元

国家之所以采取这种手段,是想要间接地达到吓阻、胁迫,或其他政治性目的。

综合言之,军事权力的使用可以有攻击、防御、吓阻、胁迫、展示五种模式。攻击为实际使用,吓阻、胁迫、展示均为和平使用,而防御则两种使用兼而有之。①

时至今日,战略早已提升其层次,扩大其范畴,而所谓国家权力也已包括非军事因素在内。因此,对于国家权力的使用又必须作更具有宏观性的分类。这也许可分为三大类:

1. 强制(coercion)。其意义即为强迫对方遵从我方的意志,换言之,强制具有积极目的。强制虽然也可用威胁方式来达成,但有时还是必须实际使用权力,而最常用者即为武力,至少过去经常是如此。不过也非尽然,譬如说经济制裁就是一种常用的强制手段。

2. 劝诱(persuasion)。这是一种较复杂的运作,可以是对抗也可以是合作,其对象可以是敌国,也可以是友邦。其所用手段可概分为威胁与利诱两种模式。而两者又最好配合使用,以收协力之效。劝诱的目的有时为积极的,即说服对方采取某种行动;有时为消极的,即说服对方不要采取某种行动。在当前的世界中,用劝诱为手段的机会要比用强制为手段的机会较大,而成功的几率也较大。

3. 挥发(emanation)。所谓权力的挥发是一种非常微妙的心理影响,但在历史中却又是常见现象,尽管其运作很难解释。历史中的伟大文明常发挥此种奇妙影响,而那与其所能使用的实质权

---

① Robert J. Art, "To What Ends Military Power", *International Security* (Spring, 1980), pp. 3 – 35.

力几乎不成比例。在西方历史中最显著的例证即罗马和平（Pax Romana）。诚如吉本（Edward Gibbon）在其名著《罗马帝国衰亡史》（*The Decline and Fall of the Rome Empire*）中所描述的，罗马人是"使用一切光荣的手段，以争取异族的友谊，并努力使人们认清罗马的权力超越了征服的诱惑，而以对秩序和正义的爱好为其动机"①。又诚如拿破仑所云："权力是以意见为基础。"有利的国际意见可以扩大某一国家的权力，使强制手段变得几乎不需要。此种间接的和广泛的影响作用，也就是我国传统思想中所谓的"王道"，能够产生潜移默化的效果，实为权力运作的上乘工夫。②

大战略领域中，国家权力的运作又非仅以使用为限，而还有两种运作是同样重要但往往为人所忽视。其一是分配（allocation or distribution），其二为发展（development）。

对于战略的任务而言，权力分配本应该列为首要项目，但具有讽刺意味的是，在所有的战略定义中几乎都未将其列入，也许只有李德·哈特为惟一例外，不过他所分析的主题又仅限于军事战略。为何分配的观念非常重要？因为任何国家的权力基础（power base）都是有限的，但在国际事务中国家对于权力的需求又几乎是无限的。以有限的供应来配合无限的需求，必然会经常感到力不从心，而必须有所取舍。所以对于国家权力（资源）如何作适当的分配，实在是一个非常重要的战略问题。

战略家对于权力问题进行思考时，首先要问的不是"我现在已

---

① Edward Gibbon, *The Decline and Fall of the Rome Empire* (The Modern Library, n.d.), vol. I, p.8.
② Alan K. Henrikson, "The Emanation of Power", *International Security* (Summer, 1951), pp.152–164.

有什么",而是"我现在需要什么"。简言之,是"量出为入"而非"量入为出"。假使现有权力不足以适应需要,就必须进一步考虑发展的问题。此处所谓发展应采取广义的解释,即设法把潜力转变成为能力,以增补现有能力之不足。

发展与分配之间又有不可分的关系。因为发展也非漫无限制,而应有所选择,尤其是对于"优先"(priority)的排列更是非常重要的决定。在第二次世界大战时,希特勒没有给予原子弹的发展以高度优先,遂坐失创造历史的机会。此外,也还有成本问题。当然,成本是愈低愈好,但又不可因节省成本而影响发展的效果,尤其是应知时间比金钱更重要。

总结言之,权力的使用,尤其武力的使用,仅为运作分析中最原始的一个部分。而此种分析的全部范围则远较广大,也需要较深入的研究。

结　　语

现代战略研究的确是一门非常博大而又精深的学域,此种学域可以分为四个分析单元,即上述的演员、权力、环境、运作四大项目。当然,每一个单元本身又都已有足够巨大的范围,值得深入研究,甚至于穷毕生之力,也许都还不能达到精通的程度。由此可知现代战略研究已经不可能采取传统模式。

不过,尽管战略研究已经走向多元化、集体化的途径,但作为一个战略家对于整个学域还是必须具有若干共同思想基础。所以,对于每一分析单元都必须有充分的了解,否则也就很难分工合作,发挥协力之效。

第七章
战略与情报

引言
何谓情报
情报分析
情报的研究判断
结语

引　言

　　我国的历史小说中最具有影响力的莫过于《三国演义》。当我们还在童年的时候，就已知道孔明的神机妙算，甚至在我们幼小的心灵中，还以为孔明是姓孔。但很不幸，这部著名的小说却把历史中的一位大战略家描绘成为江湖术士。在一般读者的心目中，诸葛亮之所以能预知未来，主要的是因为他会"夜观天文"和"袖占一课"。究竟诸葛亮是否真正具有如此的神通对于我们而言，并非重要的问题，而且也不值得加以考证。

　　不过，从中外历史的记载中却可以发现，有许多国家领袖（国王或将帅）每当要作重大决定时，往往会先找一位算命先生（英文称为"fortune tellers"）来预卜休咎。此种事例不胜枚举。我国古书，例如《左传》，就有很多的记载，而西方古代的希腊神签（oracle）更是非常著名，甚至连一代枭雄希特勒也都相信这一类的神话。

　　因此，这就使我们不能不对于我国"兵圣"孙子表示十分敬佩。孙子在神权尚具有相当支配势力的时代（春秋），就断然否定了此种求神问卜的观念。他在"用间"篇中作了非常明确地表示：

　　　　故明君贤将所以动而胜人，成功出于众者，先知也。先知者，不可取于鬼神，不可象于事，不可验于度，必取于人，知敌之情者也。

孙子虽强调"先知",但他却又认为先知并无任何神秘,不过只是依赖知道敌情的人而已。孙子把这种提供敌情的人总称为"间"。我们读古书时,对于古人的用语必须作较有弹性的解释。所以,不应把这个"间"字视为狭义的间谍,而应解释为广义的情报组织。

孙子不仅非常重视情报,而且在他的书中更明确地把情报纳入战略思想的体系之中。《孙子》全书在逻辑上有其连贯性,在结构上构成完整的体系:以计划为起点,以情报为终点。首先说明战略的实质内容即为计划,而最后则指出计划又必须以情报为基础。简言之,若无"先知"则也无"庙算",于是全部理论遂不免沦为空谈。由此观之,可以认清孙子的思想不仅重视现实,而且也具有明显的未来导向。他深知战略家所要考虑的不是现在,而是未来。所以,必须先知,亦即所谓先见之明。

《孙子》全书不过六千余字,是一本篇幅很小的书,而第十三篇("用间")则一共只有四百七十一字。虽然是如此简短,但却言简意赅,对于情报的要点都有非常精辟的见解,甚至于到今天仍然不丧失其价值。

孙子把情报提升到战略层面,就这一点而言,诚可谓古今一人。不仅如此,其在"用间"篇中还有若干观念也非常值得重视,并且对于现代情报工作者也不失为最佳的忠告:

1. 孙子明确指出"明君贤将"必须先知,足以显示孙子知道情报不仅限于军事层次,而更延伸到国家层次。所以,孙子可能是第一位了解所谓国家情报(national intelligence)观念的战略思想家。

2. 如何能先知?孙子首先提出"三不可"的原则:

第七章 战略与情报

(1) 不可取于鬼神——这样彻底破除迷信的人,在我国古代的确很少见,充分显示出孙子思想中的科学精神。

(2) 不可象于事——即不可依赖历史的类比,因为由于时代和环境的不同,以史为例可能产生误导作用。

(3) 不可验于度——"度"就是数量,不可仅凭计算方法来推测未来。即令今天已有电脑,但电脑仍不能代替人脑,也不能先知。

3. 孙子明确指出先知必须靠情报,别无其他途径。他说:"必取于人,知敌之情者也。"他用了一个"必"字,足以显示他对于这一点的坚持。

4. 孙子敢于用伊尹、吕牙为例,以解释"以上智为间"的道理。他确认情报组织必须用第一流的人才,而且必须如此,始能成大功。换言之,情报必须有极佳的品质,不好的情报甚至于比没有情报更坏。

5. 孙子又严厉地警告:做情报要舍得花钱,绝对不可以打小算盘。他说:"而爱爵禄百金,不知敌之情者,不仁之至也。"由于舍不得花小钱而误大事,这种人可谓"麻木不仁",所以应严厉谴责。

孙子在战略思想史中的历史地位早已经受到全世界的景仰。李德·哈特认为过去所有一切的其他战略思想家都不足以与其比拟,甚至于克劳塞维茨的思想也都比他陈旧。[①]

克劳塞维茨的思想是否真比孙子陈旧呢?至少就情报的观念而言,似乎的确如是。与孙子成强烈对比,克劳塞维茨对于情报的价值采取轻视和否定的态度。他在《战争论》中说:

---

① B. H. Liddell-Hart, "Foreword", of *Sun Tzu*, *The Art of War* (Oxford, 1963), pp. vi – vii.

> 在战争中许多情报都是矛盾的,甚至于有更多的是虚假的,而大多数则是不确实的。[①]
>
> 指挥官所能充分知道的只有他自己的情况,至于敌方的情况则只能来自不可靠的情报。[②]

孙子要求知彼知己,克劳塞维茨则似乎仅以知己为满足,而认为知彼是一种奢望。尽管如此,他并非完全否定情报的需要,或武断地认为情报毫无意义。不过,至少在克劳塞维茨的书中是找不到一个良好情报足以导致胜利的例证。因此,若认为他不曾给予情报问题以适当的重视和分析,则确为事实。

克劳塞维茨之所以不重视情报,其主因是他确认情报不可信赖,这又与当时的技术情况有密切关系。概括地说,在他那个时代,侦察技术还非常原始,要想在战场上获致可以信赖的战术情报都很勉强,至于较远距离的战略情报,则更是无异于捕风捉影。此外,通信的迟缓,即令能获可靠的情报,也还是很难适时地加以利用。

从19世纪前期到20世纪后期,整个世界在此一百五十年之内,早已变得面目全非,尤其是科技的进步更为惊人。在当前所谓信息时代中,情报的收集、传送、处理、利用等方面都呈现出古人所难以想象的高效率。因此,情报对于国家安全(生存)的重要性也就不言而喻。

尽管技术已有莫大的进步,但孙子的基本观念仍然继续有效。情报的价值还是在于替战略服务,也就是对于战略计划作为提供必

---

① Carl von Clausewitz, *On War*, p.117.
② 同上书,p.140.

要的知识基础。要想使此种服务能尽善尽美,则不仅情报工作必须有高度效率,而更重要者则为在战略与情报之间必须有密切的思想沟通。双方都需要充分了解对方的工作,然后始能合作无间。

概括言之,情报工作是高度专业化的,而战略领域则比较宽广。所以,情报人员是专家,而战略家则为通才。专家不一定要完全了解通才的工作范围,而还是照样能替他服务。反而言之,通才对于专家的能力限度必须有较深入的了解,否则不但不能让他尽其所长,而且还不能够对他的工作提出合理的要求,或作必要的指导。因此,战略家(也就是决策者)必须明了情报工作的性质和限制,并且还应研究改进情报工作的途径。在此还必须说明,本章所讨论的主题为高级的战略情报,还可称之为国家情报。不过就原则而言,对于较低阶层的战术情报,大致也仍可适用。

何 谓 情 报

情报是国家事务中的一个重要部分,由于其所涉及的范围相当广泛,所以对于其含义也就很难加以明确的界定。美国情报界的老前辈肯特教授(Prof. Sherman Kent)[①]曾概括地指出:情报是一种知识(knowledge)、一种组织(organization)、一种活动

[①] 谢尔曼·肯特(1903年11月6日—1986年3月11日),耶鲁大学历史学教授,美国情报理论专家,美国战略情报分析领域的开拓者,美国的"战略情报之父"、"情报分析之父",中央情报局4位最有影响的分析家之一,对中央情报局最有影响的50位人物之一。肯特从事战略情报分析工作近30年,二战及冷战期间曾在中央情报局服务17年,丰富的情报实践使他对情报工作形成了独特的看法。他发表了大量有关情报理论的著作和文章,《战略情报:为美国世界政策服务》一书是美国战略情报研究的奠基之作。肯特的思想对美国的情报工作产生了深远影响。——编者注

(activity)。若把这三个观念连贯起来,也就可以说:**情报是某种组织为追求特定的知识而采取的行动**。①

情报的惟一目的即为求知,然则其所追求的又是什么知识?肯特说那是对国家生存具有必要性的知识,换言之,无论在平时或战时,任何国家的政府在对其国家政策(战略)作重大决定时,都必须以此种知识为基础。曾任美国副国务卿的鲍伊(Robert R. Bowie)曾建议把情报界定为"设计用来协助行动的知识和分析"②。古今中外的政治或军事领袖经常会面对一个非常古老的问题:**在不确实的条件之下勉强作出其决定**。尽管还是有人求神问卜,但在战略的领域中,孙子的遗训大概已经获得全世界的认同。

战略家在作决定或计划时需要先知,而此种知识则由知敌之情者负责提供。在当前的环境中,此种知识非常广博而精深,即令是伊尹、太公再世,仅凭个人的才智还是不能一手包办。简言之,现代情报工作是多元化、集体化的工作,必须要有一种组织来负其总责,然后始能收分工合作之效。

如何始能获致有用的情报以供决策者作为思考的基础?情报组织又必须进行下述三种不同的活动:(1)信息的获致(acquisition);(2)信息的分析(analysis);(3)情报的采用(acceptance)。因为三个名词在英文中都是以"A"为首,所以,也可以称之为情报的"3A"。在此又必须作少许澄清,严格地说,信息(information)与情报(intelligence)是有所区别的。前者是原

---

① Sherman Kent, *Strategic Intelligence for American World Policy* (Princeton, 1949), Preface, pp. xii - xi.
② Emet R. Mag, *Knowing One's Enemies* (Princeton, 1984), p.3.

料,后者是原料经过处理之后所产生的成品。不过,一般使用时,又很少有人如此斤斤计较而常统称之为情报。获致是学术界最近流行的新名词,比较通用的名词为搜集(collection)。[1]

在三种活动中,信息的获致(也就是情报的搜集)一直都是最为人所注意的部分。在一般人的心目中,电影中的"007"即为情报活动的典型。在第二次世界大战之后所出版的许多有关情报的著作也几乎都是以此为主题。这些著作似乎都是假定某些高度机密的信息一经获致之后,马上就会为军政领袖所采纳和利用,于是即能在政策或战略层面上产生重大的后果。事实上并非如此简单。信息的获致只是情报活动的起点,而所搜集到手的信息还要经过相当复杂的过程始能变成有用的情报,而且也还不一定会被采用。[2]

就传统而言,情报(信息)的搜集都是凭借人力,也就是孙子所说的"用间"。不过,最近三十年来,由于技术的进步,开始出现许多新奇的情报搜集工具,例如高空侦察摄影、人造卫星,以及其他电子装置等。这些工具固然具有重大的价值,但也可能产生不利的影响:

1. 由于过分依赖技术,遂使大家相对地忽视人的重要性。实际上,有许多工作还是不能用机器来代替人力。

2. 此种自动化的搜集方式足以产生信息泛滥的现象,增加情报分析的负荷,甚至于还会降低分析的品质。

从战略家的观点来看,对于获致信息的方法和技术似乎没有给予太多注意之必要,甚至于可以假定,在一般的情况中,通常都

---

[1] Michael I. Handel, "The Study of Intelligence", *Orbis* (Winter, 1983), p.817.
[2] 我国军事术语将"信息"(information)译为"情报资料"。

是能够获致适当的信息。原始的信息又必须经严密的分析处理,始能转变为情报,那才是决策者及其幕僚所真正需要的知识。诚如肯特所云,情报是一种知识,而这种知识不仅非常浩繁,而且也十分艰深。概括言之,又可以分为三大类:(1)基本叙述(basic description);(2)现况报道(current report);(3)推测研究判断(speculative evaluation)。

第一部分提供有关目标国家的一切静态(static)知识,其内容应该像百科全书一样地详细。概括地说,大致都是过去已有的记录,足以代表目标国家的已有状况(status)。

第二部分提供有关目标国家的一切动态(dynamic)知识,因为国家的状况不是静止的,而经常处于改变之中。所以,对于目标国家的若干重要改变必须经常加以监视。必须如此始能知道目标国家的现有能力(capability)。

第三部分提供有关目标国家的一切可能潜在(potential)趋势的知识。换言之,也就是以推测未来为目的,而尤其是必须设法了解对方的意图(intention)。

现在再把上述的全部观念综合图解如下:

```
                  ┌─ 过去 ─ 静态 ─ 状况 ─ 基本叙述
    知识(情报)────┼─ 现在 ─ 动态 ─ 能力 ─ 现况报道
                  └─ 未来 ─ 潜在 ─ 意图 ─ 推测研究判断
```

第一部分几乎全是已知的,第二部分之中有已知也有未知,而第三部分则全为未知的领域。就工作而言,第一部分是繁而不难,只要能有足够的人力、物力、时间,这一部分的工作一定可以完成。第二部分的工作则远较困难,而第三部分的工作更是难上加难。

第七章　战略与情报

在此,又有两个名词必须加以辨别:其一是机密(secret);其二是神秘(mystery)。机密为某种具体的事物,可以用间谍去窃取,或用技术工具去探测。例如某一国家有多少核弹头,其弹道导弹有多远射程等。这一类的信息都是属于机密的范围。神秘则为某种抽象的疑问(abstract puzzle),无人能够提供确切的答案。任何国家对于机密都会采取保密措施,但即令在高度保密之下,机密还是有泄漏的可能。神秘则是抽象的观念,它可能只存在于想象之中,因为它是无形的,所以也就是任何技术或方法所都不能获致的。简言之,能力是一种机密,而意图则为一种神秘。[1]

非常明显,即令只有一个目标国家,要想获致上述的一切必要知识,也都不是一件容易的事情。何况今天世界上大小国家已有一百八十多个,而且还有许多非国家性组织之存在。由此可知现代情报工作是如何繁难,而需要庞大的组织也实乃理所当然。

情 报 分 析

情报组织很庞大,人员也很众多,工作更是非常复杂。在未作进一步分析之前,又首先要说明两点:

1. 并非所有在情报组织中工作的人都是情报专家。情报组织也像其他的组织一样,有许多办事人员,此外还有各种不同的专业技术人员,只负责一部分特殊工作,例如电子、通信、摄影、电脑等等。所以,真正的情报专家并不太多。

---

[1] Joseph S. Nye, Jr., "Peering into the Future", *Foreign Affairs* (July/August, 1994), p.88.

2. 所谓情报工作,包括信息搜集在内,几乎90%都是公开的,并无任何神秘可言。当然,情报工作中确有其高度机密或敏感的部分,但在全部组织中所占的比例却非常有限。

概括言之,情报组织的主体,也就是负责情报分析的部分,由一群专家学者所组成,他们不仅学有专长,而且对于工作有强烈的奉献精神。从某种意识上来看,情报组织与学术研究机构并无太多差异。在情报组织中工作的学者,也都像大学教授一样,享有充分的学术(研究)自由。这一点非常重要。如果情报组织官僚化,则必然会影响到其工作的质量。

从另外一个角度来看,情报组织又很像报社。情报人员的工作就是监视(watch)、报告(report)、综合(summarize)和分析(analyze)。所以,和新闻从业人员的确很相似。他们也是分为内勤和外勤两部分:前者负责分析(编辑),后者负责搜集(采访)。就工作态度而言,他们有时还是不能够像大学教授那样心平气和,而必须像新闻记者一样地赶时间。

最后,情报组织又必须具有良好的企业精神。做情报也像做生意一样,不仅要讲求效率,而且其产品必须货真价实,能符合一定的标准。这一点又与情报是否会被采用有其直接关系。情报像商品一样,招牌非常重要,所以,情报工作人员必须兢兢业业,然后才能确保"商誉",使他们的意见得到消费者(决策当局)的信赖。[①]

尽管情报工作者与纯粹学者、新闻记者、企业家,都有其类似之处,但他们的工作又有其特殊的性质。所以,他们自成一格,而

---

① Sherman Kent, *Strategic Intelligence for American World Policy* (Princeton, 1949), p.76.

第七章 战略与情报

与任何其他行业的专家都不相同。现在就分述如下：

1. 在大学中或报社中工作的专业人员，就基本素质而言，并不会比在情报组织中工作的同行有所逊色。但后者在工作上却享有一种特殊的便利，是前者所不能分享的：他们能够接触和利用机密资料。那些资料可能要比公开资料精确可靠，因此，对于同一问题的研究，情报组织中的专家要比其他的专家占优势。

2. 情报分析的另一主要特点（也可以说是优点）为它是一种集体性（collective）和综合性（comprehensive）的努力。情报组织中有各种不同的专家，他们的学识和经验可以互相交换而产生协力效果，这是一般研究机构所不及的。尤其是在研究判断某国政府的决策或行为时，所牵涉的范围必然非常广泛，也就更需要整合的研究。假使所采取的为个别的或分散的研究方式，则不仅进度将远较迟缓，而且也可能会遗漏重要的问题。

3. 情报分析者有一种特殊而沉重的责任，那是一般专家学者或新闻记者所难以想象的。教授做研究工作，做错了可以再做一次，对于失败也没有太多责任。记者若报道错误虽需负责，但他可以透过一定的程序（更正）来补救，而其所造成的后果也还不至于太严重。情报分析者对于他所作成的研究判断必须负起远较巨大的责任。假使他的推测和判断发生错误，则可能导致的后果也许将不堪设想。他既不能再做一次，也无法更正。因此，情报分析必须非常慎重，而不可掉以轻心。这也就会导致悲观心态，报忧不报喜，对于危险（威胁），宁可高估而不低估。[1]

---

[1] Shlono Cazit, "Estimates and Fortune-Telling in Intelligence Work", *International Security* (Spring, 1980), p.38.

情报工作欲求有效,则情报组织本身必须具有高度的工作效率。如何提高效率,就原则而言,必须注意下述三点:

1. 国家的政府组织中,虽然可以有若干单位分别负责不同性质(或范围)的情报工作,例如美国的国务院、国防部,甚至于每一军种,都有其个别的情报单位。但更重要的还是在国家阶层必须有一个最高的综合情报组织,这样始能对最高决策当局提出一份统一的国家情报评估(National Intelligence Estimate,简称NIE)。假使没有这样的高级综合组织,则结果就会每一部门都有其自己的看法,但对于总体性的问题则并不能作成综合的结论。

2. 情报是一种高水准的工作,组织固然重要,人才也许还更重要。若无第一流的人才,则即令有极佳的组织,也仍然只是一个空架子而已。情报领域中充满了不确定性(uncertainty),所以工作者必须保有高度弹性化的心灵。他们必须能够敏锐地发现改变的征候,并且立即了解新发展所可能带来的重要意义,头脑硬化、固执己见,应该是情报专家所必须戒掉的毛病。反而言之,由于责任重大,他们又必须保持高度的警觉,对于任何蛛丝马迹都不可轻易放过。同时对于所作成的报告必须一再核对,以防疏忽或错误。最后,情报工作者还必须有敢于表示异议的精神勇气。因为只要有组织,即难于绝对避免官僚化,于是也就会逐渐形成集团思想(group-thinking)。在集团思想影响之下,工作人员的特殊个性也就会难以发挥。其流弊即为人云亦云,毫无创见。所以,要想维持工作的品质,必须要求人员具有独立精神,不盲目附和权威意见。

3. 情报搜集与情报分析两个层面之间必须有非常密切的合作。搜集为分析的源头,假使没有适当的信息输入,则分析者也是巧妇难为无米之炊。由于技术的进步,遂使在搜集方面所面临的困难不是信息太少,而是太多。现代搜集体系虽能获致大量的信息,但却不能辨别何者有价值,何者不重要,甚至于也不能辨别何者是"信号"(signals),何者是"噪音"(noise)。所以对于大量流入的信息应如何过滤整理也就成为分析者的沉重负荷。因此,欲求提高效率和品质,则分析与搜集之间必须保持高度的协调,尤其前者应指导后者如何工作。这样始能使搜集部门不至于把努力浪费在不必要的信息之上。

情报的研究判断

情报的结晶就是研究判断,根据所已获致的信息,经过审慎分析之后,情报组织即应能作成综合的研究判断以供决策者的采用。概括地说,所谓研究判断者,就性质而言,可以分为四大类:

1. 预报潜在的冲突。
2. 比较能力并推测未来的发展趋势,以及可能产生的后果。
3. 监视当前的情况,并对发展中的危机保持警觉。
4. 对即将发生的危险适时发出警告。

除第一类的研究判断构成远期战略计划的必要基础以外,其他三类都具有紧急性,尤其以第四类在时间上最为迫切。情报组织对于即将发生的危险未能适时发出警告,而使国家因此蒙受重大损失,实为一种不可原谅的过错[①]。

任何研究判断就其内容而言,又可以作成两种不同的分类:

[①] Thomas G. Belden, "Indications, Warning, and Crisis Operations", *International Studies* (March, 1979), p.131.

(1) 概括性(general)与特定性(specific);(2) 推测性(speculative)与实证性(substantiated)。若依照这两种分类来分析上述的四大类,则又可以综合分类如下:

(1)第一类:概括性+推测性;(2)第二类:特定性+推测性;(3)第三类:概括性+实证性;(4)第四类:特定性+实证性。

因此,也就可以明了第四类的可信度最高,并要求立即采取应变行动。第一类的可信度最低,只能作为计划作为的参考。其他两类的可信度则介乎二者之间,其价值也较有弹性。[①]

从另一角度来看,情报的研究判断可能要同时应付三种不同的要求,而每一种要求又各有其特点。简言之,情报分析者随时都负有下述三种责任:

1. 对于他国(对方)所已作成的决定,能迅速提供正确的研究判断(评估)。

2. 对于某种情况,应能列举对方所可能采取的各种不同反应,并指出其中哪一种几率最高。

3. 应能指出对方的某种步骤已经开始,并密切监视其发展,并尽可能及早发现其决定的时刻(the moment of decision)。[②]

概括言之,情报研究判断的主要任务即为认清威胁之所在,并即时向决策当局提出警告,提醒他应注意已有何种威胁出现或正在酝酿之中。此种警告固然是愈早愈好,但又不可过分紧张而造成虚惊。正像牧羊儿一样,"狼来了"的呼声若是太早,则有一天狼

[①] Shlono Gezint, "Estimates and Fortune-Telling in Intelligent Work", *International Security* (Spring, 1980), pp. 46–47.

[②] Washington Platt, *Strategic Intelligence Production* (Praeger, 1957), p. 95.

第七章 战略与情报

真来时,反而会无人理会。[①]

情报研究判断领域中有两个问题时常引起争论,值得加以较深入的探讨:

1. 对方的能力和意图哪一方面比较重要?这两方面的分析孰难孰易?

2. 对于威胁不是高估就是低估,二者之间的利害得失应如何评定?

从表面上来看,当然是意图比能力较为重要。其理由至少可以分为两点:(1)有关能力的知识似乎是比较易于获致;(2)能力的改变需要相当的时间,而意图则可以迅速改变。这些理由大致都是正确的,不过又自有其适用的限度。

诚然,有关能力的知识比较具体化,也比较易于获致,但又并不意味着任何情报组织对于敌方的能力都一定能够作成精确的评估。要想评估某一国家的国力是一种高度复杂性的工作,而绝非仅限于列举若干数字而已。首先必须指出在能力的领域中,有太多的因素都无法加以定量的分析。其次,有人说数字是不会骗人的,这是外行话,实际上,数字早已经常被用来作为欺人的工具。

时常有人说,能力不易改变,而意图则可以在一夜之间完全改变。事实上,这也未免言过其实。意图也不是那样可以随便改变。尤其是任何国家的意图与其能力之间存在着一种必要的关系。如果没有必要的能力,则空有某种意图也只能算是妄想。固然也可

[①] "牧羊儿与狼"的故事,当牧羊儿第一次说谎,在山冈上大喊"狼来了"的时候,别人听了,连忙跑来替他赶狼,可是他却怡然自得,以为愚弄了别人一次。哪知道这样一次说谎,竟播下了失信的种子,当狼真地来了,他惊慌失措大喊"狼来了"的时候,人家以为他又在撒谎,不来救他了,而他竟至被狼咬死。常用来比喻丧失信用、得不到别人的同情与帮助。——编者注

能先有意图,然后再去发展能力,不过,在能力尚未发展成熟之前,意图还是不能发生任何实质效力。基于以上的分析,即可以显示对于能力和意图的研究判断必须采取总体的观点,二者之间实无所谓轻重难易的差异。

就理论而言,对于威胁的评估是既不应失之过高,也不应失之过低。但事实上,则往往不是过高就是过低。因此,完全正确只能说是一种理想。

由于情报研究判断若发生错误则后果也许非常严重,所以情报组织必然非常慎重,遇事常作最坏的设想。此种心态于情于理都是可以谅解,因此,概括地说,高估比低估远较容易而且安全。尤其是当人们探索未来的问题时经常会向历史求教,但非常不幸,历史往往只会告诉你在低估威胁时所曾经导致的不利后果,而对于高估时所曾经导致的后果则常无记录。为什么会如此?因为只要情报组织已经提出警告,则无论后果成败如何,历史学家通常都会认为情报组织已经尽职,所以也就不再加以苛责。[①]

高估威胁固然比低估较为安全,但高估也自有其弊害,不可不注意:(1)对于威胁作过高的估计,将使国家为了预防莫须有的威胁而浪费不少的国力;(2)在国际环境中造成一种不必要的紧张局势,甚至产生先动手打击的意念,在核时代这更是一种极大的危险。

情报研究判断的确是一种非常困难的工作,其根本原因是出于人性,因为人本身有很多弱点,他的思考也必然会受到影响:

---

① Klaus Knorr, "Strategic Intelligence: Problems and Remedies", *Strategic Thought in the Nuclear Age* (John Hopkins, 1979), p.84.

第七章 战略与情报

1. 人有感情,他的判断不可能完全理智化,必然会受到感情的影响。

2. 强烈的意识形态会导致错误的认知。

3. 官僚组织、官僚行为、官僚政治,都足以妨碍独立的思考和判断。

4. 人都有一种一厢情愿(wishfulness)的心态,对于未来的推测往往是以希望为基础。

5. 人往往以为他人的想法是和他自己一样,此即所谓镜影(mirror-image)现象[1]。

人性的弱点不仅影响情报研究判断的素质和正确程度,而且与某种研究判断是否会被接受也常有密切微妙的关系。从历史例证上来看,某些国家(政府)之所以受到奇袭,并非由于情报组织事先不曾发出警告,而是由于警告不曾获得应有的重视。

一般说来,每当决策者在内心里本已有某种观念存在时,假使情报研究判断的结论与其看法一致,则此种结论也就非常容易被接受,因为它恰好增强了决策者的信心。反而言之,如果情报研究判断与决策者已有的看法不一致,则必然会减低其被采纳的机会,尤其是对于权威颇大的领袖而言,则更是如此。1941年的斯大林始终不相信德军会向苏联发动攻击,即为典型的史例。[2]

从另一角度来看,情报单位的信誉若一向良好,则决策者基于过去的记录,对其意见也一定会比较尊重。在1944年诺曼底登陆的前夕,艾森豪威尔对于气象专家史塔格博士(Dr. Stagg)的天气

---

[1] Klaus Knorr, "Failure in National Intelligence Estimates", *World Politics* (spring, 1964), p.45.
[2] Ernest R. May, *Knowing One's Enemies* (Princeton, 1984), p.375.

211

预报深具信心,所以才毅然决定以 6 月 6 日为 D 日,因为他根据过去的经验,发现史塔格的预报相当准确可靠。①

不过,过去的信誉虽能增强情报单位的发言地位,但又不一定就能保证其研究判断万无一失。在 1973 年第四次中东战争之前,以色列情报单位曾向其政府保证,在任何阿拉伯国家发动攻击之前,一定都能事先提供警告,而以色列政府对此种保证也深信不疑,但非常不幸,这一次的保证却失败了。②③

最后,情报分析人员无论其素质是如何优秀,但仍然只能推测未来,并不能预知未来。未来事件的发生,有时固然是由于事先的计划,但有时也可能完全是一种意外(accident)。对于意外的发生任何人都无法先知,所以良好的情报虽能把未来的不确定性减到最低限度,但仍然不能将其完全消除。

结　　语

情报是决策和计划的基础,情报在国家大事中的重要性尽人

---

① Chester Wilmot, *The Struggle for Europe* (Faber, 1952), p.631.
② Trevor N. Dupuy, *Elusive Victory* (Harper, 1978), p.439.
③ 以色列军的军事情报局(Aman)是以色列全国的情报判断中心,军事情报局对战争爆发的可能性估计方法建立在几个假设上。首先,他们假设叙利亚不会与以色列开战,除非埃及也一起参战。第二,他们在埃及军方里有一名位阶极高的间谍(这名间谍的身份直到今天依然是机密,只被称为"消息来源"),藉由间谍,他们得知埃及希望夺回整个西奈半岛,同时埃及在取得苏联支持的轰炸机以瘫痪以色列空军和飞毛腿飞弹以威胁以色列城市之前将不会发动战争。由于苏联还未提供轰炸机,而飞毛腿飞弹也才刚于 8 月运达埃及,要花费 4 个月进行训练,因此军事情报局认定战争将不会在短期内爆发。由于这些带有偏见的错误假设,导致他们忽略了其他显示战争逼近的情报。这次战争的结果是阿拉伯国家赶上了以色列,扭转了过去接连失败的状态,使得双方在战略上恢复了平衡。——编者注

皆知,实可不必再强调。尽管如此,任何国家的情报工作又都非尽善尽美,常有很多缺失。因此,如何改进情报的素质和效率,实为当务之急,而在战略研究领域中也应为一项重要课题。概括言之,基于以上的分析,可以作结语如下:

1. 情报工作必须有良好组织,但更重要的是必须有优秀的人才。情报组织很像学术研究机构。一所大学若无第一流的教授,则即令有极佳的组织和设备,还是不能成为第一流的大学。此种道理对于情报机构也完全适用。

2. 当前世界上危机四伏,情报组织的最重要任务即为能适时发出警告,使国家免受奇袭。但警告发出之后,政府必然会采取戒备措施,如果事后发现只是虚惊一场,则情报单位将会深感羞愧。于是也就会使它不敢轻易发出警告,而这样又会增加国家遭受奇袭的可能性。这的确是两难问题。不过,为国家安全着想,仍应鼓励情报单位提高警觉,而不可由于其警告不灵验,即予以谴责。

3. 情报的功能即为对决策和计划提供必要的知识基础。但今天所谓国家战略的内涵已比过去的传统军事战略远较扩大,所以,其需要的知识基础也自然远较宽广。因此,情报所应包括的项目也已经变得非常繁多。不过,有两点特别值得注意:(1)孙子说"知彼知己",但流行的趋势却是只重知彼而忽视了知己;(2)研究判断是以认知为基础,对方的认知不一定与我方相同,所以,必须学会从对方的观点来看问题。

4. 情报虽为集体性的努力,但工作者必须保持高度的独立性。情报组织之内固应尽量提供思想沟通、意见交换的机会,但不可官僚化和教条化,以免妨碍创造性思考的发展。

5. 信息时代的来临对于情报的研究判断带来了新的问题。

诚然,新的信息处理技术是非常重要,但又不可过分依赖电脑。在高度复杂微妙的工作领域中,个人的经验、智慧和直觉仍然能发挥重大的作用。于是又回到孙子的原始观念:"不可取于鬼神,不可象于事(史例),不可验于度(电脑),必取于人,知敌之情者也。"简言之,要有第一流的情报,必须先有第一流的人才。

第八章
战略计划作为

引言
长期计划作为
方法学简介
　一、历史趋势的认定
　二、正确问题的提出
三、预报与警告
四、认知的重要
人才与组织
结语

引　言

　　概括地说，战略可以分为三大部分，也代表三种不同的境界。战略是一种思想、一种计划、一种行动。我们可以合称为"战略三部曲"或"战略三重奏"。不过，思想、计划、行动，虽然是三种不同的功能，代表三种不同的层次，但事实上又是三位一体，综合起来构成完整的战略体。

　　战略的主旨在于行动，因为必须有行动始能达到目的，但行动又必须以思想为基础。思想是概括的、抽象的、理论的，而行动则为特定的、具体的、实际的，所以，二者之间显然有差距之存在。要想把思想变为行动，则必须克服此一差距。换言之，也就是必须在二者之间架起一座桥梁。这座桥梁即为计划。

　　计划是如何作成的？那必然要有一套程序（process）和步骤（steps）。此种过程的总称即所谓计划作为（planning）。要想拟定一项计划并非易事，尤其是在战略领域中更是十分艰难。所以，此种工作必须由经过精密选择和严格教育的专家来负责。此种专家可以称之为计划者（planner）。简言之，计划是计划者的计划作为成果。此种关系可以图解如下：

$$\bigcirc \longrightarrow \bigcirc \longrightarrow \bigcirc$$
（计划者）　（计划作为）　（计划）

　　计划作为的起点是计划者所保持的战略思想，经过计划作为的过程,所作成的产品即为战略计划。而此种计划又对尔后的战略行动提供全面指导。因此,思想、计划、行动遂构成一个总体系统,而以计划为其核心。

计划一方面是思想的实质表达,把脑海中的观念转变成为纸上文章;另一方面又是行动的综合指导,也就是行动的蓝图。从较广泛的意识来说,计划即为战略。所以,美国陆军部所颁发的野战教范(Field Manual 100-5)对于国家战略所下的定义有如下述:

> 国家战略是国家使用其实力以求达到其目标的长期计划。①

克罗嫩伯格(Philip S. Kronenberg)在《美国安全计划作为》(Planning U.S. Security)一书中也指出:

> 战略是一种广义的计划,其内容为界定和协调追求国家目标时所需要的一切工具……在任何有关国家安全计划作为的讨论中,战略所扮演的角色都必然居于中心的地位。②

战略不仅是一种思想,而且也是一种思想方法,所以,战略计划作为就是战略思想方法的实际应用。若缺乏一套完整的战略思想,则对于计划作为也就不能提供必要的基础。

---

① "United States Objectives and Strategy", *Survival* (July/August, 1962), p.174.
② Philip S. Kronenborg, "Dimensions of National Security Planning", *Planning U.S. Security* (Pergamon Press, 1982), p.147.

第八章 战略计划作为

计划作为，从表面上看来，似乎只是一种具有固定规格的模式或公式。计划者只要学会了如何使用它们，也就自然能作成适当的计划。事实上，这种想法未免太天真。在传统的军事战略领域中，计划作为多少是有一点制式化的趋势，所以，其作成的计划也就好像官样文章，有其一定的格式。但今天升高到国家战略的层面之后，此种格式也早已变成不重要的考虑。事实上，以目前的情况为例，此种高级的战略计划不仅没有固定的格式，甚至连名称也都不统一。但这都无关大局，而且也不影响计划在国家战略领域中的价值和地位。

事实上，计划作为的真意是要把较多的理性送入国家安全事务中，也就是想使目标与手段之间能有较佳的配合。但在现实世界中，计划作为者又并非万能的电脑，他不可能算无遗策，尤其是他也没有万无一失的程式。所以，计划作为是一种艺术，而不是科学。尽管在实际工作的过程中，可以利用很多的科学方法和工具，但就整个作业而言，又还是一种艺术作品。计划会深受计划者个性的影响，正好像艺术作品深受艺术家本人的影响一样。所以在传统军事领域中，用计划者的大名来作为其计划的命名，例如史里芬计划(Schlieffen Plan)，也未尝没有理由。

时至现代，计划已经不再只是某一位战略家的个人产品，而变成了非常复杂的集体创作。计划者在工作上也常受到工具、材料、工作环境等等组织因素的限制。于是计划作为又不仅为艺术，而还必须是一种管理(management)，若缺乏良好的组织管理，则计划作为也就很难发挥其理想的功效。

概括地说，计划作为的要旨即为发展完整的观念意识和形成正确的观念方向。简言之，真正值得重视的不是文件(paper)，而是思想,所以,必须把计划作为看成一种思想方法,而不是公式或八股。计划绝对不是例行公事,而是一种观念性的指导(conceptual direction)。①

长期计划作为

计划作为通常都是根据时间架构来分类,简言之,即概括分为短期(short-range)、中期(medium-range)、长期(long-range)三大类。但精确的时间限度又并无一致的认定。大体言之,通常所采取的标准有如下述:

短期:一到五年;

中期:五到十年;

长期:十到十五年。

因为国家(大)战略实际上即为长期计划,所以本章所讨论的计划作为是以长期为主,也就是以十年到十五年为其时间架构。为什么要选择此一主题。其理由有三:因为**在所有一切的战略计划作为之中,以长期者最为重要,最为困难,但也最为人所忽视**。

现在首先分析第一点:为什么长期计划作为最为重要?

举一粗浅的实例来作为初步的解释:当你在高速公路上开车时,眼睛必须看得很远,因为行车的速度非常高,转眼之间远就会变成近。假使你没有准备,即可能发生车祸。这也正是老夫子所云"人无远虑,必有近忧"的道理。不要以为未来的威胁还很遥远,

---

① Philip S. Kronenberg, "Dimensions of National Security Planning", *Planning U.S. Security* (Pergamon Press, 1982), p.170.

事实上,时间过得极快,几十年的光阴是很容易消磨的。

做任何事都需要时间,诚如西方古谚所云:"罗马不是一天造成的。"这也就导致所谓"先导(前置)时间"(lead-time)的观念。任何工作从开始到完成,中间都必然有一段时差。工作愈艰巨,则先导时间亦必愈长。所以,古人才会说:"十年树木。百年树人。"以**目前的情况而论**,培养人才和发展武器大约都需要三十年的先导时间。而若欲建立一种制度或创造一种思想,则也许一百年都不一定能成功。

于是就会形成一种相当矛盾但又非常重要的现象。现在所作成的决定,或所采取的行动,对于眼前现状几乎毫无影响作用。因为那是过去的决定和行动所造成的结果。反而言之,现在的决定和行动虽不能立即改变现状,但却可以改变未来。但问题是那些改变又可能是无意的、不利的,或至少是不可预测的。[1]

博弗尔将军是作者所最佩服的现代战略思想家,他所说的话也许要比作者所说的更为精辟有力,而且也一定更能赢得读者的信服。所以,在此似乎无妨作较多的引述,即令有一点重复也不要紧。博弗尔说:

> 在一连串事态发展的某一阶段中,人也就会变成命运的俘虏。一列火车不可能在十米以内停下来,一辆汽车也不可能在两米之内停下来。你从窗口跳出,则一定会落在地面上。这些粗浅的比喻在战略领域中都可以找到类似的例证。[2]

---

[1] Herman Kahn and Anthony J. Wiener, *The Year 2000: A Framework for Speculation on the Next Thirty-Three Years* (Macmillan Co., 1967), p.2.

[2] André Beaufre, *Strategy of Action*, p.45.

要想改变演进的过程,则必须尽量趁早下手,所以必须向前看,而绝不可采取传统而错误的"观望"(wait and see)政策,人们必须发挥其智勇以争取其自由。①

当历史的风吹起时,虽能压倒人类的意志,但预知风暴的来临,设法加以驾驭,并且终于使其为人服务,这又是在人力范围之内的事情。战略研究的意义即在于此。②

因此,概括言之,战略家必须具有前瞻(未来)取向。战略的目的是想要改变历史的趋势。计划作为并非一种机械化的程序或步骤,其主旨是一个选择的问题(a problem of choice)。无论是决定目标或分配资源,都是如此。简言之,人固然不能预测未来,但在某种限度之内,又还是能够选择未来。③

卡恩在其最早的一本名著《论热核战争》(On Thermonuclear War)一书中,曾提出计划作为(战略研究)的三项目标。分别言之,即为能够化解(anticipating)、避免(avoiding)、缓和(alleviating)危机。④ 事实上,这三个目标代表连续的三个阶段。这也正像我国古代谋士所常说的上、中、下三策。**上策是在危机尚未形成之前即已能预知,并采取适当对策将其化解于无形。这也正是司马相如所云:"明者远见于未萌,而知者避危于无形。"中策是虽不能阻止危机的形成,但尚能设法避免受到它的损害或不利影响。下策是既不能阻止危机的形成,又不能避免危机的影响,但**

---

① André Beaufre, *Strategy of Action*, p.45.
② André Beaufre, *1940: The Fall of France* (Cassell, 1967), Foreword, p. xiv.
③ Herman Kahn and Anthony J. Wiener, *The Year 2000: A Framework for Speculation on the Next Thirty-Three Years*, Introduction, p. xxiv.
④ Herman Kahn, *On Thermonuclear War* (Princeton, 1960), p. x.

第八章 战略计划作为

仍能设法使所受损害减轻到最低程度。

当然,上策最合理想,中策次之,下策又次之。但想要达到此种理想,又谈何容易?其惟一的关键就是"先知"和"远虑"。换言之,看得愈远,想得愈远,则前途也就可能愈安全。所以,总结言之,为国家的前途着想,长期计划作为非常重要,长期计划作为也就是深谋远虑,必须如此,始能引导历史的演变趋势,选择未来的途径。

第二,长期计划作为为什么最为困难?

就其全体而言,战略本是一门艰深的学问。孙子说:"兵者,国之大事也。"既然是国之大事,当然是严重的问题,而此种问题的解答当然也不易求得。所以长期计划作为绝非纸上谈兵,必须经过非常精密的思考,严密的步骤,而绝对不可掉以轻心。

在传统军事战略领域中,此种观念早已为人所共知。从19世纪后期开始,由普鲁士首开风气之先,所谓"参谋本部"的制度也就逐渐为所有的近代国家采用。战略计划作为已经变成一门专精化的学问,并且由曾受相当长期教育的专业人员负责。因此在20世纪初期,英国史学家韦尔斯(H. G. Wells)曾经这样地指出:

> 过去的战争是一种以日为期和英雄主义的事情,会战和战役掌握在伟大指挥官的手中……未来的战争将是准备、长年的远见和合理的想象所共同构成的问题。[1]

尽管职业军人的眼界不免狭隘,其工作方法也不免刻板,但其

---

[1] 原文见 H. G. Wells, *Anticipations*, 由 *The Year 2000* 引述, p. xxⅡ。

认真工作的态度不仅毫无错误,而且也值得欣赏。但很不幸,在现代的国家战略领域中,反而缺乏与此类似的制度和精神。

罗德斯(John J. Rhodes)是一位美国的资深众议员,曾在国会中服务三十年之久,他曾经撰文指出:

> 不像东方领袖们,有替其社会计划到五十年或一百年的趋势。在我们这个国家之中,似乎一直都是一年又一年,一个危机又一个危机,往下混。我们对于目标,以及如何达到目标的路线,从无全面计划之可言。①

计划作为是一种非常艰难的工作,而且是吃力不讨好,愈是长期的,则愈是如此。因为计划者所需要考虑的变数极多,所需要了解的信息极繁,对于所面对的新问题,很少有经验与其直接有关,而一切传统智慧(conventional wisdom)都可能毫无用处。新的科学方法和新的技术工具固然有其价值,但也并非万能。

所以,计划作为是艺术性远多于科学性,愈长期者则艺术气质也就愈重。长期计划作为不可能依照固定的、客观的、演绎的方法来进行,而必须以假设为起点,并且透过真正具有创造性的思考来寻求答案。因此,传统的思考习惯必须改变。应重视者是未来而不是现在,是总体而不是细节。计划者不仅需要丰富的学识、高度的智慧,而更需要远大的眼光和敏锐的心灵。

现代科技的加速发展,更给长期计划作为带来额外的困难。

---

① John J. Rhodes, "The Far Side of the Hill", *Foreign Affairs* (Winter, 1982/1983), p. 366.

第八章　战略计划作为

因为在科技领域中的突破（breakthrough）几乎是难以控制。卡恩曾指出平均每五年即可能有一次"技术革命"（technological revolution），而长期计划作为必须要考虑到两次到四次技术革命之后的情况，所以，一切的准备和发展也就都必然具有高度的不确定性，而且必须同时保持几个系统，以便作必要的选择。简言之，长期计划必须具有充分的弹性，而且随时都可作适当的调整。

现在再谈到第三个问题：为什么长期计划作为经常最易为人所忽视？

试以美国为例，尽管其政府要员时常高谈长期计划，但事实上，在华盛顿的大衙门中，很少有认真的长期计划作为；即令有，通常也不受大官的重视。甚至有效的中期计划也都是很少见的。作为世界第一巨强的美国尚且如此，至于其他国家则更无论矣。[1]

此种现象的形成并不难解释。在当前的世界上，所有各国的政府都在忙于应付眼前的日常事务，这也正是前人所遗留下来的包袱。因为眼前的事务已经把他们忙得头昏脑胀，自然也就更无余力来考虑未来的问题。于是最后只好不了了之，而把那些本来应该要作的考虑留给其后人。这样一代又一代，遂形成一种恶性循环。

事实上，许多政府和当政者并非不知道长期计划作为的重要，但还是陷入一种不能自拔的困境，而无力振作。试再以美国的往事为例。当尼克松接任总统时，在其就职文告中曾强调需要一种新的计划作为方法和比较严格、有系统的步骤。他所聘请的国家

---

[1] Nazli Choucri and Thomas W. Robinson, *Forecasting in International Relations*（W. H. Froeman and Co., 1978），Chap. 23, p. 337.

安全顾问基辛格对于国家安全会议幕僚组织所拟定的改革方案，也反映此种重视长期计划的理想。结果是没过多久，尼克松的理想和基辛格的方案都无疾而终。白宫还是像过去一样，并无任何真正的长期战略计划。[1]

严格说来，要想改善这种情况并非那样困难。因为长期计划作为是一种重质不重量的工作，至少，所需要的金钱成本并不会太大。其所需要的设备是软件重于硬件，在国家预算中所占的百分比非常有限，任何国家都能负担而不会感到有困难。所以，**真正的问题是不为而非不能，真正的障碍不是物质的而是心理的**。简言之，即为无知与惰性(ignorance & inertia)。

方法学简介

战略长期计划作为虽然没有固定的格式或公式，但又并非没有其特殊的方法学(methodology)。这一点非常重要，因为必须首先对于方法学有适当的了解，否则也就自然不能够参加此种工作，甚至于也无法认清此种工作的性质。从事此种工作的人，在心态上多具有内向的趋势，所以，对于传播（沟通）的事务都不会有兴趣，而且也可能无暇及此。从另一角度来看，长期计划作为又的确是一种高度的艺术，在方法学的领域中也就自然有若干技巧或奥妙，虽然并非不传之秘，但多少有"不足为外人道"的意味。所以，对于想要从事计划作为工作的人，仅凭一般社会科学所用的研究

---

[1] Nazli Choucri and Thomas W. Robinson, *Forecasting in International Relations* (W. H. Freeman and Co., 1978), Chap. 23, p.343.

方法，似乎还不够，但要想对于计划作为的方法获得较深入的了解，则又似乎很难找到门径。在此所能介绍的仅为几种最重要的基本观念。

一、历史趋势的认定

战略家的最高理想，即为能够趁早采取有效的行动以改变历史的走向。换言之，即为企图控制历史的演变或发展。但若欲实现此种理想，则又谈何容易。尽管如此，从事战略研究的人在内心里又必须有如太史公所云："高山仰止，景行行止，虽不能至，然心向往之。"①

也许可作卑之无甚高论，即令不能控制，也应尽量设法适应历史的潮流，又或等而下之，至少，应设法缓和历史洪流的冲击，并使不利影响减到最低限度。但如何能达到控制或适应的目的，其先决条件即为必须首先认清历史演变的趋势。

因此，在长期计划作为的领域中，第一件最重要的工作即为发现并认定历史主流的趋势。这是一种十分严肃而艰巨的任务，对于计划者的学识和心智均为极大的考验。

主持长期计划作为的战略家必须具有适当的历史知识，否则即无法胜任此种工作。过去，几乎没有一位战略家不精通历史，克劳塞维茨、李德·哈特，都是现成的例子。但时至今日，此种优良传统的确已经受到严重破坏。诚如勒特韦克所指出，要想了解战争，则历史实为惟一的信息基础（database）。但美国军官中虽然博士、硕士多如过江之鲫，却很少有人了解或重视历史，无怪乎他

---

① 司马迁《史记·孔子世家赞》。

要大声疾呼地警告说:"美国的战略已经破产。"[1]

要想避免战略破产,要想做好长期计划,则首要的先决条件即为重视历史研究,如此始能发现历史的趋势并想法设法加以控制。博弗尔在其《行动战略》中曾举一实例,似乎可以在这一方面提供一种具有启发性的间接模式。

博弗尔所谓的政治诊断(political diagnosis),实际上即为长期计划作为的基础。他用举例的方式,提出四个基本问题,也代表四个阶段。他的目的是想要替西方(尤其是法国)设计未来的战略。这四个问题有如下述:

1. 20世纪的欧洲为何(why)和如何(how)崩溃?
2. 对于现在的情况应如何认定?
3. 什么(what)是应该避免的未来危险?
4. 我们应该努力促成的是何种未来(what sort of future)?

把这些问题加以抽象化的精简之后,又可以表列如下:

问　　题	目　　的
(1)	解释过去
(2)	解释现在
(3)	选择未来(消极)
(4)	选择未来(积极)

---

[1] Edward N. Luttwak, "On the Need to Reform American Strategy", *Planning U. S. Security*, ed. by Philip S. Kronenberg (Pergamon, 1982), p. 23.

博弗尔说："我们必须能够解释过去和现在,然后始能避免未来的危险,并能选择我们想要形成的那种未来。"

博弗尔又指出："我知道一定有人认为这样的表解太天真（naive）,但我相信如果认为可以不尝试了解这些问题而即能行动,则也许是更天真。"他最后又警告说,不可希望有"奇迹"出现。①

以上所作的简略讨论似乎已可说明历史研究对于长期计划作为的重要。简言之,必须先向历史中去寻找根源,然后始能认定历史的未来演变趋势。

二、正确问题的提出

战略计划作为是一种非常繁重的工作,所牵涉的因素极多,如果不能执简驭繁,则将会沉溺在数字之海中而永远达不到彼岸。所以,第二个最重要的观念即为计划者必须有超人的见识（insight）,能够提出正确问题（right question）。事实上,这种要求又非仅限于战略领域,所有一切学术研究莫不如此。

英国已故史学大师汤因比（Arnold Toynbee）曾经说过：

> 提出正确问题,甚至于比获致正确答案还更重要。对于正确问题所提供的答案即令不够完善,但仍然不无价值。一个错误问题的正确答案却毫无意义。②

---

① André Beaufre, Strategy of Action, p.38.
② Peter Calvocoressi, "Arnold Toynbee-A Memorial Lecture", *International Affairs* (Spring, 1976), p.2.

霍华德（Michael Howard）的意见也许更为切合实际，他指出：

> 所有一切的思想制度都一定只会随着时间的前进而逐渐落伍。尤其是在国际政治中所建立的权力平衡大致都只能维持四十年。维也纳会议（1815）是如此，俾斯麦在1870年代所作成的安排亦复如此。社会演进的动力和新一代的认知，必然会产生改变。所以我们不仅要考虑答案对于问题是否适当，而更要考虑问题本身有无改变。今天所建立的制度，所养成的心态，到半个世纪之后，是否仍能保持其原有价值不变，实大有疑问。①

卡恩也同样强调问题重于答案。他说："假使你不知道有某种问题的存在，当然也就自然不会对其感到有兴趣。尤其是居上位者对于其部下认为不重要的问题，根本上就不可能知道。"②他又说："一个人或少数人有一条妙计，而又能直达天听，则虽有90%的人反对，也还是照样可能被采用。"卡恩引用了曼施泰因（Von Manstein）③

---

① Michael Howard, "Reassurance and Deterrence: Western Defense in the 1980s", *Foreign Affairs* (Winter, 1982/1983), p.308.
② Herman Kahn, *On Thermonuclear War*, p.411.
③ 冯·埃里希·曼施泰因（1887—1973年），德国军事家、战略家，陆军元帅，出身于军官世家，被后人誉为第二次世界大战期间纳粹德国的三大名将之一（另隆美尔、古德里安）。在第二次世界大战中，曼施泰因积极参与制订和实施希特勒的侵略战争计划，先后任集团军群参谋长、集团军司令、集团军群司令。1944年3月，因在作战指导上与希特勒发生分歧被解职；1945年5月被英军俘虏；1949年12月被由苏美英法派出的法官组成的纽伦堡国际军事法庭判处18年徒刑，1953年因病获释。战后，被联邦德国阿登纳政府聘为顾问，参与组建联邦国防军。1973年6月病逝，终年86岁。著有战争回忆录《失去的胜利》《士兵的一生：1887—1939》。——编者注

在第二次世界大战初期(1940)的往事作为例证。①

卡恩对于"问题"的问题,更提出他的精密分析。他一共提出四个问题,又分成四个阶段:

1. 问题是什么?
2. 我们如何获致答案?
3. 我们是否相信答案?
4. 我们是否需要注意?

卡恩认为最具有关键性的问题还是第四点。(Do we care?)于是他又进一步分析"为什么我们不注意?"(Why don't we care?)的理由。这又可以归纳为四点:

1. 答案与官方正统思想不合。
2. 受到国内政治因素的干扰。
3. 不同的观点。
4. 无人愿意负责。②

卡恩的分析可以提醒我们应该认清计划作为并非一个孤立的园地,它与最高层的政策决定以及国内政治都有其微妙关系。这一方面的问题留待下文中再讨论,此处所要强调的观念还是正确问题的提出。

---

① Herman Kahn, *On Thermonuclear War*, p.407.
② 同上书,pp.326-332.

三、预报与警告

基于以上的讨论,即足以说明计划作为在时间上所经历的是一个全过程,从过去到现在再到未来。但最重要者还是最后一段里程,因为就本质而言,战略家所要考虑的对象永远都是未来的问题。计划者又如何能够知道未来,尤其是较远的未来?这是一个非常重要而微妙的问题。

首先要指出计划者并非三头六臂,他也不可能唱独角戏。长期计划作为注定是一种集体性的努力。在"先知"的方面,计划者必须要有其他的专家予以协助。此种专家可以称之为预报者(forecaster)。打一个粗浅的比喻来说,计划者好像是外科医师,预报者好像是麻醉师,他们必须密切合作,然后始能顺利地完成一项成功的手术。

什么是预报?为什么需要预报?预报和预测又有何差异?这些问题通常都很少有人作详细的讨论,所以在此必须略作澄清的解释。

现实世界总是经常在改变,所以对于未来的研究必须保持动态的观点而不可保持静态的观点。未来的世界也就是未知的境界,预报(forecast)的工作就是要设法把未知(unknown)变成已知(known),换言之,也就是以"先知"(foresee)为最高理想。不过,事实上又不可能完全先知,所以,预报只是一种有范围和有规则的推测(bounded and disciplined speculation)。它是一种推理(reasoning)的步骤,其目的就是想要把不确定性(uncertainty)减到最低限度。[1]

---

[1] Nazli Choucri and Thomas W. Robinson, *Forecasting in International Relations*, Chap.1, p.3.

在日常用语中，比较惯用的名词是预测（predication）而不是预报，似乎只有气象才用预报。同时，大家也都模模糊糊地把这两个名词视为同义词，而不求甚解。事实上，在学术领域中，这两个名词具有不同的意义而不可混为一谈。**预测通常毋需（或不用）几率性（probabilistic）的解释，而预报则经常是在某种几率范围（probability range）之内来设想。预测大致都是以个别事件为目标，预报则要考虑到多种不同的变化（alternatives）。预测是以一种结果（outcome）为焦点，所以有严格的正误之分；预报可能包括几种变局（contingencies），所以只有相对的几率差异。就长期的观点而言，预测是远较困难，甚至于不可能。**[①] 但在长期计划作为的范畴中，所需要的是预报而不是预测，因为真正重要的是概括的趋势，而不是个别的事件。预报可以说完全是科学，至少也有百分之九十是科学，必须由真正的专家来负责。其所使用的方法种类繁多，而且对于不同的问题又必须用不同的方法。简言之，那是一种高度复杂性的技术，一般人只需利用其结果，而不必要了解其实际工作过程。

预报虽然极为重要，但它又只是一种手段而并非目的。仅由于它能对计划作为提供最佳的服务，始有值得重视的价值。预报又是以计划者所提出的问题为起点，换言之，必须前者提出正确的问题，然后后者始能供应正确的答案。预报者会同时提出几种对未来的想象，以供计划者加以选择。

预报构成国家战略计划作为的基础，必须首先了解世界战略

[①] Nazli Choucri and Thomas W. Robinson, *Forecasting in International Relations*, Chap. 1, p. 290.

环境的未来发展趋势,然后始能开始计划的作为。从大战略的观点来看,至少有下述五项问题是应列为预报的对象:

1. **国家权力的消长**。每个国家都具有各种不同的权力,它们的分量彼此不同,向未来看,其消长也会有不同的趋势。某些权力因素可能改变得很慢,例如地理,但多数因素都改变得很快,而此种改变之间又常有互动关系存在,所以也就会形成非常复杂的趋势。预报者应能指出何种趋势的几率有多大。此外,预报的范围又非仅限于当前国际关系中具有重要性的国家。某些国家今天也许不太重要,但却可能变成明日之星。

2. **权力的相对重要性**。权力本身的消长是一件事,权力的相对重要性是另一件事,二者不可混为一谈。过去,军事权力的相对重要性最大,所谓强权(大国)也就是以军事权力为准。到今天,军事权力的重要性相对降低,而经济权力的重要性则相对升高。若再向未来看,则科技也许会变成最重要的权力因素。各种权力的涨跌极不固定,也许比证券市场还更热闹。

3. **国际权力结构的改变**。国际权力结构从过去到现在已有许多改变,而向未来看,则也一定会有新的改变出现。在冷战时期陪伴着我们达五十年之久的两极架构已经不见了,取而代之的是一种远较复杂的权力体系,而不是所谓多元(multipolar)就能够形容的。再向未来看,我们的确更难想象世界会变成何种模式。

4. **各国的未来国际地位**。今天大大小小一百八十多个国家都共同生活在这个地球上,他们的国际地位实在是很难评定,而向未来看,其发展趋势则更难预料。譬如说,经济大国可能并非军事强国,有些国家尽管军事权力强大,但经济可能很脆弱。经济强国虽无足够的军事权力,但也仍能发挥巨大的政治影响。此外,某国今天的决策也能改变其明天的国际地位。假使日本决定再武装，则不出十年即可能变成军事强国，并至少会使亚太区域权力平衡受到重大冲击。

5. **超国家的问题**。至少到目前为止，国家仍为一切国际关系的主体，但世界上已经有许多超国家（transnational）组织和问题出现。这些组织又并非仅限于政府之间（intergovernmental），而更广及各种民间活动。譬如说，所谓跨国公司（multinational corporation），势力之大真可说是富可敌国。今天世界上已有许多问题都不是任何国家所能独立解决。向未来看，这种问题将更会层出不穷。大而言之，有全球环保、海洋开发；小而言之，有恐怖活动、国际贩毒。所谓互赖（interdependence）已经不仅限于国际政治和经济的领域，因为更值得忧虑的是全体人类和地球本身（the globe itself）的前途。所以，战略研究的范围早已不再仅限于国家安全，而更应重视国际安全（international security）。[①]

预报又只能以可以预见的未来（foreseeable future）为限，为了配合计划作为又必须有较明确的时间架构。因此，也是分为三阶段：

1. 长期预报（十一—十五年）
2. 中期预报（五—十年）
3. 短期预报（一—五年）

长期预报也像长期战略计划一样，最多不能超过十五年，若是太长则可能缺乏现实感。例如，卡恩在 1967 年出版的《2000 年》，

[①] Joseph S. Nye, Jr., "International Security Studies", *American Defense Annual* (1989), p.23.

其内容为推估三十三年后的趋势。但现在来看那本书,就会发现其结论有些未免差得太远。此种预报虽能刺激研究者的想象力,扩展思考的范围,但只可供参考,并无实用价值,尤其不能作为战略计划的基础。

短期预报的最大贡献为对于不久即可能发生的变化提出警告(warning)。预报者有责任提醒决策者对于突发的危机早作应变的准备。他应该勇于发言,切忌报喜不报忧的毛病。国犹人也,病急而讳医实乃天下之至愚。反而言之,若能提早获得警告,并立即采取预防或治疗的措施,则往往会有死里逃生、有惊无险的机会。这也正是确保健康、延年益寿的不二法门。

不过,人又常有其心理弱点,对于不利的警告往往不愿接受,甚至希望最好不要知道。这是一种严重的错误,常人尚不可如此,负国之重任者尤其不可如此。国家领袖应有宏大的气度,不仅要有"君子问祸不问福"的雅量,更要有面对现实的勇气。有人也许会认为此种警告可能对民心士气产生不利影响,那实乃过虑。因为此种机密信息只限于极少数人知道,只要有严密的保密措施,应无泄密之虞[1]。

在短期与长期之间即为中期,事实上,中期的后段与长期的前段几乎是重叠的。换言之,十年是一个最适当的标准。太短的战略计划几乎不可能生效,因为任何工作都必须要有一段时间始能完成。反而言之,太长的战略计划也无太多的价值,因为世界环境的改变,尤其是武器技术的进步,都已相当迅速,严格说来,十五年以后的事情着实已经很难想象。

---

[1] André Beaufre, *Strategy of Action*, pp. 94–95.

四、认知的重要

战略计划作为虽无固定的模式,但多少还是有合理的程序。大致说来,可以分两个阶段,而其中又包括七个因素,这七个因素之间又存在着非常微妙的关系,可以用下图来表示。又因为这七个因素的英文名词第一字母都是"P",所以,可以称之为长期计划作为的"七个 P"(seven P's of the long range planning)。这也是作者所首创的观念。

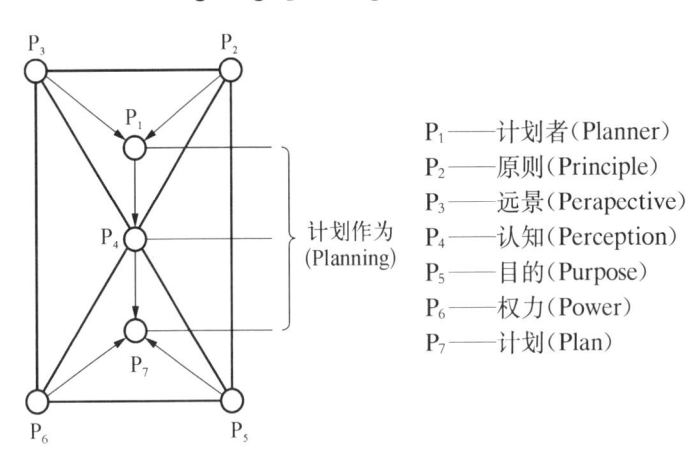

P_1——计划者(Planner)
P_2——原则(Principle)
P_3——远景(Perapective)
P_4——认知(Perception)
P_5——目的(Purpose)
P_6——权力(Power)
P_7——计划(Plan)

计划作为(Planning)

现在照图上所标记的数字顺序,逐项解释如下:

1. 一切计划作为都是以计划者(planner)为起点,为中心,记之以 P_1。没有计划者,当然也就没有计划作为。不过,这里所谓计划者应作广义的解释,即所有参加工作的人员都包括在内,例如上述的预报者。

2. 计划者从事其工作时,又必须有适当的知识基础。其中包括战略思想、基本学识,以及个人背景、社会结构、所产生的价值意识等等都在内。总结言之,即凡足以影响计划者心智的一切因素在此都统称之为原则(principle),记之以 P_2。原则不仅决定计划者的思考方向,而且也影响其工作品质。如何能使人员都保持适当的共同原则,就人才的教育和选拔而言,实乃重大的挑战。

3. 计划者的第一重要工作即为研究未来。在此用远景(perspective)这个名词来表示未来,记之以 P_3。事实上,未来也的确是一种远景,好像白居易在《长恨歌》中所形容的:"忽闻海上有仙山,山在虚无缥缈间。"未来的远景是可望而不可即,而且更是不具有实体,而只能付之于玄想(imagination)。

4. 当计划者遥望远景时,他所见的只是一种影像(image),而当他研究未来时,所用的实际上只是一种模型。换言之,人永远不可能知道未来的真相,他所能获得的只是他对于未来的认知(Perception),记之以 P_4。人对于任何事物的认知又都受到其所持原则的影响和限制。所以,也可以说,原则与远景在计划者的心灵中汇合,即能形成认知。

5. 当计划者对于未来(远景)已经获得其适当的认知时,计划作为的第一阶段也就可以宣告完成。换言之,他已经选择了未来。此后所要进一步考虑的即为目的与手段的配合。所以第五个因素就是(purpose),记之以 P_5。目的也就是我们通常所说的国家目标(national objective)。

6. 目的与手段必须配合,这也是战略的主旨。所有一切被用来达到目的的手段可以总称之为权力(power),记之以 P_6。在较短的时间架构内,计划者所考虑的只能以现成的权力为限,即所谓"存在的力量"(force-in-being)。但对于长期计划作为而言,则所重视者应为潜力(potential)的发展。

7. 计划者根据其对于未来的认知,来选择目的和手段,并使其间能有最佳的配合。其所获的结果,再用书面表达出来,即为计

划(plan),记之以 P_7。这也是最后的成果,到此全部计划作为过程也就圆满完成。现在再综述如下:

第一阶段 $P_1 + P_2 + P_3 = P_4$
第二阶段 $P_4 + P_5 + P_6 = P_7$
计划作为全程 $P_1 \rightarrow P_4 \rightarrow P_7$

从附图上可以看出来认知(P_4)在整个系统中居于中央的地位。事实上,在决策(决定作为)理论之中,"认知"本来就一直是被认定为主要角色。就广义而言,计划作为实在是决定作为范畴中的一部分。[①]

认知为何如此重要?其理由是尽管人在前瞻未来远景时,无不倾全力去追求客观现实(objective reality),但结果所能获致的又始终还是主观认知(subjective perception)。他所希望的最多仅为把主观减到最低限度,但绝对不可能把主观变为客观。再综合言之,一切的思考、研究、计划,都是以认知为起点。若能获得适当的认知,则计划作为也就可以说是已经成功了一半。

人 才 与 组 织

长期战略计划作为本身是一种高度的艺术,但同时又必须使用尖端科技所提供的方法和工具,所以必须由第一流的人才来负责,其理由是至为明显,几乎可以毋庸解释。但仅有人才还不够,

---

[①] James E. Dougherty and Robert L. Pfaltzgraff, Jr., *Theories of International Relations*, p.470.

人才若无适当组织的支持,则还是英雄无用武之地,尤其是这样的集体性努力更需要适当的组织,所以,人才与组织同为计划作为的两大支柱,缺一不可。二者之间又必须有极佳的配合。因此,我们才会说,长期计划作为不仅是艺术,而且更是管理。

此种工作需要何种人才?概括地说,可分为三大类:

1. 计划者必须是最高级的战略家。他不仅要精通战略、精通历史、精通有关计划作为的方法学,而且还要有非常渊博的知识,敏锐而富有弹性的心灵。简言之,他必须是一位真正的通才(generalist)。

2. 预报者必须有极高度的专技水准,因为他们所负责的工作要求高度的精确性。但另一方面,他们还是必须有足够的战略修养,否则他就无法与计划者合作无间,甚至于不能了解其需要。

3. 计划者与预报者是计划作为的核心,但他们还需要其他专家的协助。今天的战略问题在内容上真可以说是包罗万象。仅凭某一个人,无论其学识是如何渊博,天资是如何优异,也还是不能唱独角戏,所以必须有赖于集体努力。

总结言之,在战略领域中必须依赖分工合作,然后才能完成任务。我们可以从第二次世界大战史中举一往事为例:当曼施泰因最初考虑到使用大量装甲兵力通过阿登地区时,他自己还是感到有一点不放心,于是他去向第一流的装甲专家古德里安(Hans Guderien)[①]请教。

[①] 海因茨·威廉·古德里安(德语:Heinz Wilhelm Guderian,1888—1954年),第二次世界大战著名德国陆军将领,德国装甲兵和"闪击战"理论的创建人,被尊称作"闪击战之父"。第二次世界大战爆发前,将坦克与机械化部队使用于现代化战争的重要推动者,在他的组织与推动下,德国建立了一支当时作战最具效率的装甲部队。先后任装甲军军长、装甲集群司令、装甲集团军司令、装甲兵总监、陆军总参谋长。1945年5月10日向美军投降,随后被关押3年,因为在战争期间并未虐待战俘和屠杀平民而没有被列为战犯,于1948年被释放。之后一直在家中休养并撰写回忆录。——编者注

等到后者表示完全同意并且向他解释可行的理由之后,他才敢大胆提出所谓"曼施泰因计划"①。

长期战略计划作为需要上述三种人才的共同努力,也就导出了组织问题。最重要的是有适当的制度、足够的经费、充分的设备,以及良好的工作环境。概括言之,必须注意下述几项大原则:

1. 这是一种具有特殊性质的组织,所以,其设计和管理都必须由真正的内行人来负责,不可拘于形式化,尤其不可受到官僚主义的污染。

2. 计划作为并非孤立的,也不可为计划而计划。计划机构应在政府决策体系中处于适当的位置,不可与整个体系脱节,否则计划就会变成空文,计划机构也会变成收容冗员的养老院。

3. 长期计划作为机构又不可纳入政府行政组织之内,否则它很快就会淹没在日常事务之中,根本不可能从事前瞻的思考。

4. 长期、中期、短期计划作为之间有其非常复杂的关系。一方面彼此互相依赖,另一方面又会互相冲突。尤其是对于资源的分配问题,则更是非常难于协调。卡恩曾经特别提出警告:假使忽视短期的问题,则一旦情况的变化比预料者快,就可能会使长期计划完全落空。②

5. 组织可以说不是一个问题而是一种矛盾。对于其中任何问题的解决,势必又会引起新的问题。结果自然会纠纷百出,真是"剪不断,理还乱",所以如何管理计划作为也许是像计划作为本身

---

① 钮先钟:"曼施泰因及其计划",《第二次世界大战:回顾与省思》,1996, p. 87.
② Herman Kahn, *On Thermonuclear War*, p. 586.

一样地困难和重要。①

结　语

长期战略计划作为是一种非常复杂而困难的问题,若欲作详尽的讨论,则必须写一本专著,尤其是还有许多技巧细节更是有一点类似不传之秘。所以,本章的分析就到此结束,现在再综合提出五点结论如下:

1. 在所有一切的战略研究中,第一个必须注意和强调的观念即为总体观念。战略是一个总体,计划作为也是一个总体。诚如勒特韦克所指出:绝对不可只考虑孤立的事件,绝对不可仅寻求部分的解答。②战略家(长期计划者)必须养成总体化的心态,无论在何种环境中,考虑何种问题都一定会采取总体化的思想方式。**最高的理想是应该达到浑然忘我,顺乎自然的境界**。这当然不容易,而且也与个人天赋有关。但就根本而言,还是可以学而致。再重复一遍:在长期计划作为中,最重要的是能坚持总体观念,运用总体思考,以寻求总体解答。这比任何细节、任何技巧都更为重要。

2. 世局多变,未来不仅无法预测,而且想选择从现在到未来的路线也十分不容易。所以卡恩说:

---

① Philip S. Kronenberg, "Planning Defense in the Eighties", *Planning U. S. Security*, p.171.
② Edward N. Luttwak, "On the Need to Reform American Strategy", *Planning U. S. Security*, p.29.

对于所有的问题，都不可依赖单一和简单的战略以获致满意的答案。面临的挑战可能种类繁多、内容复杂，所以也就要求具有极大弹性的思想和能力。①

李德·哈特所打的比喻更有趣味，他说：

一项计划就像一棵树必须有分枝一样，否则就不会结果。只有一个单纯目标的计划很可能会变成一根光杆。②

计划要有弹性，计划者更要有弹性，计划作为更是一种充满弹性的挑战。那是一种具有高度灵性的艺术境界，任何八股、任何教条都在所不许。

3. 有一项很容易发生的误解必须彻底予以澄清。长期计划作为虽然是以未来为主题，但绝对不是把计划拟好，然后封存起来，留给后人去使用。这种想法完全错误。所谓长期计划，其内容是概述未来的趋势，指出未来的危险，说明所应选择的路线，以及现在就应该采取的行动（措施）。而这最后一点尤其重要！战略主旨在于行动。若无行动也就毋需计划。计划者的责任就是根据其对未来的认知提出建议（计划），告诉政府现在就应采取何种行动。采取行动的目的是企图控制历史的演变，导引历史的趋势。必须现在采取行动，始能影响未来，而且愈早愈有效。战略与医理相通，预防重于治疗，尤其是有许多病只能预防而无法治疗。

---

① Herman Kahn, *On Thermonuclear War*, p.531.
② B.H. Liddell-Hart, *Strategy: The Indirect Approach*, p.344.

4. 未来至少像现在同样重要,姑不说是更重要。但人都有火烧眉毛顾眼前的毛病,由于一心忙于应付眼前的问题,于是未来的考虑也就自然被置之脑后,诚如阿龙所云:

> 我们已经被 20 世纪忙得头昏脑胀,哪还有时间去考虑 21 世纪。长期历史性的研究遂自然变得不合时宜。①

但从战略家的观点来看,无论怎样忙,还是必须研究和重视未来。

卡恩曾经说过:

> 假使我们想对于危机和困难能够预防、避免或有较好的准备,假使我们想设计较佳的安全体系,假使我们想操控我们自己的命运,则需要一种较好的机构以从事前瞻的思考(forward thinking)。②

5. 也许今之为政者会诉苦说,并非不知长期计划作为的重要,但无暇及知,无力及此,实乃心有余而力不足。此种辩论实乃谎言。因为长期计划作为所需成本甚微,而且只需少数人才,不需要庞大组织和设施,任何政府都负担得起。同时也不会影响或妨碍政府日常事务。也许又有人说,如此因陋就简势必会影响工作品质,则不如无之。卡恩对此说有很好的答辩:

---

① Herman Kahn and Anthony J. Wiener, *The Year 2000*, p.3.
② Herman Kahn, *On Thermonuclear War*, p.576.

第八章 战略计划作为

由于未来变化莫测,已经作成的计划也可能毫无用处,但不管是好是坏,计划作为仍属必要。坏的计划也还是聊胜于无。[1]

而且计划作为本身又还有教育意义,不仅能培养计划人才,提高应变能力,而且还能随时提醒政府和人民居安思危,保持忧患意识。

"曲突徙薪无恩泽,焦头烂额为上客。"[2] 这固然是千古同慨,但即令无恩泽,为国家利益着想,曲突徙薪的工作还是要有人做。假使今天无人建议曲突徙薪,则明天即令有人焦头烂额,也不一定能够扑灭火灾。

---

[1] Herman Kahn, *On Thermonuclear War*, p.586.
[2] 语出《后汉书·霍光传》;意为"建议改弯烟囱、移走柴薪的人没有功劳,而在救火时被烧得焦头烂额的人却成了上客。"——编者注

第九章
核战略

引言

早期的核战略

吓阻理论

如何打核战争?

结语

引　言

　　1945年在人类历史上是永远值得记忆的一年。人类在这一年中正式进入核时代（nuclear age）。从此，人类就一直生活在核武器威胁的阴影之下。究竟何时能够进入后核时代（postnuclear age）？那可能只有天知道。

　　今天谈到核战略（nuclear strategy），似乎早已没有什么陌生之感。事实上，人类进入核时代不过刚过50年，究竟什么是核战略？其正确的内容和意义应如何界定？这一类的问题都很不容易作答，甚至于许多知名学者的意见也时常不免于模糊或矛盾。尽管有关核战略的文献非常多，但正因如此，也就更令人有无所适从之感。

　　当前的时代为核时代，几乎一切战略问题都莫不与核武器发生直接或间接的关系。因此，核战略此一名词也就同时具有两种不同的意义。就广义而言，核战略即为核时代的战略。因为在当前的时代中几乎所有一切的战略思想和问题，都必然含有核因素的考虑在内，所以，概括地说，核时代中的一切战略都可以称之为核战略。此种观念固然合理，但如此界定则又未免过于空泛，甚至于也缺乏实际应用的价值。

　　就狭义而言，核战略又可以界定为使用核武器的战略。这样界定也足以说明核战略与非核战略之间的基本差异。在核时代，虽然任何战略都可能会受核武器的影响,但又并非一切战略都必须使用核武器。实际上,在战略领域中使用核武器的范围非常有限。在本章中对于核战略的一切讨论都是以狭义的解释为基础。

大体言之,核武器的使用又可以分为两种方式,也可以说是具有两种目的:第一是吓阻(deterrence);第二是战争(warfighting)。这又是两种相互对立的观念或现象。吓阻本是一种古已有之的旧观念,但在当前的时代,由于核武器的出现,遂又赋予旧观念以新的意义,并且也创出一个新名词,即所谓"核吓阻"(nuclear deterrence)。吓阻什么?简言之,即为吓阻核战争。

假使核战争终于不幸发生,也就是说核吓阻未能发挥其理想的功效,那又将如何?于是导致第二个问题:怎样使用核武器来进行战争。此一问题的研究也构成核战略的第二方面。总结言之,核战略所研究的主题一共有两个:(1)如何使用核武器来吓阻战争;(2)如何使用核武器来进行战争。

非常有趣味,但也并不难解释,当前许多西方战略家,尤其是文人战略家,所注意的焦点都是放在吓阻方面,以至于核战略在事实上也几乎已经变成吓阻战略(strategy of deterrence)的同义词。厌恶或畏惧战争本是人之常情,何况又是近似浩劫的核战争。如果核武器的吓阻作用真能使核战争永不发生,那该有多好。所以,战略家偏爱吓阻理论实乃理所当然,无可厚非。

不过,可惜谁都不能保证核吓阻不会失效,核战争不会发生。从第二次世界大战结束到冷战结束,苏联解体,其间还不到五十年。在此短短的阶段中,固然不曾发生核战争,甚至两大巨头也都能勉强和平共存,但又并不能因此而就断言今后也会永远共存。在人类历史中,和平与战争往往交替出现。几十年的和平并没有

第九章 核 战 略

什么了不起,而且往往又都是正当人们沉醉在和平的美梦中时,激烈的战争却突然爆发。

因此,战略家绝不可作一厢情愿的想法,换言之,他不应迷信吓阻,而必须假定吓阻有一天会丧失其效力。然则吓阻失败又怎么办?要不要打核战争?假使要打又应如何打法?这些都是现实问题而并非幻想,但很令人感到遗憾,西方战略家对于吓阻以外的核战略似乎始终不曾给予应有的和足够的注意。

诚然,核战略是人类历史中空前未有的问题,而且其内容也极为复杂,在过去数十年间更是有很多的变化。所以,本章的叙述和分析自不够详尽和深入,实无可讳言。但从事战略研究之士对于此一主题又必须重视,尤其是尽管冷战已经结束,但我们还是生活在核阴影之下。

早期的核战略

最早的核武器,即原子弹(atomic bomb),在第二次世界大战期中试验成功,当时西方同盟国非常害怕德国会先成功,事实上也的确有此可能。所以美国不仅只是加工赶造,而且也保密到家。其结果为美国政府中几乎没有几个人知道此项机密,当然也不会有人去考虑与其有关的战略问题。这是一个很有意义的历史教训:没有战略来指导技术,则技术将如脱缰之马,可能会丧失控制而引起难以想象的后果。[①]

[①] Barton J. Bernstein, "The Atomic Bombings Reconsidered", *Foreign Affairs* (January/February, 1995), p.135.

原子弹试爆成功之后，也就现炒现卖，糊里糊涂地投在日本，这两颗原子弹所曾产生的战略效果实在是很难断定，不过无论如何，总算是第一次经验。但严格说来，那只是在传统战争中使用核武器，并非真正的核战争。①

战后，从1946年到1953年，美、苏双方国防当局对于未来战争的想象和计划仍与过去并无太多差异，换言之，是以第二次世界大战为模式，很少有人考虑到核武器的冲击。事实上，美国所拥有的核兵力也的确非常有限，甚至到1948年，美国还只有三十二架改装的B-29能够投掷原子弹，而所储积的原子弹一共只有五十颗。苏联在1949年以前还没有核武器，其武力完全是传统性的。②

第二次世界大战的战略轰炸经验使西方战略家大致都认为，原子弹只能用来攻击大都市（工业和人口中心），而且必须用飞机投掷，于是原子弹也就自然成为空军的专利品。但除空军以外，并无任何人相信原子弹能够单独赢得战争。一般的共识可以综述如下：

1. 战争形态仍像过去一样，即为大规模和长期的三军联合作战。

2. 海外基地仍然需要，因为飞机的航程仍然有限。

3. 战争不仅是可以进行，而且在战争中还是可以赢得胜利。③

朝鲜战争（1950—1953）不曾使用核武器，虽然美国曾作这样

---

① 钮先钟：《二次世界大战的回顾与省思》第二十四章。
② Aaron L. Friedberg, "A History of the U. S. Strategic Doctrine", The Journal of Strategic Studies (December, 1980), p.40.
③ David A. Rosenberg, "American Nuclear Strategy and H-bomb Decision", The Journal of American History (June, 1979), p.64.

第九章 核 战 略

的威胁。1952年北约组织(NATO)在里斯本(Lisbon)召开会议讨论西欧防御战略时,仍然拟定了九十个师的建军计划,足以反证在核时代初期,核武器的战略含义并不曾受到西方同盟国领袖的重视。更值得一提的是,凯南(George Kenan)在1947年首先提出围堵战略观念时,在其著名的论文《苏联行为的根源》中也完全不曾考虑核因素。[1]

尽管美国空军努力游说,希望能使美国政府把较多资源用在空权方面,但陆、海两军则对于过分依赖原子弹而忽视传统战争的准备深表忧虑。他们不相信原子弹为绝对武器(absolute weapon),对战争具有决定性,所以也认为传统兵力不可轻言废弃。此时,文人研究战略尚未蔚为风气,极少数的早期大师,例如李德·哈特和布罗迪,虽有较深入的见解,但曲高和寡,对于官方思想几乎不曾产生任何影响[2]。

从20世纪50年代中期开始,情况又有新的变化,概括言之,可归纳为下述四项:

1. 美国核专利权的丧失

当苏联在1949年第一次试爆成功时,美国的核专利权即已丧失。但美国对苏联的能力仍作过低的估计。其参谋首长(JCS)认为苏联的第一颗原子弹在1952年以前还不会出现,而大多数科学家也都认为最早要到1955年,苏联才会有发动大规模核攻击的能力。但不幸,技术的发展却远比那些自命为内行的专家们所预期的要更为迅速。

---

[1] "苏联行为的根源"原名为"The Sources of Soviet Conduct",原作者所用笔名为"X",原文载于《外交季刊》(*Foreign Affairs*)1947年7月号。

[2] Gregg Herken, *Counsels of War* (Knopf, 1985), p.100, p.105.

2. 热核武器的出现

美国当局在苏联试爆原子弹之后,即开始发展威力更大的热核(thermonuclear)武器,也就是俗称的氢弹。到 1952 年即已试爆成功,并对于战略思想立即产生重大冲击。原子弹威力虽大,但还只是以 KT(千吨)为计算单位,与传统武器相差也仍然有限;氢弹的威力则以 MT(百万吨)为计算单位,那足以代表空前未有的巨大毁灭能力。从此,核武器遂自成一格,并必须有其特殊的战略。

3. 投掷工具的进步

最初的投掷工具仅限于轰炸机,1947 年美国所发表的《康普登报告》(Compton Report)指出,越极或越洋的长程导弹可能要在二十五年之后才会出现。因此,美国仍然集中全力去发展飞机。1953 年 B‑47 中程喷射轰炸机开始服役,而 B‑52 远程喷射轰炸机也已在试飞。但苏联人却走了捷径,倾全力发展弹道导弹。到 1955 年美国已获苏联在此方面成就惊人的证据,于是**艾森豪威尔**总统才决定应给予导弹发展以最高优先。1957 年苏联发射第一颗人造卫星,在美国造成所谓导弹差距(missile gap)的虚惊。事实上,就整体而言,美国在技术和数量上仍然居于领先地位。有两项重要事实应特别提出:(1)初期的导弹都是用液体燃料,但不久即改用固体燃料,于是导弹的安全和效力都获得重大的改进。(2)1959 年美国"北极星"(Polaris)导弹潜舰试验成功,使所谓"三合一"(Triad)的战略兵力组织终于完成(即陆上基地导弹、潜舰导弹、战略轰炸机的三结合)。[①]

---

① Lawrence Freedman, *The Evolution of Nuclear Strategy* (St. Martin, 1983), p.35.

4. 战术核武器的发展

在氢弹和洲际导弹出现之前,美国所准备的未来战争与第二次世界大战并无太多差异。战略空军将替美国争取足够的时间,好让美国完成动员并赢得战争。等到美、苏双方都已有毁灭对方的可能时,旧的战略观念也就必须改变,于是核武器被分为两大类:准备用于全面战争者称为战略(strategic)武器,准备用于有限战争者称为战术(tactical)武器。就战略思想而言,前者的象征为杜勒斯(John F. Dulles)所提倡的大举报复(massive retaliation),后者的象征为泰勒(Maxwell D. Taylor)所提倡的弹性反应(flexible response)。[1]

吓 阻 理 论

核武器的毁灭威力日益增大,核战争的恐怖也随之而大增,考虑如何进行核战争的人也随之而减少,于是吓阻开始变成一枝独秀的核战略观念。以吓阻战略为分析主题的文献真可以说是汗牛充栋,诚如阿龙所云,没有任何人敢说他能了解所有的文献,所以在此只能作一种非常简明扼要的叙述。[2]

首先必须指出吓阻本是一种古老的观念,既非核时代所独有,也不一定要与核武器发生关系。但由于核武器的出现,遂使此种

---

[1] 对于"战略"与"战术"两个名词应略作解释。在第二次世界大战时,美国航空兵力把攻击敌国后方的兵力称为战略空军,把支援地面作战的兵力称为战术空军。以后有了核武器,也就沿用此种分类,于是用于全面战争者称为战略武器,用于有限战争者称为战术武器。但此种分类与军事理论中的战略和战术毫无关系。

[2] Raymond Aron, "The Evolution of Modern Strategic Studies", *Problems of Modern Strategy* (Praeger. 1970), p.14.

观念获得空前未有的重要性。古人的著作中常有论及吓阻观念的例证,虽然他们并未使用此一名词,甚至于当美国已经享有核专利之时,有系统的吓阻理论也尚未形成。美国官方的核吓阻思想出现于20世纪50年代,而民间的理论性研究则在此后二十年内达到登峰造极的境界。

吓阻的基本模式非常简单:假定有甲、乙两方,甲方想阻止乙方采取某种行动(乙方此时尚未采取),于是明确告诉乙方,若采取此种行动则甲方必使其蒙受重大损失。基于此种模式,即可获两点认识:(1)吓阻的目的用威胁来达到;(2)吓阻所产生的是心理效果。

甲方吓阻乙方时,毋需采取任何实际行动,而只需以将采取某种行动为威胁。仅当乙方不听劝阻时,甲方才会有所行动。如果乙方在甲方吓阻之后,即未采取甲方所欲制止的行动,则甲方的吓阻就应算是已经成功,至于乙方究竟是基于何种理由而不采取行动,则可以不予考虑。也许乙方真是因为害怕甲方的威胁,而就打消其本来想采取某种行动的意图,但也可能他根本就无此意图,甚至于也许还可能有其他的理由。

反而言之.吓阻的目的是要使乙方在威胁之下不敢采取行动,如果他不怕威胁而悍然采取行动,则甲方的吓阻即完全失败。至于甲方在其吓阻失败后又应采取何种对策,那是另外的问题,不属于吓阻战略的范围。[1]

吓阻欲求生效,则必须具备下述三项基本要件:(1)能力

---

[1] Sharon A. Watkins, "Deterrence Theory: Expectations and Illusions" *The Journal of Strategic* (December, 1982), pp. 429–435.

(Capability);(2)可信性(Credibility);(3)沟通(Communication)。由于这三个名词的英文都是以"C"字为首,所以,也可简称为吓阻的"3C"。

一、能力

吓阻必须以实力为基础而不能以空言为恫吓。必须让乙方知道甲方的威胁的确能够兑现,然后始能产生吓阻作用。甲方的能力愈大,则其威胁也就愈受乙方重视,于是接受吓阻的机会也就愈大。若无足够的能力来使威胁兑现,则即令是最大的威胁也不会产生吓阻作用。

二、可信性

甲方虽有能力但还是不一定能保证乙方相信甲方的威胁是真的,而并非虚声恫吓(bluffing)。换言之,甲方的威胁在乙方心中必须具有可信性。某种威胁能否使对方感到可信,那又牵涉到很多的因素。譬如说,威胁的本身有的比较可信,而有的则不可信。又或某种威胁在某种环境中比较可信,而换一种环境就会变得不可信。一般言之,威胁愈大,则可信性愈低;反而言之,较小的威胁虽可信性较高,但对方却又可能不那样害怕,于是也同样不能产生吓阻作用。此种微妙的变化可以举例说明如下:

美国以"大举报复"为威胁来吓阻苏联对美国本土的攻击,其可信性较高,但用同样威胁来吓阻苏联对西欧的攻击,其可信性就会降低。所以,为了增强此种威胁的可信性,美国遂必须驻军西欧以作为再保证(reassurance)。

假使双方能力悬殊则吓阻关系是单片面的,可信性当然不成问题,当美国尚享有核专利时就是这样。但若双方能力相当,则将形成相互吓阻的态势,可信性遂必然降低,而吓阻的范围也会随之而缩小。

三、沟通

欲求吓阻生效,还需要第三要件,即必须能使对方确知何种行动为我方所不允许,以及如果采取此种行动,则其后果又将如何,此即所谓沟通。我方必须能把正确的信息(message)传送给对方,并使对方对于信息的内容不会有任何遗漏和误解。随着科技的进步,信息的传达变得迅速而正确,所以,沟通似乎并不困难。但事实上,问题并非如此简单,因为信息本身是一件事,对方对它的认知和了解又是一件事。

以上所云为吓阻观念的基本分析,对于任何时代都同样适用。基于此种分析,即可了解吓阻是一种充满内在不确定性(uncertainty)的观念。其效果是心理性的,所以也不能作量化的处理。换言之,不是一百就是零,而无程度上的差异。吓阻无赫赫之功,但却有显著的失败。从过去的经验看来,吓阻失败的例证很多,其原因很简单:过去任何国家对于他国所能作的威胁都相当有限,所以对方虽明知此种威胁会兑现,但有时仍敢冒险而不受吓阻。因为其结果固然可能会触发战争,但即令战败,其所受损失也并非不能忍受。过去战败国不久即常能复兴,历史中不乏成例。因此,除非双方实力悬殊,又或利害关系不大,否则吓阻就不易生效。

但自从人类进入核时代之后,吓阻的意义、运作、效果都开始发生新的改变。其主因为核武器的出现的确已经使人类有了毁灭

第九章 核战略

他国也同时毁灭自己的能力。用核战争来当作威胁,其意义与过去的任何威胁都不一样。假使核战争发生,其结果可能是不分胜负、同归于尽。

当美国最初享有核专利以及后来还享有压倒优势时,美国自然有把核武器看作万应灵丹的想法,即认为核武器可以吓阻一切战争和一切侵略行动,不仅能保护美国本身而且也能保护其同盟国。等到苏联也已有向美国发动大规模核攻击的能力之后,美国的吓阻战略思想遂开始发生改变。其分水岭即为麦克纳马拉在20世纪60年代任国防部长时所主张的 MAD 观念。MAD 可以解释为"互相保证毁灭"(Mutual Assured Destruction),也可以解释为"互相保证吓阻"(Mutual Assured Deterrence)。换言之,当美苏双方都有保证能够毁灭对方的能力时,则也就能够彼此吓阻而都不敢向对方发动直接攻击。对于美国本身而言,此种改变并无太多影响,但对于其同盟国则有极大的影响。[1]

过去,核吓阻好像一把伞,当核伞撑开时,不仅可以保护美国本身,而且还可以保护其同盟国。现在却像一件雨衣,只能保护穿雨衣的人。学者把前者定名为积极吓阻,或延伸吓阻(active or extended deterrence);把后者定名为消极或最低吓阻(passive or minimum deterrence)。换言之,前者可以达到保护同盟国的积极目的,后者则只能达到使其本身免受攻击的消极目的。[2]

自从核武器的威力、射程、精确度和数量都已大增,而美、苏双方的战略兵力又已达到真正均势(parity)水平之后,核吓阻的要件

---

[1] Alexander George and Richard Smoke, *Deterrence in American Foreign Policy* (Columbia, 1974). pp.11-15.

[2] Patrick Morgan, *Deterrence: A Conceptual Analysis* (Sage, 1977), p.28.

也随之而有少许改变。根据里根时代国防部长温伯格①的意见，吓阻欲求有效，则必须符合下述四项条件：②

1. 生存能力(survivability)

我方核兵力不仅应有重创对方的能力(capability)，而且还应能在对方发动制先攻击(preemptive attack)时确保自身的生存，或至少能保存足够的报复能力。换言之，能使对方有所畏忌而不敢发动制先攻击。

2. 可信性(credibility)

我方所采取的威胁方式，必须是对方认为一定能够兑现的。换言之，吓阻的范围有其一定的限度。

3. 明确性(clarity)

必须能够透过适当的沟通渠道使对方明确知道何种行动一定会受到我方的报复，而不至于发生任何误解。

4. 安全性(safety)

一切由于意外事件或计算错误而引起的任何危险，包括未经授权的导弹发射在内，都应设法使其减到最低限度。

吓阻具有其内在的不确定性，即令在核时代，此种本质仍继续

---

① 卡斯珀·威拉德·温伯格(Caspar Willard Weinberger，1917—2006年)，美国国防部长(1981—1987)，人称冷战武士。1938年和1941年先后在哈佛大学获文学士和法学士学位。二战期间，温伯格效命于麦克阿瑟将军参加了太平洋战场上的战斗。他进入加利福尼亚，最终成为罗纳德·里根州长的高级幕僚，他曾因早年出任管理与预算署署长之时大幅削减政府预算而获有"剃刀"之称，亦因主持美国和平时期最大的军费扩张(2万亿美元)而被称为"长杓"——意指不分青红皂白四处散财。他主张美国军队应当不断扩充军力，却同样坚决地反对滥用武力。他极力反对向伊朗出售武器，却终因里根政府"伊朗门"丑闻而蒙羞。在退出政坛之后，温伯格加入《福布斯》杂志，历任发行人、主席。——编者注

② Casper W. Weinberger, "U. S. Defense Strategy", *Foreign Affairs* (Spring, 1986), p.677.

存在。上述这些基本条件都只有一个惟一的目的,即为希望能把吓阻的不确定性减到最低限度。尽管如此,还是不能减到零。但只要不等于零,则吓阻失败(效)的机会就永远存在。

如何打核战争?

于是也就必须考虑核战略的第二个问题:如何打核战争?核武器应如何用于战争之中?首先必须对于"使用"(use)的意义作少许澄清。使用可分两种方式:一种是和平使用(Peaceful use);另一种是实际使用(Physical use)。当使用核武器来吓阻战争时,此种使用为和平使用,不会造成任何伤害,但若使用核武器来进行(打)战争,则为实际使用,也自然可能造成严重的毁灭。[①]

核武器的实际使用又可作两种不同的分类方式。第一种方式是依照动手打击的先后来分类:先动手打击称为"第一击"(first strike),记之以"A";后动手打击称为"第二击"(second strike),记之以"B"。第二种方式是依照所打击的目标(target)来分类:以对方战略兵力为打击目标,称为"对抗兵力"(counter force)的打击,记之以"Ⅰ";以对方城市为打击目标,称为"对抗城市"(counter city)的打击,记之以"Ⅱ"。若再把这两种分类方式加以组合,即可构成四种模式:

AⅠ——以兵力为目标的第一击。

---

① Robert J. Art, "To What Ends Military Power", *International Security* (Spring, 1980), p.6.

AⅡ——以城市为目标的第一击。

BⅠ——以兵力为目标的第二击。

BⅡ——以城市为目标的第二击。

AⅠ即为一般人所谓的制先攻击(pre-emptive attack)：先动手击毁对方的战略兵力，使其不再具有报复能力。这样的第一击若真能成功，当然是非常有利，因为对方的战略兵力若已全毁，则除屈服以外，也就自然无其他的选择。

AⅡ的实际可行性几乎可以说是没有，因为第一击若先攻击对方的城市，而不攻击对方的兵力，则也就无异于容许对方仍然保有完整的兵力。于是对方必然会随之而发动报复反击，其结果即可能为同归于尽。

BⅠ模式的采取有一先决条件，即为对方的第一击(AⅠ)并未将其兵力目标全部击毁。这也构成一种有限核战争的模式，即双方均仅以对方兵力的一部分为攻击目标。

BⅡ也就是MAD观念的兑现。不管敌方所攻击的目标为何，发动第二击的方面都决心攻击对方的城市，而与对方同归于尽。

当甲方决定发动核战争时，其所选择的模式，应为AⅠ，除非他决心与对方同归于尽，否则不可能选择AⅡ。选择AⅠ又可能有两种结果：(1)把乙方兵力完全毁灭；(2)只毁灭了其中的一部分。而造成第二种结果的原因又有两种：(1)甲方的能力不足以造成完全毁灭；(2)甲方故意只作有限的攻击。

当乙方受到甲方制先攻击(AⅠ)时，其反应可能有下述两种方式：(1)假使其战略兵力已全毁，当然只好投降；(2)假使尚未全毁而尚保存一部分实力，则又有两种选择：(a)全面报复(BⅡ)；(b)有限报复(BⅠ)。假使是后者，则暗示双方都有意只打有限核战争，只攻

第九章 核 战 略

击对方的兵力,而将城市保留为"人质"(hostage)。①

在此又有两个名词必须略加解释,"保证毁灭"(assured destruction)与"保证报复"(assured retaliation)的意义并不相同。保证报复只是保证对方若先动手则必然会受到报复,但此项报复是否一定能毁灭对方则又另当别论。其次,"第一击"(first strike)与"首先使用"(first use)意义也不相同。第一击是指甲方先动手打击乙方的战略兵力或城市而言;首先使用是指首先使用核武器而言,但所使用者又不一定即为战略核武器,而也可能仅为用于战场上的战术核武器。

假使甲方想发动第一击(AⅠ),则他必须能够确知这一击一定可以把乙方的战略兵力全部毁灭,或至少可使其报复变得不足为害。若不能如此,则他就必须作较慎重的考虑。假使甲方自知其能力不足以毁灭乙方的全部战略兵力,而居然仍敢冒险一击,又或希望乙方同意只打有限核战争,则都只能算是一厢情愿的想法。

有理性的决策者,也许只有在下述三种条件都能满足时,才会考虑发动制先攻击:

1. 本身拥有压倒优势。这不仅是指武器数量而言,更包括武器的命中率和摧毁硬目标(hard target)的能力。

2. 敌方战略兵力居于易毁的地位,即缺乏确保生存的能力。

3. 本身有适当的防御能力,足以减弱对方报复打击的效力,而达到可忍受的程度。

---

① Henry S. Rowen, "The Evolution of Strategic Nuclear Doctrine", *Strategic Thought in the Nuclear Age* (John Hopkins, 1979), p.133.

由于核技术领域中还有许多未知数,所以上述三条件也就很难完全满足。

反而言之,若欲吓阻对方,使其不敢冒险发动制先攻击,则最重要的措施莫过于增强本身战略兵力的确保生存能力,换言之,也就是使其易毁性(vulnerability)降到最低限度。若能如此,则敌方的制先攻击虽能造成重大毁灭,但我方还是能保存足够的残余兵力以发动有效的报复。假使敌方已确知我方战略兵力具有这样的生存能力,也就自然不敢冒险一试。[1]

从技术的观点来看,如何应付核武器的攻击,共有四种可能的对策:

1. 对敌方的武器作预防性(preventive)的毁灭。
2. 拦截在飞行途中的敌方核武器(弹头)。
3. 采取防护措施以抵消核爆炸的效力。
4. 以报复为威胁来吓阻对方。

从1945年到1985年整整四十年,这四种对策在美国的核战略中部曾先后出现。现在就依照时间的先后来略加分析如下。

1. 从20世纪40年代中期到20世纪50年代后期,美国享有核专利或压倒优势。此时美国想用核武器来吓阻一切侵略,如果吓阻失败,则美国所将发动的是第一击而非第二击,因为对方尚无第一击能力。所谓大举报复是采取AⅡ模式。

2. 当苏联发展核武器之时,虽有人主张应立即发动预防性攻击,但美国政府并未有任何行动,而只是坐视苏联走向核途径。等

---

[1] Roger D. Speed, *Strategic Deterrence in the 1980s* (Hoover Institution, 1979), p.32.

到苏联已有直接攻击美国的能力时,从20世纪50年代末期到20世纪70年代初期,MAD遂成为美国的主流思想,即仅企图以报复威胁来吓阻攻击。

3. 美国同时也已知易毁性问题的严重,遂开始采取措施以抵消对方攻击的毁灭效力。最主要者即为采取三合一的兵力结构。陆上导弹基地转入地下,战略空军保持经常空中戒备,而尤其是导弹潜舰的部署使一部分兵力经常保持高度的生存能力。

4. 最后到里根入主白宫时,战略防御的观念才正式受到重视。为什么拦截导弹的观念一直都不曾列入战略计划之中,主要的原因是技术因素和成本过高。里根虽已在1984年正式宣布推动战略防御初步计划(Strategic Defense Initiative,简称SDI),但事实上受到很多阻力,可以说是成效不彰。[①]

在整个冷战时期,美国最感忧虑的问题,即为苏联会不会发动制先攻击,要分析此一问题,则又必须先了解苏联政权的基本战略思想。过去,美国人常以为苏联人的想法也一定和他们一样,而且在时间上还是比他们较落后一点。换言之,美国人自以为他们在核战略领域中,是永远居于思想领先的地位,而认为其他国家都只是步其后尘。这实在是非常荒谬无知。事实上,冷战期间的苏联军人自有其独特的战略思想。

苏联的战略思想有其特殊的意识形态基础,即马列主义。根据马列主义者的理论,世界革命必然成功,问题只不过是时间的迟早而已。他们具有类似教徒的信心,也有极大的耐性。他们谴责

---

① Leon Sloss and Marc D. Millot, "U. S. Nuclear Strategy in Evolution", *Strategic Review* (Winter, 1984), p.22.

冒险主义,并相信时间对他们有利。因此,在正常情况之中,他们虽不断地扩充军备,但却无意发动战争。

苏联当局虽不求战,但又相信战争仍有发生的可能;而战争一旦发生,他们又一定能够赢得(win)战争。这与美国人的想法有一根本差异,因为后者认为在核战争中无赢家(nowin)。由于想在未来战争中求胜,苏联的战略思想遂强调下述五种观念:

1. **制敌机先**。苏联在第二次世界大战中饱受奇袭之苦,所以痛定思痛之余,遂认为今后不能再受奇袭,而更应以奇袭求胜。在核战争中,奇袭的效果会比在传统战争中远为巨大,因此必须制先。

2. **数量优势**。在过去的战争中,苏军一向有量多而质不精的传统。即令到苏联晚期,苏联在素质上,尤其是在高科技方面,似乎还是不如美国。因此,他们也就仍然保持其以量胜质的传统观念。

3. **打击兵力**。以对方战略兵力为打击目标。在苏联官方思想中,几乎从来不曾强调 MAD 的观念。

4. **联合作战**。美国人把核战争和传统战争视为两种不同的战争。苏联人则不是如此,在他们的思想中并无此种分类的存在。他们仍强调三军联合作战的观念。

5. **守势思想**。在整个苏联军事思想中,防御所受重视的程度绝对不亚于攻击,甚或犹有过之。苏联在防空和民防两方面所作的努力可以算是天下第一,而且在弹道导弹防御(BMD)方面也一直都在埋头苦干,只是不像美国的 SDI 那样大肆宣传而已。[①]

[①] Fritz Ermath,"Contrasts in American and Soviet Strategic Thought",*International Security* (Fall, 1978),p. 22.

第九章 核　战　略

基于以上的分析,对于美、苏双方战略思想作一比较,遂又可以获得下述三点认知:

1. 从美国人的眼中看来,苏联的战略思想似乎是矛盾而不合理。但苏联人又自有他们的逻辑,因此,也就不能完全从西方的观点来衡量其是非得失。

2. 苏联人并不认为核战争与一般战争之间存在着本质上的差异,同时也不认为核武器与传统武器之间存在着种类上的差异。换言之,苏联似乎并无独树一帜的核战略。

3. 依照西方战略家的传统想法,在研究判断敌情时,所应重视的是对方的能力而不是其意图。所以,不管莫斯科的意图为何,但从其能力的发展趋势上来观察,西方战略家也就不能不怀疑苏联是一直都有企图发动制先攻击的意念。

尼克松在20世纪70年代初期入主白宫之后,美国的战略思想又开始改变。美国国防部希望能在毁灭与屈服之间找一条第三路线,于是所谓"有限核选择"(limited nuclear option)遂代替MAD而成为新的思想主流。从此时开始,直到冷战结束时为止,五角大楼中的核战略计划作为几乎一直都是以此种观念为其基本准则。[1]

事实上,这也就是采取了前述的BI模式,此种准则由尼克松的国防部长施莱辛格(James Schlesinger)[2]所宣布(1975),故也被

---

[1] Henry S. Rowen, "The Evolution of Strategic Nuclear Doctrine", *Strategic Thought in the Nuclear Age* (John Hopkins, 1979), pp. 131-156.

[2] 詹姆斯·罗德尼·施莱辛格(James Rodney Schlesinger, 1929—),美国第7任中央情报局局长,理查德·尼克松和杰拉尔德·福特任总统时的国防部长(1973—1975);吉米·卡特当总统时,他成为美国的第一个能源部长(1977—1979)。著有《国家安全的政治经济学》。——编者注

称为"施莱辛格主义"(Schlesinger Doctrine)。其主要要求有下述四点:(1)有大量而不易毁的战略兵力;(2)能控制战争的升级;(3)能迅速结束战争;(4)有适当的战后恢复能力。此外又还有两点额外要求:(1)对方也只作有限攻击;(2)双方都有不求胜的意愿。很明显,后两点是美国所不能控制的,而且至少从表面上看来,也与苏联的思想冲突。①

福特总统接掌政权时间很短,其国防部长拉姆斯菲尔德(Donald Rumsfeld)②对于施莱辛格主义大致都是"萧规曹随",等到1977年民主党的卡特又进入白宫时,国防部也随之而易长。新部长为布朗(Harold Browm)③,以学识和经验而论,在美国历任国防部长中都要算是首屈一指。布朗在其任内对于战略思想又作了

---

① Leon Sloss and Marc D. Milot, "U. S. Nuclear Strategy in Evolution", *Strategic Review* (Winter. 1984), p. 27.
② 唐纳德·拉姆斯菲尔德(Donald Rumsfeld),德裔美国人,1975—1977年、2001—2006年两度出任美国国防部长。1932年7月9日生于芝加哥。1954年毕业于普林斯顿大学,获文学士学位。30岁成为议员。1975年被时任美国总统福特委任作国防部长,乃历届内阁最年轻国防部长;68岁那年,当乔治·布什当选为美国第四十三任总统时,拉姆斯菲尔德被布什委任再出任国防部长一职,成为历届内阁中最年长的国防部长。他重返五角大楼,见证了美国历史上最严重恐怖袭击,领导并指挥了伊拉克战争和阿富汗战争。现在他担任拉姆斯菲尔德基金会主席,他和三个孩子、七个孙子孙女在新墨西哥州居住。——编者注
③ 哈罗德·布朗(1927年—),美国政治家、科学家,美国历史上首位科学家出身的国防部长(1977—1981年)。生于纽约市。从小读书勤奋,稍大后考入著名的布朗克斯理科高级中学,十五岁由该校毕业,以平均99.50分优异成绩进入哥伦比亚大学。18岁获得哥伦比亚大学学士学位,1949年获得该校物理学博士学位,1947—1952年先后在哥伦比亚大学、史蒂芬理工学院、加利福尼亚大学执教,1952年在加利福尼亚核武器中心利弗莫尔放射实验室工作,是该所所长,氢弹之父爱德华·特勒的高足,1960任该所主任,被列为对美国核武器发展具有重要最大贡献的科学家之一。1961年任国防部国防研究与工程署署长,1969—1977年任加利福尼亚理工学院院长,1977年他被吉米·卡特提名为国防部长。1981年卸任后历任霍普金斯大学高级战略和国际问题研究所高级研究员、里根总统战略力量委员会顾问,认为苏联是美国的主要敌人,主张把保持核均势作为美国的根本目标。著有《关于国家安全的构想》等书。——编者注

若干改变,其原则被称为"对等战略"(counter-veiling strategy)。其大致内容可简述如下:

1. 并非新战略准则,对过去20年的基本政策并无改变。

2. 不假定美国能赢得有限核战争,希望能使苏联也有同样的认知。

3. 不假定核战争有持久的可能,并希望苏联认清长期核战争对他们也非有利。

4. 不假定核打击可以有限化,也不认为核战争可仅以欧洲为战场。

5. 不是"第一击"战略,也不挑拨苏联发动第一击。

6. 并不要求用军事目标来代替非军事目标,但认为应有弹性选择。

7. 不妨碍军备管制的未来进展。

从上述内容加以综合观察,即可发现所谓对等战略实际上只是把过去二十年来的思想作一总述,同时也是对于早已存在的核僵持(nuclear stalemate)作正式的承认。[①]

当里根在1981年初步入白宫时,他选择亲信(加州帮)温伯格为国防部长。若与施莱辛格或布朗比较,温伯格真可以说是无藉藉之名。但他官运亨通,而且表现也不错。里根是一位很有气度的政治家,他认为布朗所提倡的对等战略非常适当,所以无另起炉灶之必要。换言之,里根时代的战略思想几乎没有什么改变,仅在

---

① Walter Slocombe, "The Countervailing Strategy", *International Security* (Spring, 1981), p.21.

1984年之后才开始提出 SDI 的新观念。①

里根不仅是一位气度恢宏的总统,而且更是一位运气极好的总统。在他就职不久之后,苏联的领袖勃列日涅夫即病逝,苏联内部政权的转移使克里姆林宫无暇兼顾外务,于是美、苏关系趋于平静。等到 1985 年戈尔巴乔夫接管政权,其国事已不可为,于是局势急转直下,到 1991 年 12 月 25 日,苏联解体。

总算是万幸,长达四十余年的冷战终告结束,有关美、苏核对抗的战略文献也似乎可以束之高阁。然则为何还要如此不厌其详地回顾往事,尤其是苏联已经瓦解,而美、苏对抗的国际形势也早已不存在,其理由安在? 简言之,前事不忘,后事之师。

结　　语

人类固然已经进入后冷战时期,国际环境也的确已有重大的改变,但世界并未变得比过去较和平或较安定,甚至于还比过去更复杂和更混乱,尤其是人类仍然还是生活在核阴影之下。有人把当前的时代称为"第二核时代"(the second nuclear age),在这个第二核时代中,核武器的威胁不仅继续存在,而且还会变得更复杂,甚至于还更难应付。②

又有人说,核时代好像是一场戏(drama),冷战刚刚结束,象征其第一幕(first act)已经下场,现在马上就要上演更精彩的第二

---

① Keith B. Payne and Colin S. Gray, "Nuclear Policy and the Defensive Transition", *Foreign Affairs* (Spring, 1984), p.521.
② Keith B. Payne, *Deterrence in the Second Nuclear Age* (The University Press of Kentucky, 1996).

第九章 核 战 略

幕(second act)。虽然还无人能预测这一幕将会在何时结束,也不知道它将会以和平还是毁灭来终场,但可以断言:第二幕一定会和第一幕不完全一样。①

在第一幕中,世界能够有惊无险平安度过,只能归之于好运。现在苏联已经解体,是否能给人类带来一个新机会,使他们从此脱离核战争的威胁呢?1946年美国老一辈的政治家曾企图建立一个国际机构,以在原子能领域中执行全球性的管制,结果失败了。于是核扩散(proliferation)遂随之而开始。继苏联之后,英国、法国都陆续发展了他们的核武器,此外,还有若干国家已在秘密地或半公开地作这样的尝试。②

简言之,冷战虽已结束,但原有的核武器仍继续存在,而核扩散(繁衍)的声势更已变得比过去还要严重。今天各国政府和学术界对于核武器的注意力集中在两个问题之上:(1)核武器以及其投掷工具仍在继续扩散,而且很难加以制止。(2)俄国以及苏联领土中还存有大量的核武器,有被偷窃、盗卖或意外引爆的危险。

经过半个世纪,人类累积了五万多颗核武器。很明显,可以断言任何新的设计都不能阻止核武器的生产,也不能取消现有的核军备。惟一的目的仅为对于大量毁灭性武器(WMD)的使用能建立足够的控制,使社会仍能继续繁荣。在一个具有高度不确定性的世界中,假使有一颗核武器在巴黎或纽约爆炸,则民主制度也就

---

① Fred Charles Iklé, "The Second Coming of the Nuclear Age", *Foreign Affairs* (January/February, 1996), pp.119-128.

② "proliferation"是在条约上的官方用语,"繁衍"是我们所用的译名,一般常用语为"扩散"(diffusion)。

会很难维持。所以,作为民主世界和核国家领袖的美国也就责无旁贷,它必须领导所有的核国家共同遵守"不使用"(nonuse)的传统原则。即令是天下第一巨强的美国也还是必须认清,纵然握有最佳的武器系统,在新的核时代中,也还是不能提供适当的安全保障。①

在冷战时代中,虽然美、苏双方一直都在研究和准备如何打核战争,但事实上,双方都在相互吓阻之下,平安地和勉强地度过了四十年的光阴。此项事实遂使人们对于核武器的吓阻效力产生了过度的信心。假使说面对着苏联那样的大敌,吓阻都能生效,则在后冷战时期,吓阻战略会继续有效,似乎应该是殊少疑问。

孙子告诉我们,"知彼知己,知天知地"。此"四知"者对于思考后冷战时期战略问题时可以提供重要的启示。在冷战时期,中心问题是美、苏对抗,而在后冷战时期,值得关切的是若干边缘小国,例如伊拉克和利比亚。所以,适用于冷战时期的观念,在后冷战时期都可能不适用。简言之,当敌人和国际环境都已改变之后,旧有的吓阻战略当然必须再检讨。②

反而言之,由于技术的进步、环境的改变,新的工具和问题也会受到新的重视。首先应提出的即为弹道导弹的防御(BMD)。自从里根提出SDI计划以来,在此领域中几乎可以说是很少有进

---

① Fred Charles Iklé, "The Second Coming of the Nuclear Age", *Foreign Affairs* (January/February, 1996), p.128.
② Scott D. Sagan, "Why Do States Build Nuclear Weapons?", *International Security* (Winter, 1996/1997), pp.54–86.

第九章 核 战 略

展。直到第一次海湾战争①发生时,所谓战区导弹防御(Theater Missile Defense,简称 TMD)总算是有一显身手的机会。由于未来的威胁来源可能都是小国,他们虽可能拥有弹道导弹,但数量不会太多,因此若有适当的反弹道导弹,则也许可以在中途将其击落,而使其不能构成严重威胁。

核时代的第一幕长达四十年之久,才刚刚随着冷战的结束而收场,第二幕还只是刚刚开幕,现在还很难预估其未来的发展,尤其是更难预知其将在何时闭幕。不过,可以预言的是第二幕之后一定还会有第三幕,而尽管第二幕还只是刚刚开场,我们就应该已有迎接第三幕的准备。诚如伊克尔(Fred C. Iklé)②在 1985 年所曾经说过的一段话:

> 我们对核战略的思考必须向未来深入。假使我们的战略只能在此十年之内,或次一个十年之内,阻止核战争的发生,那还远远不够。核武器和防卫系统的设计、发展、建造都需时

---

① 海湾战争(Gulf War),是以美国为首的多国部队于 1991 年 1 月 17 日—2 月 28 日在联合国安理会授权下,为恢复科威特领土完整而对伊拉克进行的局部战争。主要战斗包括历时 42 天的空袭;在伊拉克、科威特和沙特阿拉伯边境地带展开的历时 100 小时的陆战。多国部队以较小的代价取得决定性胜利,重创伊拉克军队。致伊拉克最终接受联合国 660 号决议,并从科威特撤军。海湾战争是美军自越南战争后主导参加的第一场大规模局部战争。战争中,美军首次将大量高科技武器投入实战,展示了压倒性的制空、制电磁优势。通过海湾战争,美国进一步加强了与波斯湾地区国家的军事、政治合作,强化了美军在该地区的军事存在。海湾战争对冷战后国际新秩序的建立产生了深刻影响,同时,它所展示的现代高科技条件下作战的新情况和新特点,对军事战略、战役战术和军队建设等问题带来了众多启示。——编者注

② 伊克尔(Fred Charles Iklé,1924 年 8 月 21 日—2011 年 11 月 10 日)于瑞士出生,社会学家和国防专家。专长在国防和外交政策、核战略和技术在新兴的国际秩序中的作用。在一段学术生涯(包括曾任教于麻省理工学院)之后,他于 1973 年至 1977 年担任美国军备控制和裁军署(ACDA)主任。1981 年至 1988 年担任国防部负责国防政策的副部长。美国战略与国际研究中心(CSIS)的杰出学者。——编者注

十年以上,而一经部署之后,又应能维持二十五年以上。我们的核政策今天在选择上所受的限制是三十年前即已开始影响现有武器系统的战略理论。所以要想为 21 世纪设计一种较安全的核战略,其开始工作的时间应该就是现在。[①]

---

① Fred Charles Iklé, "Nuclear Strategy: Can There Be a Happy Ending?": *Foreign Affairs* (Spring, 1985), pp. 810-826.

第十章
行动战略

引言	行动战略的典型
行动学	军事权力的效用
行动自由	结语

引　言

在西方战略大师之中，最值得敬佩的应为法国的博弗尔将军。甚至于可认为在西方战略思想史中，真正有资格与孙子相提并论的也就只有博弗尔一人而已。因此，可以说博弗尔即为西方的孙子，不过他却晚生了两千五百年。①

博弗尔传世的战略理论著作共有三本，即《战略绪论》、《战略与吓阻》、《行动战略》，可以合称为"战略三书"，凡是研究战略的人似乎都应将其列为必读之书。博弗尔有一句名言，即他认为战略是一种思想方法，不过他同时也认为战略是一种"行动"(action)，所以他以《行动战略》(*Strategy of Action*)为其三书中最后一本书的书名。

博弗尔的思想似乎是受到与其同一时代但略早的阿龙的影响。他在《战略绪论》的"导言"(Introduction)中曾经说过这样一段话：

> 我们的文明需要一种如何采取行动的科学，或者可用阿龙所创造的名词，那就是"行动学"(phraseology)。②

---

① 钮先钟：《孙子三论》，第十九章，"孙子与博弗尔"。
② André Beaufre, *Introduction to Strategy*, 1965, p.14.

事实上,"行动学"这个名词并非阿龙所首创,而且阿龙在其书中也只用它作为一篇的篇名,并未对其作任何分析或解释。①

博弗尔在《行动战略》一书中又曾指出:

> 总体战略在我们这个时代比任何其他时代都更有必要……也许应给其一个新名称……也许有采用新名词之必要,既非"政策"也非"战略"(阿龙早已建议用"行动学")。②

基于以上的分析,可以了解博弗尔虽然提倡"行动战略",但对于"行动学"的本身又还是缺乏深入的研究。因此,若欲研究行动战略,则必须首先了解行动学。

行 动 学

与行为科学(behavior science)不同,但却很少有人知道,在欧洲,尤其是在东欧,有一批社会科学家曾经发展一种叫作"行动学"的科学。"行动学"的原名为"phraseology"。这个名词的语根出自希腊文的"praxis"一词,其意义即为"有指导的行动"(directed action)。

行动学的内容即为研究什么是"合理行动"(rational action),并指导人类如何采取合理行动。行动应有目标,所谓合理行动亦即为能达到目标的行动。此种行动又可称之为"有效行动"

---

① Raymond Aron, *Peace and War* (Weidenfeld and Nicolson, 1966), p.573.
② André Beaufre, *Strategy of Action*, p.16, p.23.

(effective action)。行动如何才算合理,如何始能有效,其关键在于对环境(environment)或"行动范围"(field of action)能否有正确的认知。换言之,错误的认知(misperception)即将产生不合理(irrational)的行动。所以,从行动学的观点来看,无知与不合理,其意义是完全相等的。

行动学的基础是一种无法证明的基本假定,换言之,即认定人类行动具有一种先验的目标意识,而这也正是人为万物之灵的根本原因。人类的活动(human activity)可以区分为两大类:(1)凡自动的和属于生理方面的活动称之为"行为";(2)凡有目标的活动称之为"行动"。这种分类也构成行为科学与行动学之间的主要差异。

行动学所代表的是一种纯粹演绎逻辑,不需要经验的证明。这当然并非说行动学的逻辑会与经验不符,如果是那样,则这种学问将会毫无实用价值。事实上,行动学和数学非常类似。其基础是"先验性公理"(priori axioms),不能证明也毋需证明,但其结论又并非武断的,而且也可以与经验相符合。

行动学的目的是想要建立某些人类必须(must)如何行动的法则。换言之,人类要想采取有效的行动以达到其目标,则必须遵守某些法则。而这些法则的基础又明确地包含在人类本性(human nature)之内。行动学的理论在空间和时间上具有普遍性,可以适应任何环境,而并非由环境所产生。

行动学所研究的对象是行动而不是行为。它并不重视人类如何行为,而是要指出假使人类行动有效,则必须如何行动。所谓有效者就是能够有效地达到目标,所谓必须如何者,也就是必须合理。而所谓"理"者,也就是一种先验(天)性的逻辑。反而言之,人类的实际行为，往往至少有一部分是时间和空间的函数，而且也非经常完全合理，所以不属于行动学的研究领域。

根据考证，第一部明白具有行动学倾向的社会分析著作是1855年在巴黎出版的《行动自由论》，作者为迪努瓦耶（Charles Dunoyer）。"行动学"这个名词的首次出现是在布尔多（Louis Bourdeau）所著的《科学理论》一书中，本书1882年在巴黎出版。1897年，法国历史学家埃斯皮纳斯（Alfred Espinas）首次说明行动学的重要性，并称其为"行动哲学"（philosphique l'action）。这个名词首次出现于英文著作中是在1911年。虽然行动学的最初形成是在法国，但其有系统的发展则在波兰。1962年在该国曾召开第一次世界行动学会议，同时，世界上惟一的行动学杂志也在该国出版。[1]

行动学在波兰的发展，以及其在欧洲的流传，大体言之，均应归功于波兰逻辑学大师科塔尔宾斯基（Tadeusz Kotarbiniski）。他出生于1886年，历任大学教授、校长和波兰科学院的院长。概括地说，他也是现代行动学的真正创始者。他在这一方面有十几种著作，其中最主要的即为在1965年曾译为英文的《行动学》，而这也是惟一的一本用英文发表的行动学专著。该书英译本已经绝版，我曾经花高价从美国出版商手中购得一本影印本，并视为珍品。[2]

科塔尔宾斯基的书可以算是研究行动学入门之书。他首先解释单纯行动（simple action），把它分为变化的（permutative）和不

---

[1] Norman A. Bailey, "Toward A Praxeological Theory of Conflict", *Orbis* (Winter, 1062), pp.108-112.

[2] Tadeusz Kotarbiński, *Praxiology: An Introduction to the Sciences of Efficient Action* (Pergamon Press, 1965).

第十章 行动战略

变的(perseverative)两大类。前者又分为建设的(constructive)和破坏的(destructive)两类,后者又分为建设的、破坏的和保存的(preervative)、预防的(preventive)四类。此种分类的结果可以图解如下。①

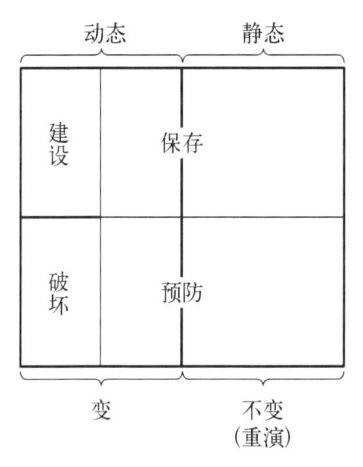

	动态	静态
建设	建设	保存
破坏	破坏	预防
	变	不变(重演)

科塔尔宾斯基又把集体行动(collective action)分为积极合作(positive corporation)与消极合作(negative corporation)两大类,而后者又再分为竞争(rivalry)和冲突(conflict)两类。单独行动的研究可称为"微观"(micro)行动学,集体行动的研究可称为"宏观"(macro)行动学,前者为后者之基础,而后者的内容则远较宽广复杂。②

科塔尔宾斯基在其书中有一章(第十三章)专论**"斗争的技术"**(technique of struggle)。**其中列出若干原则,而其第一条即为保持**

---

① Tadeusz Kotarbiński, *Praxiology: An Introduction to the Sciences of Efficient Action* (Pergamon Press, 1965), p.29.
② 同上书,pp.61-74.

最大的行动自由,他称之为"弹性公理"(axiom of flexibility)。其次则为对资源作经济化的利用,他称之为"经济公理"(axiom of economy)。此外,还有若干其他的原则,例如对己方力量的集中、协调和组合,对敌方力量的分散和瓦解等等。[1]

以上所云仅为对科塔尔宾斯基的理论和著作的最简单介绍。当然,这样复杂微妙而又具有哲学意味的学问,其内容是无法用简单的说明来描述的,不过我们只需知道其基本观念是什么。特别必须强调指明的是行动学与行为科学完全是两件事。行动学并不重视行为的动机,以及行为的实际形态,而是想要建立有效(合理)行动的准则。

虽然行动学一直到今天还是一种冷门学问,不仅研究的人很少,而知道它的人也都不多,但行动学中所含有的观念,却又早已在其他的学域中相当普遍地被采用,只是不曾使用行动学中所用的名词而已。采取行动学观念最多的科学即为经济学。纯粹经济学理论完全是以心理观念为基础,其思想结构实与行动学大致相同。尤其是现代经济学所发展的各种新理论,所使用的各种新工具,更能对行动学产生回馈作用,而有相得益彰的互补功效。试举一例来说,所谓博弈理论(game theory)虽然已经变成应用数学的一部分,但其发源却是在经济学的领域中,而此种理论,无论就精神或原则而言,又都和行动学颇为接近,并且也为行动学带来一种新的研究工具。[2]

---

[1] Tadeusz Kotarbiński, *Praxiology: An Introduction to the Sciences of Efficient Action* (Pergamon Press, 1965), pp. 156–174.

[2] Stevan J. Brams, *Superpower Games: Applying Game Theory to Super power Conflict* (Yale University Press, 1985).

第十章 行 动 战 略

除经济学以外,还有一种学问也与行动学的关系至为密切,其程度也许比经济学犹有过之,那就是战略学。不过,战略学本身却又不能算是纯正的科学。尽管如此,许多传统战略家的著作都常暗中含有行动学的观念和原则。譬如以克劳塞维茨的《战争论》为例,即可以发现其中有许多观念都是与行动学的思想不谋而合。

克劳塞维茨认为战争是一种意志的表现,他采取抽象化的观点来研究人类行动的某一特殊方面,即为一种集体的斗争(collective struggle)。他像行动学家一样,相信有一种先验性公理之存在。此外,他又重视战争中的摩擦,这无异暗示必须对环境有正确认识并能与之适应,然后始能获致有效的行动,达到理想的目标。

克劳塞维茨的思想固然在许多方面都与行动学的观念非常接近,但他是19世纪初期的人,《战争论》出版于1832年,那是早在行动学这一个名词出现之前,所以,克劳塞维茨在思想史中的地位应该算是一位先驱者。

但令人深感奇妙而不可思议的是,在克劳塞维茨之前,行动学还有一位更遥远的先驱者。其人即为二千余年以前我国的孙子。当代波兰学者加夫利科夫斯基(Krzysztof Gawlikowski)[①]认为,孙子思想中有一种"斗争哲学"(philosophy of struggle),那是一种独一无二的理论,在西方古代找不到与其平行的思想。他同时又指出那是一种高度抽象化的观念,其所能应用的范围并非仅限

[①] 克日什托夫·加夫利科夫斯基(Krzysztof Gawlikowski),波兰著名汉学家和《孙子兵法》研究专家;华沙一所私立大学任教,讲授中国文化课程。——编者注

于战争,而是可以推广及于任何其他的情况。①

西方的克劳塞维茨、我国的孙子,在思想上固然在许多方面已经和行动学的观念很接近,但1973年逝世的法国当代著名战略家**博弗尔**将军则又比他们还要更近一步。严格说来,博弗尔不仅是一位战略家,而且也是一位行动学家。他的全部战略思想,几乎都是以行动和行动自由为基础。他更以"行动战略"为其战略三书中最后一本的书名,足以表示其对于行动的重视。事实上,行动战略也应该即为行动学在战略领域中的应用。

博弗尔认为行动是发源于意志,无意志即无行动。行动是相对的,所以也就会产生非常复杂的相互作用,即所谓辩证的关系。战略的目的是要使行动有效,而如何始能使其有效,则主要的关键即为扩大自己的行动自由,并同时限制对方的行动自由。综合言之,博弗尔的战略思想与行动学如出一辙,但他本人对于行动学却并无了解,甚至于也不知道行动学的来源。

行 动 自 由

行动自由本是传统战略思想中所早已有的观念,也许我国的孙子是最早提出此种观念的人,因为他曾经说过:"善战者致人而不致于人。"其意义即为应该尽量限制敌人的行动自由,而自己的行动自由则应尽量不受敌方限制。②

---

① Krzysztof Gawlikowski, "Sun Wu as the Founder of Chinese Praxiology, Philosophy of Struggle, and Sciences", presented in the Second International Symposium of Sun Tzu's Art of War (Beijing, China, Oct.1990). 其中译文已译载于《孙子新论集粹》,p.306。

② André Beaufre, *Strategy of Action*.

第十章 行动战略

20世纪初叶,首先把行动自由视为战争原则(principles of war)的人是福煦(Ferdinand Foch,1852—1929)。他在第一次世界大战中出任联军统帅,官至元帅,名垂青史。在其早年所著《战争原则》一书中最早将行动自由列为四大原则之一。博弗尔对于福煦可谓推崇备至,在其著作中曾一再引述福煦的观念。[①]

由于任何人都只能在其行动自由的范围之内行动,因此,也就有人认为行动自由似乎是一种固定的限制因素,但这实在是一种误解,事实并非如此。行动自由决定于三个基本因素:(1)目标;(2)权力;(3)环境。这三个因素并非固定不变,尤其是三者更可能交相为用,瞬息万变。所以,行动自由并非常数而是变数。

福煦在其书中曾指出:"由于对兵力已经作了合理的经济化分配,然后始能获得行动自由,而凭借行动自由又始能达到决定点。"[②]他的话似乎有一点难于了解,但其真正的意义则为必须对权力(资源)作合理的分配,然后才能获得行动自由,换言之,如果权力分配不适当,即无异于限制自己的行动自由。

李德·哈特在其名著《战略论》中曾经有一段话更值得引述:

> 调整你的目标以适应你的手段。在决定目标时必须有明确的眼光和冷静的计算,咬下的分量超过你能嚼烂的限度是一种愚行,对于何者为可能的认识实为军事智慧的起点。

[①] Ferdinand Foch, *Des Principes de la Guerre* (1905). 这是一本经典名著,已有英译本。
[②] 同上书,p.312。

李德·哈特又说:

> 在内心里固然应经常保持你的目标,但必须使你的计划适应环境。应认清达到某一目标的路线绝对不只一条,但选择路线时又必须注意其应能达到目标。[①]

以上所云都是指出目标和手段(权力)均可调整以增大行动自由。最后还有环境因素。环境因素固然比较难于控制,但也并非完全不可改变。尤其是客观环境又常由于主观认知之不同而可能产生不同的影响作用。所以,设法使环境的影响由不利变为有利,也未尝不是争取行动自由的一种方法。

行动不仅是想要达到我方的目标,而且还要阻止对方达到其目标,更进一步,又还要阻止对方妨碍我方达到目标。简言之,行动是用来扩大我方的行动自由,并同时限制对方的行动自由的。行动的原始动机为达到我方的目标,但因对方的目标与我方的目标相冲突,于是为达到我方的目标,又必须阻止对方达到其目标。如何能阻止对方达到其目标?有效手段又即为限制其行动自由。但对方亦必企图限制我方的行动自由,于是我方又必须设法扩大本身的行动自由。结果遂演变成行动自由的争夺战。

基于以上的分析,所获的结论似乎必须同时采取四种行动:

1. 达到我方的目标。
2. 阻止对方达到其目标。
3. 限制对方的行动自由。

---

① B. H. Liddell-Hart, *Strategy: The Indirect Approach*, p. 348.

4. 扩大我方的行动自由。

虽然照理论分析,是应该作这样的分类,但事实上却并不需要如此复杂。因为在行动领域中,所有的作用往往都是相对的,所以,同一行动常能产生正反两方面的效应。此种现象固然增加了理论分析上的困难,但又足以减少实际行动上的困难。对于此种在理论与实践之间所存在的似乎矛盾而实非矛盾的微妙关系,从事战略研究的学者应特别注意。

举两个浅近的比喻来作为说明:譬如打拳,每出一招必然同时具有攻势和守势的两种作用;譬如下棋,善弈者无论移动哪一颗棋子,都必然具有深远的意义,一方面会考虑到对全盘棋局的影响,另一方面又会考虑到尔后棋局的发展。虽然这只是一种浅近的比喻,但战略的原理的确也是一样,尽管那是远较复杂和高深。所以博弗尔把战略的意义界定为一种辩证艺术(art of the dialectic),实寓有深意在焉。①

行动战略的典型

博弗尔虽首创"总体战略"和"行动战略"的名词,但其理论和分析还不能算是十分深入,并且经常受到传统军事战略思想的影响。传统军事战略思想把国际关系严格地限制在战争领域之内,也就是老一辈的将军们所常说的话:没有战争自然也就没有战略。博弗尔虽然很早就已经认清在平时也应有战略之存在,但当他提出总体战略的观念时,还是念念不忘情于总体战争,很容易令

---

① 可参看本书第一章及博弗尔所著《战略绪论》第一章。

人误解,以为他所提倡的总体战略是一种只能适用于总体战争的战略。

其次,传统战略思想又把战略所用的工具限制在军事领域之内,所以也就变成纯粹的军事战略,我国古人称之为用兵,而现代西方军事术语则为"operation",中译为作战。博弗尔虽认为在总体战略中所使用的工具并非仅限于军事权力,但在他的书中所讨论的内容还是有以军事为主的趋势。不过,这也难怪博弗尔会有此种趋势,因为甚至于到今日,许多人对于战略也都还是作如此狭义的界定。而且除军事权力的运作以外,所谓大战略者在理论上也不过只是一个空架子而已,根本缺乏有实质内容的深入分析。

概括言之,博弗尔虽知总体战略的重要,但在其书中所作的分析和所引用的例证还是以军事权力的运作为主体。他认为军事权力有各种不同的运用,换言之,也就是可以用不同的典型(pattern)来加以分类。此种理论为博弗尔在行动战略领域中的创见。他自己认为他所列举的五种典型只应算是一种举例,并不是完全的分类。[1]

博弗尔认为在决定采取何种战略(行动)典型时,所必须考虑的因素有三个:(1)目标;(2)资源;(3)行动自由。根据这三个因素的变化和配合,即可以决定所应采取的为何种典型。概括言之,可以分为下述五种。

1. 假使想达到的目标就性质而言,不是很重要,而所可运用的军事权力又相当巨大,同时客观环境也很有利,换言之,即享有充分的行动自由,则在这样的情况下,只要以巨大的力量为威胁,

---

[1] André Beaufre, *An Introduction to Strategy*, p. 27.

即足以使对方屈服,而不必诉之于实际的行动。此种典型可以称之为"直接威胁"(direct threat)。

2. 假使目标性质并不是很重要,但能运用的军事权力却不够巨大,不足以构成决定性的威胁,则应尽量配合使用非军事性手段,包括政治、外交、经济、心理等因素在内。此种战略典型可称之为"间接压迫"(indirect pressure)。这也是冷战中所惯用的典型。当行动自由受限制时,这也是最安全和最适当的行动方式。

3. 假使行动自由和军事权力都很有限,而想要达到的目标却有很大的重要性,则必须采取分段行动,每次对武力都只作有限度的使用,而且适可而止。这种战略典型可称之为"蚕食程序"(nibbling process)。希特勒在第二次世界大战之前,曾使用此种典型而获得一连串的成功。不过,在执行时必须缓进,而不求速效,而且最后也必然还是会受到收益递减定律(the law of diminish returns)的支配。

4. 假使目标很大,力量很小,但却能享有较大的行动自由,则也许就应该采取所谓"长期斗争"(protracted conflict)的战略典型,值得注意的是蚕食程序与长期斗争之间的差异。前者是分段的,后者是连续的。前者是每次行动时间都很短,但都能生效,但每段之间又可能夹着相当长的休息期;后者则必须持续达相当长久时间,然后始能生效。长期斗争虽使用武力,但所打击的对象则为对方的精神,其制胜之道是心理影响重于物质资源。

5. 假使所争取的目标很重要,而军事资源又很充足,则可直接使用武力以求胜。此种战略典型可称之为"军事胜利"(military victory),亦即为典型的传统军事战略。不过,资源必须十分强大,而行动自由又几乎毫无限制,则始有速战速决的可能。如果求速而不达,则非常可能会变成长期消耗战,于是虽有智者亦无以善其后矣。第一次世界大战初期,欧洲各国的陆军无不以速战速决为其理想,结果却是陷于长达四年之久的苦战而不能自拔,实可为历史的殷鉴。①

上述五种典型都可以使用,也都可获成功,但必须依照现实情况来作适当的选择。此五种典型又可分为两大类;**凡军事力量的使用居于主要地位者,可称为直接战略;凡军事力量的使用不居于主要地位者,可称为间接战略**。依此标准,第一和第五两种典型应属于第一类,第二和第四两种典型应属于第二类,第三种典型则介乎两类之间。第一和第二两种典型属于冷战层面,第四和第五两种典型属于热战层面,而第三种典型则又介乎冷热之间。此种错综复杂的关系可以图解如下。

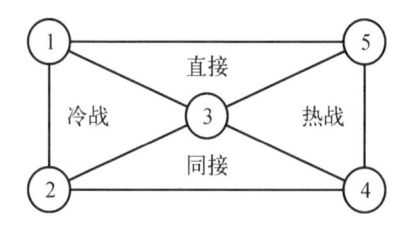

```
    1 ───直接─── 5
    │\       /│
    │ \     / │
   冷战  3  热战
    │ /     \ │
    │/       \│
    2 ───间接─── 4
```

在不同的情况中,又应如何选择所应使用的典型? 概括言之,其决定因素有三:(1) 目标;(2) 军事力量;(3) 行动自由。这三个因素可大可小,于是依据它们的变化,可以把比较合理的战略选择列表。

---

① André Beaufre, *An Introduction to Strategy*, pp. 26‑28.

第十章　行动战略

情况	目标	军力	行动自由	战略典型	战略类别
1	小	小	小	(二)	间
2	小	小	大	(二)	间
3	小	大	小	(二)	间
4	小	大	大	(一)	直
5	大	小	小	(三)	直或间
6	大	小	大	(四)	间
7	大	大	小	(三)	直或间
8	大	大	大	(五)	直

依照目标、军事力量、行动自由三个因素的大小变化，可以发现在大多数情况中，所应作的合理选择均为间接战略，或介乎直接与间接之间的战略，只有两种情况是可以放心地采取直接战略。因此，依照博弗尔的分析，行动战略是以间接战略为主。

军事权力的效用

在当前的国际关系中，军事权力还是经常被使用，包括战争在内。若从过去的记录上来看，对于军事权力的效用又应作如何的评估？这是一个非常有意义的问题，但也很难作答，概括言之，也许可以归纳为下述十点。

1. 在增强行为时比较易于成功。假使对方本来尚未采取某种行动，则在我方强大军力吓阻之下，也就不会再试图采取行动。反而言之，假使我方本拟采取某种行动，则在我方军力展示鼓励之下，也就更会比较勇于进取而不再犹豫。

291

2. 在企图改变行为时，比较不易成功。换言之，当对方已经采取行动，而欲迫使其停止或改变方向，则颇为困难。

3. 用军事权力来帮助稳定现有的友好政权比较易于成功，但想改变敌对政权的行为或态度，则远较困难（这也是前两条的推论）。

4. 军事行动虽能立即成功，但其效果常仅为暂时性的，不一定能够持久。所以，军事行动的最大贡献可能即为争取缓冲时间，以便让其他非军事权力可以来得及发挥作用。

5. 无论是有限度的干涉，还是大规模的战争，武装部队的表现对于国家的威望和地位都有极大的影响作用。

6. 作为政策工具，陆军最能产生有效的影响作用。海军和空军则因机动性较大，作为一种政治承诺（commitment）的象征，其价值远不如陆军。

7. 全球战略平衡似乎与局部性的成败并无必然关系。远较重要者为区域军事平衡。因此，增强区域性军事合作实为增强军事权力影响的主要途径。

8. 国家若拥有较强大的军事权力，则对其本身的命运也自然享有较大的控制权，其安全和生存也都可以有较多的保障。

9. 今天国际事务中的大多数争执，都不至于要使用武力来解决，但当运用其他一切非军事权力时，军事权力又几乎经常是处于后盾的地位，能够发挥其间接影响作用。所以，军事权力似乎是一只看不见的手。

10. 不过，军事权力的效用或价值又并不一定与其大小成比率。有时军事权力的增大会产生意料之外的反作用。最后必须强调，军事权力并非万能，也不能解决一切问题。

第十章　行　动　战　略

总而言之,无论从理论或现实的观点来看,军事权力仍将继续存在。其在国际事务中的地位也不会降低,国无分大小,都必须保有适当的军事权力,否则其国家政策必将蒙受不利影响。当国际间发生争执时,军事权力仍为最后的仲裁者。若无武力为后盾,则一切外交都不过是空谈而已。武力不一定要使用,威胁不一定要公开,仅凭其存在,往往即足以产生吓阻或劝诱的功效。军事权力的本身虽不一定能保证国家的生存和强盛,但毫无疑问,实为二者的必要基础。

结　　语

博弗尔在其《行动战略》一书中的总结论中指出:行动战略是总体战略的积极方面(positive side)。换言之,吓阻战略则为总体战略的消极方面(negative side)。两者合而为一,构成总体战略的全体。博弗尔著书立说时已为20世纪60年代后期,其思想当然会受到时代背景的影响。此时人类不仅早已进入核时代,而且东西冷战也已经达到其最高潮。因此,他的理论也就似乎有一点偏重核时代的趋势。

事实上,行动与吓阻两种观念真可以说是古已有之。不过,在过去的时代中,行动所受重视的程度远过于吓阻,因为吓阻只能阻止对方达到其目的,而只有行动才能使我方达到所预定的目的。因此,在前人的思想中,战略的意义即为行动。战略实际上也正是一种行动学,尽管行动学此一名词和观念的出现还是晚于战略。

由于核武器的出现,战略思想产生了空前所未有的突变。吓阻变成了核心观念,甚至可以说核战略即为吓阻战略。许多战略家都钻入牛角尖中而不能自拔,这也正是博弗尔所亲眼目睹的事实。于是他深有所感,才提出其所独创的行动战略观念。

实际上,这又并非真正的创见,而只是提醒大家不要忘记了古已有之的旧观念。即令是在核时代,战略还是不能仅以吓阻为满足,仍然还是有行动之必要。核武器固然可以对于某些行动产生吓阻作用,但并不能取消一切的行动。而在核时代要想达到某种目标,则仍然还是必须采取某些行动。核武器固然可以限制行动自由,但行动自由愈受限制,范围愈狭窄,则行动也就愈可贵,效力也愈值得肯定。

博弗尔逝世于1975年,他没有机会看到冷战的结束和苏联的瓦解,但他在20世纪中期所写的战略著作到今天仍然值得研读,而自他逝世之后,这几十年来,西方战略思想家之中,似乎也不曾再出现一位像他这样的大师,实在令人不胜感慨。

世界已经进入后冷战时期,天下大势开始出现重大改变。向前途展望,人类将会面临哪些新的问题,在思想方面又应作如何的改变和适应?概括地说,对于未来的世界似乎很难保持过分的乐观,战略家仍然面对着艰巨的任务。在思想上,吓阻与行动应该是两者不可偏重。在20世纪冷战期中,由于核武器的出现,吓阻理论的确曾经受到过分的重视,所以,博弗尔的独倡行动战略是值得称许。今后人类还是会继续生活在核阴影之中,因此吓阻理论仍需研究,但在多元化的未来国际关系中,采取各种不同行动的机会必然会增加,所以,行动战略可能将成为战略研究的主流。

第十一章
战略研究的四种境界

引言　　　艺术境界
历史境界　哲学境界
科学境界　结语

引　言

战略研究是一门多彩多姿的学域,有其非常古老的根源,也有其非常现代化的发展。从事这一门学问的研究者很容易会感觉到好像是走进了一个"八卦阵"之中,走进去也许很容易,但想走出来却相当地难。结果可能愈深入则愈模糊,甚至于研究了一辈子,还不知道自己到底是在研究什么。这绝非夸大其词,因为作者本人在四十余年的研究过程中,曾时常有这样的感觉。

因此,从事战略研究的学者不可以不讲求研究方法。必须有一套完整合理的研究程序,然后始能循序渐进,步入坦途,否则就可能有歧路亡羊的危险。根据许多学者的著作,以及个人的治学经验,可以归纳成为一套理论,似乎足以有助于后进。

这一套理论体系可以称之为战略研究的四种"境界",为学者必须通过此四种境界,然后始能登堂入室,成为一位真正合格的战略思想家。此四种境界分别为:

(1) 历史境界;(2) 科学境界;(3) 艺术境界;(4) 哲学境界。

此四者之间又有微妙关系,并且合而为一,共同形成一个整体。不过,为了分析的方便,还是必须分段来解释。

历　史　境　界

就思想的传统而言,战略与历史几乎是密不可分。所有的古典战略家无一不是历史学家。被称为西方最早的战略思想家,古希腊时代的修昔底德所著的书根本上就是一部历史著作,即流传至今的《伯罗奔尼撒战争史》。但他的书中又的确蕴藏着许多战略观念,可惜的只是不曾整合成为有系统的理论,这也正是他不如我国孙子的地方。①

19世纪初期的战略大师克劳塞维茨,若以其著作来作为比较依据,其作为历史学家的成分应该是多于战略家。他的遗著共分十卷,《战争论》仅占其中的三卷,而其余各卷则均为历史著作。此外,克劳塞维茨还有很多的历史著作都已经逸散,而不曾收入其全集。②

被世人称为最后一位古典战略学家的李德·哈特,到他晚年时,曾自称宁愿将其全部剩余精力都投入历史的研究。③ 事实上,在其传世之作《战略论》中,历史几乎占了全部篇幅的四分之三,而战略理论(第四篇)则仅占四分之一。也许可以这样说,从李德·哈特的观点来看,战略理论不过只是历史研究的结论。

从表面上看来,核时代的惟一一位西方战略大师——法国的博弗尔将军,似乎有一点轻视历史的倾向。他的确在其《战略绪论》中曾经这样说:"读者可能会感到奇怪,和大多数这一类的书不一样,我的书很少引用历史。"接着他又说:"我相信历史几乎可以用来证明任何结论。"④

---

① 钮先钟:《西方战略思想史》,p.37。
② Peter Paret, *Clausewitz and the State* (Princeton University Press, 1985), pp.441-445.
③ Brain Bond, *Liddell-Hart: A Study of His Military Thought* (Rutgers, 1977), p.235.
④ André Beaufre, *An Introduction to Strategy*, p.14.

第十一章 战略研究的四种境界

以上的言论可能就是有人认为博弗尔不重视历史的证据。事实并非如此简单:不引用史例是一件事,不重视历史又是一件事,二者不可混为一谈。实际上,博弗尔所反对的只是两件事:(1)概括地提到某一将军或某一战争的大名;(2)牵强附会地滥用史例以证明某一结论。关于第二点,博弗尔的意见与克劳塞维茨非常接近。克劳塞维茨曾经指出:

> 对于任何事件若仅轻微接触,而未作谨慎详述,则好像在远距离看东西一样,不可能分辨出细节,而且从任何角度来看似乎都是一样。这样的史例实际上已经被用来支持最矛盾的意见。[1]

简言之,博弗尔和克劳塞维茨完全一样,并非反对引用史例,而只是反对滥用史例。

克劳塞维茨认为,一个单独而彻底详细的史例比十个仅只触及表面现象的史例远具有启发性。反而言之,对于历史的表面化和不负责任的处理,将导致无数的错误观念和伪造理论。于是他说:

> 在认清使用史例的困难之后,也就会得到一个明显的结论。例证应从近代史中去抽取,因为那已有适当的了解和评估。[2]

---

[1] Carl von Clausewitz, *On War*, trans. Michael Howard and Peter Paret, p.172.
[2] 同上书,p.173.

博弗尔的历史意识几乎是与克劳塞维茨所见相同,甚至于还犹有过之。在他的著作中所曾引述和重视的例证都是仅限于现代,而且几乎都是他本人的亲身经验。尤其是他所写的两本回忆录,更是可以提供非常宝贵的启示。据他自己说,那可以作为个案研究,因此,足以证明他仍然承认历史研究实为战略研究的基础。

核时代初期,美国有一批文人战略家,的确认为从历史的途径来研究战略是一种已经落伍的方法。他们相信现在已经有新的治学工具,即所谓作业研究和系统分析(OR/SA),可以提高研究效率,并获致更好的成就,所以,旧有的传统方法将自然会被淘汰。不过,没过多长时间,他们的这种过分简单、天真和自大的态度,即开始受到有识之士的批评,而且事实也证明新的方法并非万能,有时甚至于尚不如旧的方法有效。

到20世纪70年代,美国战略界(strategic community)中又出现若干后起之秀,例如勒特韦克和格雷等人,他们又再回头走向历史研究的途径,甚至于有人称其为"新克劳塞维茨学派"(Neo-Clausewitzian)。此种趋势并非复古,而是诚如陶渊明所云:"实迷途其未远,觉今是而昨非。"①

为什么从古到今,有许多战略思想家都认为研究战略应从历史入门?其理由为何?李德·哈特在他所写的《为何不向历史学习?》一书中曾作简明的解释:

> 俾斯麦曾经说过,"愚人说他们从经验中学习,我则宁愿利用他人的经验。"就这一点而言,研究历史能够提供最大可

---

① 陶渊明:《归去来兮辞》。

第十一章 战略研究的四种境界

能的机会。它是一种宇宙性的经验,比任何个人的经验都无限地较长、较广和较复杂多变。①

事实上,从事战略研究的人几乎很少能以其个人的经验为基础。许多职业军人甚至于一生都不曾上过战场,战略家的工作与医师很相似,但他在学习或研究的过程中却远比学医较为困难。医师在尚未正式开业之前,可以有很多和很长的临床实习机会,换言之,他可以累积其个人经验。研究战略的人则不是如此,他的知识几乎完全是从书中得来,能获致丰富的个人经验者只可以算是例外。

概括言之,所有一切社会科学(人文科学)的研究,若与自然科学作一比较,也都有同样的弱点。在自然科学领域中,常可用试验方式来进行研究。简言之,即能控制情况,并能使同一现象重现。但在社会科学领域中,使用此种方法的机会可以说是非常有限。通常都只能对已有的现象(经验)来加以观察,而这些现象既不受控制,也不能改变。尤其是过去已成过去,任何人都无法使其重演,因此,也更增加历史研究的重要性。

历史的主题为过去,但战略家研究历史,其目的又非仅限于要想了解过去,然则他为什么要研究历史?博弗尔对此有其非常精辟的见解,他说:

> 对于过去的变化作精密的研究,能够使我们学会如何操

---

① B. H. Liddell-Hart, *Why Don't We Learn From History* (Hawthern, 1971), p. 2.

纵把我们包括在内的现在,以及支配我们前途的现象。①

这也正是战略学家与纯正历史学家之间的主要差异。史学家为历史而研究历史,战略家为战略而研究历史。老一辈的富勒将军说得更恳切:

> 除非历史能教导我们如何看过去,否则战史只不过是一种流血的浪漫故事(bloody romance)。②

博弗尔对于战略的功能和战略家的责任有一种非常伟大庄严的想象。他认为**战略家的理想是控制历史的潮流(current),改变历史的趋势(trend)**。这当然是一种非常艰巨的任务,但并非不可能。然则如何始能控制历史的演变,其首要步骤即为研究历史,诚如罗马史学家波里比阿(Polybius)③所云:"从历史研究中所获得的知识,对于实际生活在一切教育方式中是最佳的。"④

李德·哈特的意见似乎要比博弗尔的较为消极。他认为作为

---

① André Beaufre, *The Suez Expedition* (Praeger, 1969), p.14.
② Hew Strachan, *European Armies and Conduct of War* (George Allen and Unwin, 1983), p.1.
③ 波里比阿(Polybius),古希腊历史学家。公元前168年因政治立场可疑,被羁留在罗马十七年,成为"非洲征服者"小西庇阿(Scipio Aemilianus)的导师与密友,并成为罗马上层社会的一员。前151年,小西庇阿带他去西班牙和非洲,亲眼目睹了迦太基的毁灭。因此波里比阿有机会亲身经历那个时代最重要的军事及政治事件,这为他的历史著作提供了第一手的资料。他阅历丰富,游历过地中海沿岸许多地方,著述甚丰,但流传至今的只有《罗马帝国的崛起》。该书被西方史学界公认为"人类最伟大的历史著作之一";在古代希腊、罗马历史著作中是最符合科学方法和要求的,故波里比阿被誉为"历史学家中的历史学家"。——编者注
④ B.H.Liddell-Hart, *Why Don't We Learn from History*, p.3.

指标(guiding signpost),历史的用途有其限制;但作为警告牌(warning sign)的价值则比较值得肯定。历史虽不一定能教导我们应做什么,但至少能指示我们不应做什么。历史的最大贡献就是指出人类所最易犯的错误。①

历史的研究有其叙述的部分,又有其解释的部分。前者所要回答的问题是何事(what),后者所要回答的问题是为何(why)。历史是一种经常的流动(constant flow),也经常不断地在改变。历史学家从不承认"决定主义"(determinism),而相信天命与人事交相为用。所以,欧阳修在《五代史·伶官传序》中说:"盛衰之理虽曰天命,岂非人事哉!"

克劳塞维茨认为在历史中只有最抽象和最广义的观念始能维持不变。他又指出历史显示人类的行为从不遵从固定规律。他说:"同样的政治目标可使不同的人发生不同的反应,甚至于同一人在不同的时候也可以有不同的反应。"所以,历史必须当作个案来研究,且必须对其作精密分析(critical analysis)。

克劳塞维茨认为历史可以扩大学者的经验,当缺乏经验时可以代替经验。但他同时强调历史不是模范书,并无教训或规律可以贡献,而只能扩大学者的知识,并增强其判断力。②

历史研究是以利用前人经验为起点,但虽起于经验而又不囿于经验。换言之,历史研究并非仅以过去的记载、解释和分析为满足,而是有如汤因比所强调,**历史的任务是贯通过去、现在与未来,**

---

① B. H. Liddell-Hart, *Why Don't We Learn from History*, p.1.
② 《战争论》:第二篇,第五、六两章。

并赋予此一有机连续体(organic continuum)以意义。①

这也正是我国汉代太史公司马迁所说的"通古今之变",这样也就达到了本章第一阶段的结论:

战略研究的第一种境界是历史境界。研究战略必须从研究历史入门。在历史境界中,研究是以经验为主题,而其理想目的则为"通古今之变"。

科 学 境 界

从历史的途径来研究战略固然有其非常古老的传统,但尝试用科学方法来研究战略,甚至于认为战略本身即为一种科学,这一类的观念也已有相当悠久的历史。

所谓科学化,其中心观念就是计量,战略家重视计量,我国的孙子也许是历史中的第一人。波兰学者加夫利科夫斯基对于这一点曾作非常精辟的评论,值得引述:

> 孙武的最大成就之一就是他对于现实所采取的科学研究途径。他的书在中国,甚至于在全世界,都是最早提倡对于社会现象采取科学分析方法的第一本书。其中包括若干量化评估的观念,以及对自然法则的引用。当然,孙武所用的分析方法并不能令现代学者感到完全满意,但在整个中国古代思想领域中,他却是一个孤独的先驱者。②

---

① Peter Calvoeoressi, "Arnold Toynbee-A Memorial Lecture", *International Affairs* (January, 1976), p.2.
② 转引自钮先钟:《孙子三论:从古兵法到新战略》导言。

第十一章 战略研究的四种境界

在我国历史中还可以找到一个非常有趣的实际例子。张良在向刘邦分析战略情况时,曾经"借箸代筹"①。中国古人在尚无算盘之前惯于使用算筹,张良因为一时找不到算筹,所以只好使用吃饭的筷子(箸)来代替,于是也就留下这一段千秋佳话。虽然当时的计算也许还很简单,但就原则而言,与今天使用电脑在意义上并无二致。

第一位企图用几何图形来作为解释和预测工具的西方战略思想家是 18 世纪末叶的比罗(Heinrich von Billow)②。但他的理论却受到 19 世纪两位大师的驳斥。若米尼说:"其基础是一种错误观念,即认为战争是一种真正的科学,其一切行动都可用计算方式来决定。"克劳塞维茨则指出:"战略所包括的不仅是那些可以接受数学分析的力量。"③

但很讽刺,若米尼本人却又相信所有的战略都受到不变的科学原则的支配,而且他宣称他已找到这些原则④。克劳塞维茨虽认为不可能建立一种抽象化和合理化的行为准则,但也不反对科学方法。事实上,他对于科学方法的运用相当熟练,其所谓"精密分析"实际上即为科学方法。

到了 20 世纪,科学的地位如日中天,许多早已存在的旧学问都先后被加上一个新的"科学"头衔,例如政治、经济等等。于是战略科学化也自然成为一时风气,并且也引起很多争论。至少有下述两套问题是必须予以澄清:

1. 什么是科学? 什么是科学方法?

---

① 《史记·留侯世家》。
② 钮先钟:《西方战略思想史》,pp. 180 – 184。
③ 若米尼与克劳塞维茨之言均已见本书第二章第四节。
④ John Shy, "Jomini", *Makers of Modern Strategy* (Princeton, 1986), p. 146.

2. 战略是艺术还是科学？战略可否用科学方法来研究？

在本书第二章中，对于上述的问题都已曾作相当详尽的探讨，并且也已经获得公认的结论，所以在此已无再检讨之必要，而只需将结论(答案)简述如下：

1. 客观的、逻辑的、有系统的分析方法即为科学方法。
2. 凡使用科学方法的学问都可称之为广义的科学。
3. 但必须是其理论对于未来能有预测能力，始可算是正确或纯粹的科学。
4. 战略是艺术。
5. 战略可用科学方法来研究。
6. 现代战略研究可算是广义的科学。

总结言之，战略研究有其科学境界，不过科学方法只是战略研究的一个层次。既不应认为科学方法可以适用于战略研究的全部范围，更不可认为除科学境界之外，即已无其他境界之存在。

战略研究的第一种境界是历史境界，在此境界中的主题是经验，而研究者的目的则为通古今之变。但战略研究又不仅以历史境界为限，假使是如此，则将只有历史而无战略。所以，遂必须进入第二种境界，即科学境界。事实上，这两种境界之间不仅具有连续的关系，甚至于有时也几乎不可分。

19世纪初期，日耳曼有一伟大史学家出现，那就是兰克(Leopold von Ranke)[①]，他率先提倡用科学方法整理旧史，开风

[①] 利奥波德·冯·兰克(Leopold von Ranke，1795—1886年)，德国历史学家。出身于一个虔诚信仰基督教的中产阶级家庭，青少年时代，受到良好的教育。大学时代，由神学研究转入古典研究，获莱比锡大学博士学位。著有《历史上的各个时代》等。——编者注

气之先。戴布流克(Hans Delbrück)是他的再传弟子,他是第一位把科学方法用在战争史领域中的学者,而这也是他对战略研究的最大贡献。①

科学所追求的目标为知识,而知识又是以经验为起源。反而言之,经验的累积,经过长期的精炼,也就会升华为知识。历史的流程是由经常在变的事件所组成,但事件虽经常在变,事理却往往不变。如何从多变的事件中发现不变的事理,则必须使用科学方法,所以战略研究的科学境界是以"识事理之常"为其理想。更进一步说,必须先通古今之变,然后始能识事理之常。而为什么要想通古今之变,也正是因为想要识事理之常。

在此,还要补充说明一点,并非直到有了近代科学之后,始有科学方法。事实上,在科学这个名词尚未出现之前,人类早就已经使用科学方法,甚至于当人类知道思考和推理时,科学方法即已存在。尽管古代不曾有科学这个名词,但中外学者,例如我国先秦诸子和希腊哲人,在其著作中都已多少表现出科学精神。

艺 术 境 界

从事战略研究的学者若能同时采取历史与科学的途径,而终于达到通古今之变,识事理之常的目的,应该算是已有相当不错的成就。一般中等智力以上的人可能至少要花十年以上的辛苦工夫,始能有此成就。即令如此,他也还是尚未能够达到战略研究的较高境界。

---

① 钮先钟:《西方战略思想史》,P.367。

为什么仅凭历史与科学两种途径还不够呢？主要理由是战略本身为艺术，艺术有艺术的本质，战略家本身必须是一位艺术家，也就是他必须有艺术家的心态和气质。缺乏此种天赋的人很难成为第一流的战略家，但反而言之，若仅有天才而不好学，也同样不可能有杰出的成就。现在就要进而讨论战略研究的第三种境界，即艺术境界，这也是一种比较微妙的境界。

克劳塞维茨是19世纪初期的人，他是一位职业军人。他所写的《战争论》，严格说来，并非是以战略思想为主题的学术性著作，而其理想中的读者是准备充任高级将领的职业军官。尽管如此，其书中还是充满了智慧（wisdom），有许多见解真可谓前无古人，对于现代战略研究者仍然不乏参考价值。

他指出**科学的目的为知识，艺术的目的为创造能力**，这表示他深知二者之间的差异和关系。所谓创造能力即为智慧，也就是如拿破仑所形容的"天才火花"（the spark of genius）。智慧固然必须以经验和知识为基础，但仅凭经验加知识而无天才，其结果还是不一定能够产生智慧；而且同样多的经验和知识，所可能产生的智慧也不一定相等。这也正是所谓艺术的最大特点。

假定有两个人同时学画，其所受教育完全一样，所下的功夫也一样深，但两人的成就却可能会有很大的距离，尤其是其作品的风格更是必然会有相当差异。这也就是说，艺术的境界有其巨大的弹性，而想在艺术的境界中获致杰出的成就的确是很不容易。

艺术境界中没有任何一定的法则可供遵循，这也正是其与科学境界之间的最大差异。博弗尔曾经指出没有一位艺术家是根据一套完整的理论规律来作画，假使他那样做，则他的作品就会充满匠气而缺乏灵性。反而言之，尽管艺术家在创作时并不有意地考虑到任何规律,但名家之作大致还是与规律暗合,即令偶然有所不合,也一定是自有其理由。①

克劳塞维茨也曾举一例以说明科学与艺术在工作方式上的差异:

> 战争不像一块麦田。不管麦田中麦秆的个别情形是怎样,都可以用镰刀将其割刈,其效率只是依照镰刀的质量而有高低之别。战争像一片由大树所构成的森林,所以在运用斧头时,必须正确地依照每一棵树的个别特性和发展来下手。②

这个比喻非常有趣,镰刀刈麦象征科学,那是没有个性的,斧头砍树象征艺术,必须考虑个性。克劳塞维茨认为**知识必须转变成为智慧,然后始能发挥创造能力**;若不能如此,则一切理论研究也都毫无意义。

博弗尔的想法几乎与克劳塞维茨若合符节③。他认为战略不可以是单纯的教条,而是一种思想方法。不过,博弗尔至少有一点似乎比克劳塞维茨还更为深入,那就是他特别重视未来,而这一点又更增强了战略研究的艺术性。博弗尔认为战略家必须考虑未来,战略研究不再可能仅以客观的演绎为基础,而必须根据假定来作真正具有创新性的思考。于是他说:"在企图对于想象中的未来情况使用新工具以寻求未来的解答时,根本无成规

---

① André Beaufre, *An Introduction to Strategy*, p. 46.
② Carl von Clausewitz, *On War*, p. 153.
③ 比喻两者完全吻合。出自《孟子·离娄下》:"(舜和文王)得志行乎中国,若合符节。先圣后圣,其揆一也。"——编者注

可循。"①

科学与艺术虽然是两个不同的境界,但它们都只是一种相对性的观念,而且其间也无绝对的分界线。艺术中固然含有科学的成分,而科学也同样含有艺术的精神。假使不是这样,则科学也就不会有创新的能力。

不仅是西方的战略大师都特别重视战略的艺术境界,包括思想、研究、行动都在内,我国古代的"兵圣"孙子在二千余年之前,也早已有此同样的观念,甚至于还可以说他的思想似乎是更高明和更微妙。

孙子在其书中曾经一再强调"无形"的观念。他说:"形兵之极,至于无形。"又说:"微乎微乎,至于无形。"他又以水为喻,指出"兵形象水"和"水无常形"。

"无形"这两个字有其高度的艺术含义。有形的因素可以用科学方法和科学工具来处理,但无形的因素则必须凭借高超的智慧始能探索。尽管今天在科学领域中的进步是日新月异,但科学只能对艺术提供最佳的服务,而并不能代替艺术。

于是也就可以对这一节作一小结。战略研究除历史和科学两种境界以外,还有第三种境界,那就是艺术境界。**在此境界中,以运用智慧、发挥创造能力为主题,而其理想目的则为"探无形之秘"**。

哲 学 境 界

战略研究能够达到艺术境界已经是非常难能可贵,不过,此种

---

① André Beaufre, *An Introduction to Strategy*, p.46.

第十一章 战略研究的四种境界

成就虽可谓尽美矣,但尚未尽善也。因此,从事战略研究的学者还应有更上层楼的雄心,即企图进入另一层更高的境界。这个第四种境界即为哲学境界。在战略研究的领域中,这不仅是最高的境界,而且也是最后的境界。首先要说明此一境界非常难于分析或解释。因为那不仅是"无形",甚至于还是"无言"。所以,只能用比喻或间接的方式来说明此一"无言的结局"。

在尚未作任何分析之前,首先要引述一段古书,即为《庄子》"养生主"篇中的一段妙文:

> 庖丁为文惠君解牛,手之所触,肩之所倚,足之所履,膝之所踦,砉然响然,奏刀騞然,莫不中音,合于桑林之舞,乃中经首之会。文惠君曰:"嘻,善哉,技盖至此乎?"庖丁释刀对曰:"臣之所好者道也,进乎技矣。始臣之解牛也,所见无非牛也,三年之后未尝见全牛也。方今之时,臣以神遇而不以目视,官知止而神欲行,依乎天理,批大郤,道大窾,因其固然。技经肯綮之未尝,而况大軱乎?良庖岁更刀,割也;族庖月更刀,折也;今臣之刀十九年矣,所解数千牛矣,而刀刃若新发于硎。彼节者有间而刀刃者无厚,以无厚入有间,恢恢乎其游刃必有余地矣。是以十九年而刀刃若新发于硎。虽然每至于族,吾见其难为,怵然为戒,视为止,行为迟,动刀甚微,謋然已解,如土委地。为之四顾,为之踌躇满志,善刀而藏之。"文惠君曰:"善哉,吾闻庖丁之言,得养生焉!"

庄子在我国古代学者中是有高度天才的一个人,他这段文章真可以说是下笔有神,极富想象力,令人叹为观止,尤其是对于战略研究可以提供非常有意义的启示。我们也许应该像文惠君一样地感叹着说:"善哉,吾闻庖丁之言,得战略焉!"①

战略研究的最高境界即为哲学境界。我们也应像庖丁一样,所好者"道"(哲学)也,进乎"技"(艺术)矣。战略虽为一整体,但在治学程序上还是应分为四大阶段:由历史(经验)到科学(知识),再到艺术(智慧),而最后才到哲学(灵感)。必须达到此一境界,始可谓尽善尽美。

庄子假借庖丁的话来对所谓道的境界作了非常生动的描述。**什么是道?道就是依乎天理,因其固然,换言之,即趋向于天人合一的意境**。必须如此,始能以神遇而不以目视;又必须如此,始能目无全牛和游刃有余。战略的最高境界亦复如此。

艺术虽然奥妙,但还是人的境界。哲学则是天人合一的境界。艺术家虽能探无形之秘,但还是有"我"的。哲学家则余欲无言,因为天何言哉,所以他是无我的。方东美先生②曾指出:"每一种哲学之后都暗藏着一种更重要的哲学。"而"此种潜藏而更重要的哲学"即为"不言之教"。③

所有的思想家,无分古今中外,不管其所研究的是何种学问,但其最后和最高的阶段必然是走入哲学的境界。

孙子的书虽然简短,但其中却含有极深奥的哲学思想,这也正是其深受后世景仰的重要理由。冯友兰先生对《孙子》曾作简评如

---

① 文惠君即为梁惠王。庖丁是姓丁的庖工。
② 方东美(1899—1977年),名洵,字德怀,后改字东美,安徽桐城人,著名哲学家、学者,新儒学八大家之一。他把原始儒家、原始道家、大乘佛学、新儒学看成中国哲学的四大传统。著有《中国人生哲学概要》《科学哲学与人生》《原始儒家道家哲学》《中国人生哲学》《生生之德》《新儒家哲学十八讲》《哲学三慧》和《坚白精舍诗集》等。——编者注
③ 方东美:《华严宗哲学》(台北:黎明文化,1986),三版下册,p.259。

第十一章 战略研究的四种境界

下:"它是古代一部优秀的兵书,也是一部出色的哲学著作。"波兰学者加夫利科夫斯基认为孙子思想中含有一种"斗争哲学",那是独一无二的理论,在西方找不到与其平行的思想。他又指出这是一种高度抽象性的观念,其所能应用的范围并非仅限战争,而可以推广及于任何其他的情况。①

西方战略思想家已经达到哲学家水平者也自不乏人,而且甚至于可以这样说,任何思想家等到其思想炉火纯青时,也就自然会有超凡入圣的趋势。克劳塞维茨虽为后世称为战争哲学家(Philosopher of war),甚至于阿龙还以此为其书名。② 但很讽刺,克劳塞维茨本人却提出警告说:"任何理论家以及任何指挥官都不应钻进心理学和哲学的牛角尖。"③ 不过,他说这句话的动机并不难解释,因为他写《战争论》具有实用性的目的,他只准备教导未来的将领,而无意对思想作更深入的研究。

李德·哈特不仅著作极多,而且名满天下。但是,他对于人类的贡献又非仅限于军事思想,甚至于也非限于任何的学术领域。李德·哈特不仅为战略家和史学家,而更是一位通儒,一位哲学家。诚如霍华德所云:

> 李德·哈特是古代圣贤(sage)中最后的一位,他在学术思想领域中的地位正好像法国的伏尔泰(Voltaire)、英国的罗素(Russell)和爱尔兰的萧伯纳(Bernard Shaw)。李德·

---

① 钮先钟:《孙子三论》,第27页。
② Raymond Aron, *Clausewitz: Philosopher of War* (Routledge and Kegan Paul, 1976).
③ Carl von Clausewitz, *On War*, p.137.

313

> 哈特不仅是位战略家,正像罗素不仅是一位数学家,萧伯纳不仅是一位剧本作家。①

及其晚年,李德·哈特所发表的言论有时看来似乎很粗浅,但实际上则为至理名言,值得回味。现在就引述一段以代表他对后世的永恒忠告:

> 研究战争并从历史中学习,尽可能保持坚强,且无论如何又都应保持冷静。要有无限的耐心,不要欺人太甚,经常帮助他人维持面子。万事都应替对方着想,必须避免自以为是的态度。②

真正了解战略与哲学的关系,以及哲学对战略的重要性,在现代西方战略思想家之中,博弗尔实为第一人。 在他的著作中,经常流露出深远的哲学思想,这又与他的时代背景有其微妙关系。

博弗尔是一位亲身经历西方文明盛极而衰的人,此种经验足以促使他作深入的思考,并对于西方的衰颓作出独到的解释,这也正是将其思想引入哲学境界的关键。

博弗尔认为西方之所以衰颓是由于两个交相为用的原因:(1) 缺乏一种指导原则,那就是哲学;(2) 缺乏一种运作观念,那就是战略。缺乏哲学(也就是生活方式和价值意识的基础),西方人遂无法对抗思想攻击;缺乏战略,西方人遂又无法了解其敌人的行

---

① Michael Howard, "*Liddell-Hart*", *Encounter* (June, 1970), reprinted in *The Causes of Wars* (Temple Smith, 1983), p.199.
② B. H. Liddell-Hart, *Deterrent or Defence* (Praeger, 1961), p.24.

第十一章 战略研究的四种境界

动,并且把自己的力量用在错误的方向上。①

博弗尔又指出:

> 战略只是一种用来达到目的手段。决定目的者为政策,而政策又受到基本哲学的控制。人类命运的决定一方面要看所选择的是何种哲学,另一方面又要看他选择何种战略以使其哲学理想得以实现。②

于是在其主要著作《战略绪论》的结尾处,博弗尔不禁深有所感地指出:

> 我深信战略也像所有一切的人事一样,其中的支配和导引力量必须是理想,而那也就把我们带入哲学的境界。③

博弗尔之言完全正确,研究战略的最后目的——就是要想达到超凡入圣、学究天人的境界。那是哲学的境界,也是灵感(inspiration)的境界。最后还是引用太史公所云"究天人之际"为警语,并完成此一四阶段的思想系统。

结　　语

战略是一门博大精深的学问,想从事战略研究的学者不应以

---

① André Beaufre, *Strategy of Action* (Praeger, 1967), pp. 47 - 53.
② André Beaufre, *An Introduction to Strategy*, p.50.
③ 同上书,p.138.

浅尝为满足。不过,上述四种境界若欲融会贯通,则又谈何容易。尤其是历史和科学两种境界尚可凭功力达到,至于艺术和哲学两种境界则必须有赖于天才。

为帮助读者的了解,现在再把全章的要点用图解方式综述如下:

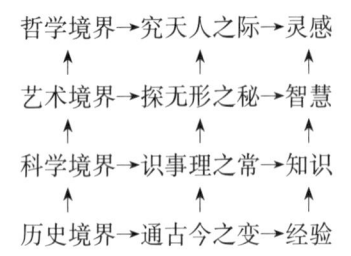

```
哲学境界→究天人之际→灵感
   ↑       ↑       ↑
艺术境界→探无形之秘→智慧
   ↑       ↑       ↑
科学境界→识事理之常→知识
   ↑       ↑       ↑
历史境界→通古今之变→经验
```

最后,必须说明,本章所讨论的主题为研究战略的方法,其所提出的基本观念为在全部研究过程中应分为四种不同的境界,而并非认为战略本身同时是历史、科学、艺术和哲学。

第十二章
为何研究战略

引言　　　　创造权力
求知　　　　引导历史
改进政策　　结语

引　言

这本书已经写完了十一章,在这十一章中所讨论的主题,大致说来只有两个:其一为战略研究的内容是什么;其二为如何从事战略研究。简言之,所讨论的都是"what"与"how"的问题。现在写到了第十二章,也就是最后一章,于是"图穷匕见",所要讨论的改变为另一种问题,那就是"why"的问题:为何研究战略?

事实上,这是一个最重要的问题,甚至于也是一个应该首先提出的问题,假使不知道为什么要研究战略,则又何必去考虑战略研究的内容是什么,以及如何从事战略研究? 不过,从分析和解释的观点来看,若不先了解战略研究的内容和方法,也就很难说明为什么要研究战略,而且即令能够说明其理由,也似乎还是很难令人信服。因此,必须先讨论"what"和"how",然后再来解释"why"。于是,这一章遂应在全书中居于殿后的地位。

自20世纪50年代开始,战略研究日益受到重视,并且成为一个正规的学域以来,也就有很多人对于为何应该研究战略、战略的研究为何值得重视等等问题提出其意见。当然,见仁见智,是各有所见,不过若综合言之,则可以归纳成为下述四点,而这也构成研究战略的基本目的和理由。

1. 研究战略的第一基本目的即为求知。
2. 研究战略的第二基本目的即为改进政策。

3. 研究战略的第三基本目的即为创造权力。

4. 研究战略的第四基本目的即为引导历史。

因为此四种基本目的都值得追求,都具有其重要性,所以也就共同构成研究战略的主要理由。

求　　知

国人尊孙子为"兵圣",而以色列当代战略学者克里费德(Martin van Creveld)[①]之言则可代表国外的总评:"所有的战争研究著作中,《孙子》最佳(the best),而克劳塞维茨的《战争论》则只能屈居第二(second best)。"[②]

为什么古今中外对于孙子都如此景仰,其主要原因就是孙子有其特殊的思想方法。所以,他的书才会那样合乎逻辑而又有系统。《孙子》十三篇不仅言简意赅,而其精义更是深藏不露。真正需要深入探索者不是六千字左右的文章,而是隐藏在字句后面的奥秘。因此,孙子之不可及是在于其无言之教。

孙子的书,从表面上来看,只是教你去怎样做,而并未教你去

[①] 马丁·范·克里费德(Martin van creveld),以色列希伯来大学教授,世界著名军事历史学家与战略研究专家。1946年出生于荷兰鹿特丹,后随家人移居以色列,先后在伦敦政治经济学院和耶路撒冷希伯来大学接受教育,1971年起在希伯来大学任职。他精通希伯来语、英语、德语、荷兰语,曾在多个国家的战略研究机构任教,如美国、英国、加拿大、新西兰、以色列、挪威、南非等国的高级军事院校。出版专著20余部,目前已被译为十多种语言在学术界广为流传。主要著作有《补给战:从华伦斯坦到巴顿的后勤史》(1977年)《战争指挥》(1985年)《战争的转型》(1991年)《国家的兴衰》(1999年)《战争面貌的改变:马恩河战争到伊拉克战争的经验》(2006年)和《战争文化》(2008年)等。——编者注

[②] Martin van Creveld, *The Transformation of War* (Free Press, 1991), p.231, p.241.

第十二章 为何研究战略

怎样想。但他的书也同时暗示他自己是怎样想,此即所谓思想方法。假使能了解他是怎样想,于是也就应该能够学会他的思想方法,此即所谓无言之教。

若能对《孙子》全书作反复的诵习,并同时作深入的思考,则又能获得何种无言之教呢?照我个人的体会,《孙子》全书内容能够反映出孙子在其写作全程中都在追求四个理想目标,可总称之为"孙子四求",即为:(1)求知;(2)求先;(3)求全;(4)求善。这四个目标都具有抽象的意义,但也都在行动上有其实质的表达。它们不是个别的或独立的,而是彼此之间有其互赖互动的关系。简言之,孙子在思考和写作的过程中,并非在某一点上追求某一目标,而是经常同时追求四个目标。甚至于有时这四个目标也根本不可分,在追求某一目标时,也就必须同时追求其他三者,这也自然使孙子的思维途径呈现出殊途同归的奇妙景象。尽管不可分,但在研究孙子的思想方法时,还是必须先作逐项的分析,然后再合而论之。①

在研读孙子十三篇时,几乎可以立即发现有某些字眼特别触目,此即方法学中所谓的关键字(key words)。"知"字在《孙子》全书中出现次数非常频繁,共七十九次。此外与"知"字有密切关系的字也很多,例如"智"(七次),"计"(十一次),"谋"(十一次)等。由此似可显示"知"在孙子的思想方法中是居于极重要的地位。

孙子的战略思想同时具有未来导向和行动导向,但若欲远虑则必须先知,若欲行动具有效率和理性,则又必须知彼知己,知天知地。总结言之,知实乃思与行的基础。知是名词也是动词。作

---

① 钮先钟:《孙子三论:从古兵法到新战略》第三篇,第二十一章"孙子四求"。

为名词,知的意义即为知识(knowledge),无知即为缺乏必要的知识。作为动词,知的意义即为如何获致知识的动作或步骤;其目的又非仅只是知道(know)而已,而更应深入到了解(understand)的层次。此种层次的最高表现即为"智"(wisdom)。智也就是知的结果,有智慧的人遂被称为"智者"(wise man)。

智是一种最高的理想境界,在现实世界中,人不可能全知,换言之,也不可能成为一个完全的智者。孔子对此有非常合理的解释,他说:"好学近乎智。"好学即为求知的必要途径,但仅只好学仍不一定就能产生智慧,因为知识的累积并不等于智慧,所以好学仅能近乎智,换言之,智乃知的极限(limit)。孙子论将,把智列为五德之首,足以充分表示他对于智的重视和崇尚。但智只是一种抽象的境界,其具体的表达还是知。所以,若能经由好学的途径,获致必要的知识,于是也就可以近乎智了。

孙子所研究者是兵学,所著作者为兵法。"兵"字有很多的复义,包括战争、军事、国防,而尤其是战略都在内。所谓战略者又是三位一体,简言之,即同时为一种思想、一种计划、一种行动。但无论为思想、为计划、为行动,又都必须以必要的知识为基础。无知固然不能行,无知甚至于也不能思,而尤其是无知则更不能计。思是行的起点,行是思的终点,而计则介乎二者之间,并构成两者之间的桥梁,若无此一桥梁则三者也自不能形成一体,而此思、计、行三位一体的总基础又还是知。

古今中外的战略家,无论其所专精的是思想、是计划、是行动,或三者兼而有之,其入门的途径都是相同的。即有如孙子所昭示的,那就是求知。如何求知? 其总诀即为孔子所说的好学。所谓好学在此又应采取广义的解释,即指对于知识具有一种追求不舍

第十二章 为何研究战略

的热爱。必须如此,始能从事彻底认真的研究。这样的治学,不仅能获致充分的知识,而且还可能将知识转变为智慧。

孙子"四求"除以"求知"为第一项以外,还有"求先"、"求全"、"求善"三项。事实上,此三项又都与第一项密切相关,甚至于也可以说它们都是以第一项为基础。孙子不仅重视求知,而更强调先知,而且还希望能够全知。知识固然重要,但知识的获致若赶不上时间的要求,则自然会丧失其应有的价值。求知固应同时求先,但若所获致的知识并不完全,则还是不能发挥其功效,所以全知和先知应受同等的重视。如果不仅能够求知,而且又还能先知和全知,则也就会达到孙子所欣赏的最高标准:"善之善者也!"

孙子与孔子都是两千余年前的古人,其所言到今天仍然构成永恒的教训。现代战略研究已经变成一种正式学域,其内容比之过去所谓兵学或战略也早已扩大,其所包括的知识更是种类繁多,难以枚举。但孙子的求知、孔子的好学,仍是不二的法门。

事实上,不仅是战略研究,所有一切的学术研究也莫不皆然。民国初年的著名学者王国维在其所著《人间词话》中有一段名言,具有深意,值得引述:

> 古今成大事业、大学问者,必经过三种境界:"昨夜西风凋碧树,独上高楼,望尽天涯路。"此第一境也。"衣带渐宽终不悔,为伊消得人憔悴。"此第二境也。"众里寻他千百度,蓦然回首,那人却在灯火阑珊处。"此第三境也。[①]

[①] 唐圭璋笺注:《宋词三百首笺注》(大夏出版社,1990),p.165。曾引述《人间词话》原文。

研究学问必须有如此苦苦追求的精神,然后始能豁然领悟,获得其理想的成就。

战略研究自从进入大学校园,成为正规学域之后,其任务已经不仅为解决实际问题,而更必须建立理论体系。所以,求知应列为治学的首要目的。

改 进 政 策

自从第二次世界大战结束,世界进入核时代和冷战时期,战略研究才开始日益受到重视。首先倡导者为政府,随声附和者为民间,最后始进入大学校园。假使没有美国政府的重视和倡导,则战略研究似乎也就不可能如此发扬光大,形成新的学域。

为何美国政府会领先倡导战略研究,其原因可以归纳为下述三点:(1)新时代带来了新问题,仅凭旧的传统观念不能解决,而必须另觅新途径;(2)要想解决新问题,则必须有新人才,并使用新方法和新工具;(3)战略研究必然走向集体化的方向,必须有新的组织。

在政府之后,民间也起而效尤。于是战略研究在组织上遂逐渐形成三个层次:(1)政府本身所主办的研究机构;(2)民间研究机构,以替政府或企业包工为业;(3)大学中的研究院所,虽以纯学术研究和培养人才为主要任务,但也替政府工作。[①]

以上所云是以美国的情况为主,不过事实上,其他的国家也都只是步美国的后尘而已。简言之,战略研究之所以蔚为风气,主要

---

① 可参看本书第二章。

第十二章 为何研究战略

是应归功于政府的倡导,政府之所以要倡导战略研究和战略研究之所以会受到重视,又是因为战略家能替政府工作,使其政策获致改进。

简言之,仅由于有新战略家的支持,政府始能适应新环境,解决新问题,使其政策的品质获得改进,而不至于变成时代的落伍者。因此,改进政策遂成为战略研究工作的主要目的之一。

事实上,战略研究组织又因此而与政府之间发展出互赖关系。政府需要战略家的协助以改进其政策,而战略家也需要政府的协助,否则其研究工作也就很难顺利地进行。所以,不仅有许多研究者以替政府工作为专业,甚至于以学术研究为主的战略家也仍然还是会以替政府工作为副业。

战略家基于其研究专长,又能对政府组织和决策者作何种有益的贡献？概括言之,战略家所能作的贡献可以分为下述七项：

1. **革新政策**。所有的政府都是大官僚组织,具有天然的惰性,也就是所谓官僚作风。政府中的官吏都宁愿守旧而不愿创新,所以,政府在政策领域中要想求新求变,经常会遇到阻力,而难于成功。尤其是政府中人常常缺乏必要的知识,对于新环境缺乏认识,于是也就根本缺乏创新的观念。从古今中外的历史经验上来看,国家面临新环境时,都会感觉到非变法无以图强,但变法的诱因又经常是出自学者的建议和鼓励,若缺乏此种诱因,则变法往往失败。商鞅变法成功是由于国内无人反对；王安石以学者身份提倡变法,其所以失败是由于受到以司马光为首的其他学者的反对。因此,可以断言战略学者对于政府决策的最大贡献,即为提供求新求变的观念,鼓励政府经常改进其政策,并增强政府内部改革派的势力和威望。

2. **解决问题**。面对着复杂多变的环境,政府以及其各部门都会经常必须对于各种困难问题提供解答。以一般政客官僚而言,其所受的教育和累积的经验都不足以使他们具有此种能力。正好像一位普通的医师,要他包诊各种疑难杂症是一样地不合理。现在在医学领域早已有相当精密的分科,各种不同的病都会由不同的专家来处理。但是在政府组织中却并没有那样多的专家来分别处理各种不同的问题,尤其是在新的环境中,新的问题更是层出不穷,所以,政府必须仰赖战略专家的协助,始能对各种新的战略问题提供适当的解决。

3. **提高工作效率**。天下乌鸦一般黑,所有一切的官僚组织也都同样地只重形式而不重效率。官僚组织愈巨大,机构愈复杂,其工作效率也几乎必然愈低。反而言之,学术研究机构则只重效率而不重形式。如果研究机构官僚化,则其工作必然失败。换言之,战略学者对于政府组织的一种间接贡献,即为将他们讲求效率的精神注入政府组织之中,使其官僚气息减轻,工作效率也随之而改进。

4. **为官吏辩护**。从某种观点来看,做官实在是一种费力不讨好的工作。尤其是在民主政治的国家中,官吏只要小有差错,就会立即变成群起而攻之的目标。所以好官难做,臭骂难挨,讲一句公平话,官吏也应该有人替他辩护。假使能有文章道德都受到社会尊重的学者,站出来替他们讲几句公道话,则对于政府全体和官吏个人都应该是一种贡献。

5. **深谋远虑**。政府在决策时欲求速效,实为人之常情,但因此而作草率的决定,则又是害莫大焉。老夫子所提出的警告"毋欲速,毋见小利"真乃至理名言,政治家应深以为戒。所有的战略家都知道深谋远虑的重要,必须顾大局、识大体,不汲汲于眼前的得失,而从事于深远的考虑。此种思想方法对于执政者也是一种重要贡献。简言之,政治家应向战略家学习如何深谋远虑。

6. **善意批评**。学者治学以诚信为本,他只会讲老实话,既不逢迎,也不隐瞒。这对于经常不讲老实话的官场具有非常巨大的矫正作用。政府组织中经常是官官相护,瞒上欺下,几乎是一个骗子世界,所以,学者所作的善意批评,至少可以使主政者能够认清事实真相,并教导政府为政也应像治学一样,必须尊重诚信的原则。

7. **学人风范**。从事战略研究的工作者,尽管他们是在替政府打工,但其本身还是学者,他的本行是治学,他对于学有其天然的爱好,并希望以其所学贡献给社会。此种学人风范可以产生示范作用,也可以使与其接触的人受到感染,这可以说是一种文化贡献。[1]

基于以上的分析,可以认定研究战略的第二种基本目的即为改进政策,而这也构成研究战略的第二种理由。

创 造 权 力

在英语中"power"一词同时具有"国家"和"权力"两种不同而又互相联系的意义。一个国家拥有强大的权力,也就被称为大国或强权(great power)。究竟权力是什么,许多人又可能仅有模糊

---

[1] Coiln S. Gray, *Strategic Studies and Public Policy* (University Press of Kentucky, 1982), pp. 180 – 184.

的认识。在一般人的想象中,富国强兵即构成大国的条件。事实上,在复杂多元化的现代世界中,所谓权力者,其内容早已变得并非如此简单:不仅有军事权力,而且还有非军事权力;不仅有硬权力(hard power),而且还有软实力(soft power)。换言之,现代化的权力观念具有非常微妙的含义。[①]

权力并不等于能力(capability)。依照霍尔斯蒂的解释,权力的观念又应分为三个要素(elements),即为能力(capabilities)、行动(acts)和反应(responses)。[②]

1. 能力是某一国家可以用来影响另一国家的资源(包括人力、物力、财力等等在内)。

2. 行动是一个行动者(actor)在企图影响其对方时所采取的步骤和关系。

3. 反应是对方受到影响之后,所采取的行动。

此三者又可用公式表达如下:

$$权力 = 能力 + 行动 + 反应$$

所以在国际社会中所谓大国,其意义即为该国享有巨大权力,而其要件也就可以归纳为下述三点:

1. 该国拥有大量和各种不同的资源,可以用来影响他国。

2. 该国正在采取多种不同的行动(action)来影响他国。

[①] Joseph S. Nye, Jr., and William A. Owen, "American Information Edge", *Foreign Affairs* (March/April, 1996), p.21.

[②] Kal J. Holsti, *International Politics: A Framework for Analysis* (Prentice-Hall, 1983), pp.164–168.

3. 作为目标的国家将采取该国所欲的反应行动。[①] 任何国家的能力又都非固定的,必须有战略来加以运作,即采取必要的行动,于是能力始能活用,而变成国家权力。

罗辛斯基(Herbert Rosinski)为20世纪中期的德国战略思想家,由于逃避纳粹迫害,才前往美国讲学,并对于美国战略思想的发展产生了很大的影响。他对于战略曾经下了一个独特的定义:"战略为权力的综合指导。"(Strategy is the comprehensive direction of power.)自今日视之,罗辛斯基的观念是既不新奇,而且也不够完全,但在当时却可以说是开风气之先。[②]

罗辛斯基虽然对于权力的意义采取与霍尔斯蒂所见略同的解释,但他对于战略与权力之间的互动关系却缺乏完全的认知。他似乎还是认为先有权力而后有战略,战略所综合指导者只是现成的权力。此种观念即令到今天也仍为许多人所认同。

不过,以《核战略的演进》(*The Evolution of Nuclear Strategy*)一书著名于世的英国战略家弗里德曼(Lawrence Freedman)对于战略又提供了一个新的定义:"战略为创造权力的艺术。"(Strategy is the art of creating power.)[③]

弗里德曼对于权力虽未作详细解释,但他却认为战略的运作不仅限于使用权力,而更以创造权力为目的。所谓创造者,实际上,即为将潜力发展成为可立即使用的权力(严格说来应称为能

[①] Richard J. Stoll and Michael D. Ward, ed., *Power in World Politics* (Lynne Rienner Publishers, 1989), p.2.
[②] Mitchell M. Simpson, Ⅲ ed., *War, Strategy and Maritime Power* (Rutgers Press, 1994), p.57.
[③] Lawrence Freedman, "Strategic Studies and the Problem of Power", *War Stategy and International Politics* (Clarendon Press, Oxford, 1992), pp.280-294.

力)。一个国家可以立即使用的权力可能有限,但能够发展的潜力则也许无法估计。尤其在未来的世纪中,信息将日益代替领土和物资,而变成重要的财富与权力的来源,如何创造新的权力,将成为决定国家存亡的关键。[①] 所以,从事战略研究的学者和机构,除追求知识和帮助政府改进政策以外,还有一个较广大的目的,即为研究如何创造新的权力,以适应新的世界环境。

引 导 历 史

博弗尔对于战略的功能和战略家的责任有一种非常伟大庄严的构想。他认为:战略家的理想是控制历史的潮流,改变历史的趋势,换言之,不是被动地随着历史走,而应主动地引导(guide)历史随着我们的理想走。

历史的根本形态就是变,我们既不能假定历史演变的趋势一定是有利或一定有害,更不应断言人类必须追随历史的潮流而不可抗拒。事实上,此种巨大的改变力量并非完全有利,有时会带来重大的危险。对于有利的趋势固应设法加以利用,而对于有害的趋势,则应努力加以抗拒。

所以,战略行动是一种非常复杂的现象,因为其目的是想要影响全面的和连续的历史演变。战略家的思考不一定要追随历史的趋势,而是应该预知正在发展中的演变趋势,然后因势而利导之,使此种趋势变得有利无害,或至少是利多害少。

---

① Walter B. Wriston, "Bits. Bytes, and Diplomacy", *Foreign Affairs* (September/October, 1977), pp. 172 - 182.

第十二章 为何研究战略

博弗尔的此种引导历史观念除分别见于其战略三书之中以外,在他所写的两本回忆录中更是有令人非常感动的表达,因为那都是出自其本人的经验,所以其言论也自然充满了感情,真是值得一读再读,令人赞叹不已。

在《1940:法国的沦陷》中,博弗尔非常沉痛地指出:

> 1940年的最大教训就是疾病在初起还可以治疗。只有最初阶段,还可能采取有效行动。过此之后就会太迟(too late),那些不幸的人,不管他们有何种能力或弱点,假使到这一点时才尝试采取行动,则终将为命运所压倒。①
>
> 当历史的风吹起时,虽能压倒人类的意志,但预知风暴的来临,设法加以驾驭,并使其终能替人类服务,则还是在人力范围之内。战略研究的意义即在于此。②
>
> 这要求有先见之明(foresight),诚然当时也有许多人不乏先见之明,但那又必须有精力(energy)来作后盾,而这却是当时政府所缺乏的。他们太受现在的牵制,以至于无心考虑未来。此一经验的教训即为古语所云:要控制就要先知(to control is to foresee)。最坏的就是观望(wait and see),那经常是无为的借口。因为在现代世界中,一切经济和军事计划都要有时间始能完成,所以不再可能有短期的想法。必须经常再检讨情况,发现萌芽中的危险,并即时作出决定,以制止未来的危险。

---

① André Beaufre, *1940: The Fall of France*, p.xiv.
② 同上书。

>一个最有价值的教训：人类若不能察知正在发展中的威胁，并立即采取对抗行动，则他们也就会成为命运的玩偶。[①]

在另一本《1960：苏伊士远征作战》一书中，博弗尔又有下述的警语：

>除1944年至1945年的卓越战役以外，我们这一代，无论在军事或政治方面，所经历的几乎都是一连串的挫折和失败。此种长期不利的趋势也就可能会产生宿命主义（fatalism）的心态：万般皆是命，半点不由人。
>
>不管一般趋势是有利或不利，但在舞台上的演员对于情况的发展还是能发挥相当影响作用的。
>
>对于过去作精密的研究，即可以使我们能够操纵当前的现象，而那又能控制我们的未来。
>
>拜占庭曾证明扫荡罗马帝国的狂澜可以控制达一千年之久，所以决定命运的是人的决心和智慧。不幸常感这二者缺乏，于是帝国的崩溃往往并非由于敌人的打击，而是由于其内在的矛盾。
>
>基本的观念是在某一点之前，历史还是可以影响，过此之后，就会变成无可改变的命运。所以，必须找到一种方法在危机尚未形成之前即能发现其征兆，这样也就可以来得及采取有效的对策。
>
>过去一切的失败经验可以归纳为二字：太迟。为了防止

[①] André Beaufre，*1940: The Fall of France*，以上三段见 pp.214-215。

第十二章 为何研究战略

再犯此种错误,必须扫描未来。战略的要义是预防而不是治疗。①

为什么要一再,甚至于重复地引述博弗尔之所言,因为他的话可以充分解释为何研究战略的最重要理由:研究战略能够让我们学会如何引导历史。

博弗尔像所有的伟大战略家一样,重视历史的教训,他认为历史的最大教训即为人必须寻求先知,必须能先知始能控制未来。他反对宿命主义,认为人必须向其自己的命运负责,人并非命运的俘虏,而应凭其自己的智慧和意志来争取行动自由。要想影响历史的潮流,导引历史的走向,关键就在今天,否则就会太迟。

结　　语

为什么有许多聪明才智之士从事战略研究?为什么战略研究受到各国政府的重视?为什么战略研究已经成为一门正式的学科?综合言之,研究战略的基本目的、理由和价值不超出上述分析的范围之外。

战略本身即为一种博大精深的学问,就学术的观点而论,战略值得穷毕生之力来深入研究。一位从事纯学术研究的学者,他本来就是为研究而研究,并无任何功利主义的目的。研究就是求知,知识本身即为值得终身追求的目标,从事学术研究的人,若能容许

---

① André Beaufre, *The Suez Expedition*, 1956. 以上引述分别见 pp.13-14. pp.145-146, p.156.

他专心求知,则对于他而言,可以说是一种最大的享受。进一步说,必须有人如此专心求知,学问才会有进步。

在现实世界中,战略研究又必然会有其实用的方面,也就是研究机构会被雇用去替政府工作。就短期而言,他们能够协助政府改进其政策;就长期而言,他们还应能创造新的权力。这对于纯粹学术研究的工作者应该要算是不务正业。但它又还是有其必要性,否则战略也就不会受政府或社会的重视,甚至于研究机构也难以维持其生存和发展。

最后,战略研究还有一个更远大的理想,那就是引导历史。战略家希望能凭其所学,控制历史的潮流,引导历史的趋势,使人类前途日益光明,这也正是宋儒张载所希望达到的理想:为万世开太平![1]

这当然是一种崇高而伟大的理想,在此还是再度引述博弗尔的名言来作为全章的结束:

> 我深信战略也像所有的人事一样,其中的支配和引导力量必须是理想,但那也就把我们带入哲学的境界。[2]

---

[1] 张载,又称张子,北宋哲学家,理学创始人之一,程颢、程颐的表叔,理学支脉——关学创始人,封先贤,奉祀孔庙西庑第 38 位。其庙庭与周敦颐庙、邵雍庙、程颐庙、程颢庙合称"北宋五子"庙。字子厚,汉族,祖籍大梁(今开封),徙家凤翔郿县(今宝鸡市眉县)横渠镇,人称横渠先生。著有《崇文集》十卷(已佚),《正蒙》、《横渠易说》、《经学理窟》、《张子语录》等,明嘉靖间吕柟编有《张子钞释》,清乾隆间刊有《张子全书》,后世编为《张载集》。"为天地立心,为生民立命,为往圣继绝学,为万世开太平。"(译文:为天地确立起生生之心,为百姓指明一条共同遵行的大道,继承孔孟等以往的圣人不传的学问,为天下后世开辟永久太平的基业。)被当代哲学家冯友兰概括为"横渠四句",出自张载《横渠语录》。——编者注

[2] André Beaufre, *An Introduction to strategy*, p.138.

后　记

最后,还有一点必须再予以强调。总体战略(即大战略或国家战略)就本质而言,也是一种长期计划。此种战略的运作是不能求速效的,而必须有足够长久的先导时间。换言之,凡今日之所为都是替明日着想,所以博弗尔也将其称为"明日战略"(strategy for tomorrow),而在此一名词中最值得注意的就是这个"for"字。以《热核战争》一书闻名的美国已故战略家卡恩也提倡同样的观念,他特别强调人类虽不能预测未来,但却能选择未来。战略本来就是一个选择的问题,所以基辛格也曾以"选择的需要"为其书名。

卡恩以战略家出身,后来却成为未来学家中的开山大师。也许我们可以这样概括地说,下述公式,即为战略思潮的未来趋向：

未来学　　+　　行动学　　=　　战略
Futurology + 　Praxeology　=　Strategy

上述的这两段话并非专为本书而写的,而是我在1985年由黎明文化公司出版的《现代战略思潮》书中所写的,也是十余年前的旧话。

所谓战略研究所研究的战略即为这样的战略。然则所谓"研究",其意义又是什么？博弗尔在《行动战略》书中曾指出："研究就是了解和解释。"(To study is to understand and to explain.)能够了解事实的真相并能提供合理的解释,即符合研究的条件。

决定国家前途的不是天命而是人事,这也就是为什么要了解和研究战略的理由,我在我写的第一本书《国家战略概论》中曾经发明一个公式:

$$3C + 3V + 4W = S$$

现在就将其原有的解释照抄如下,以作为本书的总结:

这是一种非常抽象的表示,但却包含本书所有一切观念都在内。现在就逐项加以简单解释。

"C"所代表的为 Change(变化)、Chance(机会)和 Challenge(挑战)。天下一切的事物都在变,这也是佛学中所谓的"无常",没有任何东西会永恒不变,因为有变化,于是也就会带来机会。换言之,变化是无穷的,机会也是无穷的。但是每一个机会又都代表一种挑战,所以必须具有接受挑战的能力和决心,然后才能不丧失机会和善用机会。

三个"V"所代表的为 Vision(眼光)、Vitality(活力)和 Venture(冒险)。如何才能接受机会的挑战,所需要者即为这三个"V"字。必须要有眼光,有眼光才发现机会,仅有眼光还不够,又还要有活力,这样才能不仅坐而言,还能起而行。与眼光相反的是盲目(blindness),与活力相反的是惰性(inertia)。这两种毛病足以招致一切失败,必须慎之戒之。有了眼光和活力,才能冒险。冒险的观念非常重要,天下没有万全的事情,人只有睡在棺材里才最安全,所以要想成功则必

后 记

须敢于冒险。不过冒险又还是谋而后动,而不是盲目的冲动。

上述的三个"V"又必须以下述的四个"W"为基础,它们分别为 Will(意志)、Wisdom(智慧)、Work(工作)和 Wait(等待)。意志为一切行动的基础,无意志即无行动。仅有意志还不够,必须再加上智慧。智慧的作用即为先知,战略的一切运用都是以此为焦点。为什么要对战略作深入研究,其原因亦在此。有意志和智慧,其结合即为工作。工作也就是努力,也就是行动,也就是发展(也就是创造)。

不过还必须能够沉住气,不轻举妄动,知道如何隐忍以待时。不可急,急则颠;不可愤,愤则败;不可躁,躁则陷。所以必须等待,等待什么?等待变化。这样周而复始,就完成了战略思想体系的循环。

把三个"C"加上三个"V",再加上四个"W",其结果即等于"S"。"S"是什么?它可以代表战略(Strategy),也可以代表成功(Success)。必须了解此一公式的深意,始足以言战略,必须接受此一公式的指导,乃可以获成功。

以上的引述都是取自《国家战略概论》。虽然那是代表我在二十余年前的思想,但自今日视之,我仍认为其观念是完全正确,可作战略研究学者的参考。

读者读本书时,一定很容易发现书中有若干重复之处。对于此一事实必须加以解释。重复并非由于疏忽,而是自有其用意。大致是基于两种理由:其一是某些观念或词句确有其特殊的重要性,所以才会一再出现;其二是各章均有其独立的主题,在讨论时对于同一信息来源遂自然难免重复引用。此外,重复也具有强调的意义,可以提醒读者对某些特殊的观念和引述,给予着重的注意。

这是一本很特殊的书,也是一本很少见的书,其所分析者不仅是理论,而更是理论的理论。博弗尔认为战略就是思想方法,所以研究即为思考,但博弗尔对于如何思考并未作有系统的论述,这本书似乎可以补博弗尔之不足,至少对于战略研究的思考方法提供了入门的途径。

战略思想丛书

战略,就是为未来的不确定性寻求更多的确定性。仿佛下棋,不能只看一步两步,要看到三步及三步之外。战略思考或战略研究,小到个人人生规划,中到企业运营发展,大到国家未来,无不重要而迫切。由于种种原因,很多人、很多企业、至很多国家,只顾着眼前、只看到一步、两步,而不能看到第三步及三步以外,落得败笔、乃至败局,甚是惋惜。

中国正处于5 000年未有之变局,正处于改革开放以来的前40年转向未来30年的关键节点……转型,转折,转变,你——准备好了吗?!

大时代需要大战略,大时代应用大战略!

人人需要战略修养!

人人需要提升战略修养!

"战略思想丛书"应运而生,助您战略成功一臂之力。

《教育的目的》

〔英〕怀特海 著 庄莲平 王立中 译注
文汇出版社,2012年12月,定价:20元

学生是有血有肉的人,教育的目的是为了激发和引导他们的自我发展之路——本书的主要侧重点在于智力的教育,并从多个视角进行说明。从这个意义上也得出结论:老师也必须有活跃的思想。

本书断然反对灌输生硬的知识,反对没有火花的使人呆滞的思想。本书内容都是有实践证明的经验之谈,或是教育实践后的反思。

这是一本奇书,值得所有对教育有兴趣人的阅读。

《战略研究入门》

钮先钟 著
文汇出版社,2019年6月,定价:55元

本书内容包括三个问题及其答案:(1)什么是战略和战略研究;(2)怎样从事战略研究;(3)为什么要研究战略。读了这本书,至少应能了解上述三个问题的正确答案,也就可以无忧无惧地进入战略天地,学习做一位战略家。这本书可以充任向导;带着你顺利地达到理想的目标。所以,本书能够帮助你学会如何研究战略,至少能够引导你入门。

《历史与战略》
钮先钟　著
文汇出版社,2019年6月,定价:55元

战略研究必须以历史经验为基础,尤其是历史中有关战争的部分。这是古今战略家的共同意见。本书梳理了十六则历史上的战略案例,让人体会到历史的教训是如此地深远,人类从历史教训中学习是何等地重要,值得深思。

《战略家:思想与著作》
钮先钟　著
文汇出版社,2019年6月,定价:50元

战略是一种思想、一种计划、一种行动,也可以说战略是始于思想,而终于行动,在思想与行动之间构成联系者则为计划。所以,凡是在战略思想、战略计划、战略行动三方面的任一方面能有相当成就或贡献的人,就都可以算是"战略家"。

有哪些称得上"战略家"的人?他们在思想和著作如何?了解这些,我们方可在战略方面有所师法、借鉴。

《孙子三论：从古兵法到新战略》

钮先钟 著
文汇出版社，2019年6月，定价：50元

本书所研究的固然是古兵法，但又非仅以研究古兵法为惟一目的，所真正希望的是此种研究能够有助于新战略的思考，真正目的是试图透过此种研究来寻求能够适应新战略环境的新战略思想，试图从古兵法走到新战略。

《历史的性质》

〔法〕安德烈·博弗尔 著 李心茹 译
文汇出版社，2019年6月，定价：32元

我们在历史中活着，我们或多或少自由地或是有意识地创造着历史，历史既可以告诉我们来自哪里，又可以指导我们该向何处走去。因此，历史对于人类来说，是一门重要的知识。

历史是以将事件的重大路线联结起来的全局视野为准则选取它的方向的，而这些事件被解释为完整的人的冲动和无理性的需求。从这一观点出发，我在接下来的几卷中展示了由此引发的一定数量的观察和思考。

《领导者的规则与工具》

佩里·M. 史密斯　杰弗里·W. 弗利　著
庄莲平　王立中　译注
文汇出版社,2019年6月,定价：58元

如何把自己塑造成一名领导者,如何提高领导他人的技巧,以及如何领导一个组织。

这是一本翔实的书,深入探讨了领导者在现实生活中所面临的真正问题、困境以及许多其他可能的情况。两位作者以其丰富的组织管理经验、在领导力和管理方面的教学和研究心得,完成了这个很多人想做(却始终没人做成)的事情：他们写出了一本对领导者和下属者的职业生涯都极有帮助的指南。

在你一生的职业生涯中,这是一本值得反复温习并详加体会的书。

图书在版编目(CIP)数据

战略研究入门：新版 / 钮先钟著. —上海：文汇出版社, 2018.9
(战略思想丛书)
ISBN 978-7-5496-2718-9

Ⅰ.①战… Ⅱ.①钮… Ⅲ.①战略管理-研究 Ⅳ.①C931.2

中国版本图书馆 CIP 数据核字(2018)第 208026 号

· 战略思想丛书 ·

战略研究入门(新版)

丛书主编 / 王立中

著　　者 / 钮先钟
责任编辑 / 黄　勇
特约编辑 / 建　华
封面装帧 / 王　翔

出版发行 / 文汇出版社
　　　　　　上海市威海路 755 号
　　　　　　(邮政编码 200041)
经　　销 / 全国新华书店
排　　版 / 南京展望文化发展有限公司
印刷装订 / 启东市人民印刷有限公司
版　　次 / 2018 年 9 月第 1 版
印　　次 / 2024 年 11 月第 8 次印刷
开　　本 / 710×1000　1/16
字　　数 / 320 千字
印　　张 / 22.5

ISBN 978-7-5496-2718-9
定　　价 / 55.00 元

《战略研究入门》经城邦文化事业股份有限公司麦田出版事业部授权出版
中文简体字版本,非经书面同意,不得以任何形式任意重制、转载。